原雪梅 / 著

新兴市场国家银行部门
外国直接投资

BANKING SECTOR FOREIGN DIRECT
INVESTMENT IN EMERGING MARKETS

中国财经出版传媒集团
经济科学出版社
Economic Science Press

图书在版编目（CIP）数据

新兴市场国家银行部门外国直接投资/原雪梅著 . —北京：
经济科学出版社，2017. 10
ISBN 978 - 7 - 5141 - 8535 - 5

Ⅰ. ①新…　Ⅱ. ①原…　Ⅲ. ①银行－外商直接投资－
研究－世界　Ⅳ. ①F831

中国版本图书馆 CIP 数据核字（2017）第 251267 号

责任编辑：于海汛　段小青
责任校对：靳玉环
版式设计：齐　杰
责任印制：潘泽新

新兴市场国家银行部门外国直接投资

原雪梅　著

经济科学出版社出版、发行　新华书店经销

社址：北京市海淀区阜成路甲 28 号　邮编：100142

总编部电话：010 - 88191217　发行部电话：010 - 88191522

网址：www. esp. com. cn

电子邮件：esp@ esp. com. cn

天猫网店：经济科学出版社旗舰店

网址：http://jjkxcbs. tmall. com

北京密兴印刷有限公司印装

710 × 1000　16 开　18.5 印张　310000 字

2017 年 12 月第 1 版　2017 年 12 月第 1 次印刷

ISBN 978 - 7 - 5141 - 8535 - 5　定价：48.00 元

20 世纪 80～90 年代以来，全球外国直接投资（FDI）的规模不断增加。伴随着各国产业结构的调整和优化，实体经济部门 FDI 占比在下降，而服务业占比逐年提高，其中包含大量金融部门的 FDI。在跨国银行海外扩张的第三次浪潮中，金融部门 FDI 流入拉美、中东欧和亚洲等新兴市场国家的银行业，使得这些国家银行业总资产中的外资银行资产占比大幅上升。

尽管目前以中国为主要代表的新兴市场大国银行业国际化程度不高，但其巨大的市场容量对外资银行有很大的吸引力，未来极有可能出现外资银行大规模进入的状况。自 2015 年起，中国开始施行修订后的《中华人民共和国外资银行管理条例》，进一步取消了对外资银行的管制要求，银行业市场对外资银行全面开放。银行部门 FDI 的流入能否达到新兴市场国家金融自由化政策的预期，能否改变银行体系的低效状况，并且降低其脆弱性，是政府、商业银行和学术界普遍关心的大问题，因此，对银行部门 FDI 问题的研究具有很大的紧迫性和前瞻性。

立足于新兴市场大国的金融自由化改革经验和趋势，探讨银行部门 FDI 的理论和效应，通过理论研究、实证检验和案例分析相结合的方式，得出以下结论和政策建议：

第一，运用经典跨国公司理论解释了银行部门 FDI 的动因，并分别从供给方和需求方视角对其进行了扩展，认为母国银行海外扩张的驱动力以及东道国金融自由化改革和金融发展的拉动力共同决定了银行部门 FDI 行为。采用面板数据模型，分别基于 52 个和 43 个新兴市场国家数据，从"一国对一国"和"多国对一国"的角度验证了"追随客户假说"，认为新兴市场国家的 GDP 水平、货币的升贬值幅度、实际利率水平以及国家风险等变量都对跨国银行在新兴市场国家的海外扩张具有显著影响，并发现跨国银行在邻近国家的投资对其在新兴市场国家的扩张具有显著的空间依赖效应，新兴市场国家宏观经济基本面的变化将会直接影响到跨国银行在其他新兴市场国家的借贷行为。

第二，总结了新兴市场国家银行部门 FDI 的发展过程，指出了后危机时代新兴市场国家银行部门 FDI 的新形势；探讨了跨国银行与东道国政府、跨国银行与东道国银行间在绿地投资和跨国并购两种进入方式上的博弈，认为东道国在政策选择方面要综合技术溢出和产品市场价格两方面对东道国福利状况进行考虑。

第三，外资股权通过改变商业银行公司内部治理和外部治理对其经营绩效产生显著的正面影响。基于数据包络分析模型测量了"金砖五国"拥有外资股权的主要银行的效率，并对外资股权与商业银行经营绩效的关系进行了实证分析，发现商业银行的外资股权与其纯技术效率呈现倒"U"型的分布，即随着商业银行外资股权比例的不断提升，纯技术效率呈现先上升后下降的趋势，其最高点出现在当外资股权比例为 37.89%，得出了新兴市场国家银行业外资持股的最优比例，这为新兴市场国家逐步放宽乃至全部放开银行境外战略投资者的持股限制政策提供了参考。

第四，从银行体系脆弱性的基本理论入手，探讨了开放条件下金融危机的国际传染以及引入外部竞争机制对新兴市场国家的银行体系脆弱性的影响。基于信息内生视角对跨国银行进入与中小企业信贷获取问题的博弈分析结果显示，跨国银行进入有利于东道国中小企业信贷获取，对 43 个新兴市场国家跨国银行与中小企业信贷困境的实证研究进一步支持了该结论，这就为东道国解决中小企业融资问题提供了一个新的思路；以中国银行业为例，基于 OLS 模型对银行部门 FDI 与东道国银行业风险的关系进行的实证分析结果不显著，说明外资银行在中国银行业中资产占比长期不高，其效应没有充分表现出来。

　　第五，以"金砖五国"为案例，总结了新兴市场大国银行业管制与开放的经验，为中国银行业开放提供了启示；提出新兴市场国家银行业国际化包括"引进来"和"走出去"两个维度，从"引进来"的角度探讨了新兴市场国家对银行业的管制与自由化之间的动态均衡，得出了由金融体系初始条件决定的金融脆弱性边界曲线，指出新兴市场国家推进银行业自由化的关键点就在于从宏观和微观两个层面优化本国金融体系的初始条件，渐进式地提高银行业自由化程度；从"走出去"的角度，提出中国银行业在应对外资银行进入竞争的同时，要通过提高国际化程度促进绩效改善。

　　第六，由于跨国银行同时与母国和东道国均有密切联系，在利用合作博弈分析模型对银行业的国际监管竞争和监管合作进行分析的基础上，指出新兴市场国家必须参与双边和多边以及各种层次的银行业国际监管合作，以确保银行体系的安全性。

目录
CONTENTS

第 1 章

绪　　论

1.1　研究背景与问题的提出

1.1.1　研究背景

1. 全球对外直接投资产业演进：由实体经济到金融服务业

20世纪80~90年代以来，全球对外直接投资（Foreign Direct Investment，FDI）的规模不断增加；与此同时，一个值得注意的现象是，FDI部门流向也发生了变化：实体经济部门占比在下降，而服务业占比在逐年提高。联合国贸易和发展组织近年来发布的世界投资报告显示，在全球FDI新建项目价值的产业分布中，农业、手工业增幅较小，甚至有所下降，但是服务业增幅较大。可见，FDI的流向紧紧跟随着各国产业结构的调整和优化，其中，服务业中也包含了大量金融部门FDI（以下简称FS-FDI[①]）。国际清算银行统计报告表明，如果与此前吸引外资最多的制造业相比，FSFDI在20世纪末就已经与制造业FDI的价值相当了，[②] 即使是2008年以来的国际金融危机也没有对此造成根本性的影响。

[①]　金融部门FDI（Financial Sector Foreign Direct Investment，FSFDI）是国际清算银行下属的"全球金融系统委员会"（CGFS）在2004年提出的概念。

[②]　Dietrich Domansk, 2005, "Foreign Banks in Emerging Market Economies: Changing Players, Changing Issues", *BIS Quarterly Review*, Bank for International Settlements.

2. 金融部门对外直接投资目的国演进：由发达国家到新兴市场国家

伴随着 FSFDI 规模的扩大，其区域流向也改变了路径：从以发达国家为主转向以新兴市场国家为目的国，这些新兴市场国家主要分布在拉美、中东欧和亚洲。由于银行部门在新兴市场国家金融体系中占主导地位，所以 FSFDI 主要流向了银行部门。这就使得新兴市场国家的银行业总资产中的外资银行资产占比大幅上升。尤其是通过全球银行国际扩张的第三次浪潮，拉丁美洲和中东欧银行部门吸引了大量外国直接投资，外资银行控制了银行总资产的 50% 以上，部分国家的银行业甚至完全被外资所控。

3. 新兴市场大国市场空间巨大

在新兴市场国家中，新兴市场大国的银行业正在逐渐开放，但是开放力度还远远不够。以中国为例，日本输出入银行（Export – Import Bank of Japan）是进入中国的第一家外资银行机构，1979 年在北京设立办事处，此后，其他国家的银行也逐渐落户中国。中国 2001 年底加入 WTO 之后，开始履行承诺，有序开放银行业。2006 年 12 月 11 日，过渡期结束，《中华人民共和国外资银行管理条例》（以下简称《条例》）及其《实施细则》正式实施，银行业市场对外资银行全面开放。2015 年 1 月 1 日，中国开始施行修订后的《条例》，不仅将外资银行在中国设立分行必须由其总行无偿拨给营运资金的最低限额取消了，并且"不再将已经在中国境内建立代表处作为外资银行在中国境内建立独资银行、中外合资银行以及初次建立分行的条件"；"放宽营业性机构申请经营人民币业务条件，将开业年限 3 年以上改为 1 年以上，取消申请前 2 年连续盈利的要求"。

可见，中国银行业的开放在制度上已经进入了快车道。但与其他新兴市场国家相比，中国的外资银行资产在整个银行业的资产占比还较低，多年来一直处于 2% 上下。不过，一方面，中国银行业的总资产规模高速增长，基数在增加，因此，虽然外资比例低，但是绝对数量在不断增加；另一方面，中国银行业广阔的发展空间使得外资银行有更多的市场机会。所以，从趋势上看，在发达国家银行业盈利空间已经非常狭小的情况下，中国等新兴市场大国的市场容量对外资银行有很大的吸引力，在未来合适的时机和条件下，极有可能出现外资银行大规模进入的状况，所以对银行部门 FDI 问题的研究具有很大的紧迫性和前瞻性。

1.1.2 问题的提出

新兴市场国家银行部门 FDI 的大规模流入现象引起了学术界的重点关注，但是各方面的研究结果也往往充满分歧，且尚不够系统。在新兴市场国家引入银行部门 FDI 的过程中，下列问题必须进一步加强研究。

1. 银行部门 FDI 行为的理论分析框架

如何在现有跨国公司理论基础上建立能够解释银行部门 FDI 行为的理论框架？从银行部门 FDI 的供给方即跨国银行母国角度看，跨国银行国际化扩张的根本驱动力（Push Factor）是什么？从银行部门 FDI 的需求方即跨国银行东道国角度看，在跨国银行海外扩张的第三次浪潮中，新兴市场国家有什么区位优势形成对跨国银行的吸引力或者拉动力（Pull Factor）？尽管很多学者将跨国公司理论等用于解释银行部门 FDI 问题，但是，随着包含银行部门在内的金融部门对外直接投资规模的日益增大，与之相适应的系统的理论研究却显得不充足和滞后。由于金融行业的特殊性，经典的主要基于制造业的跨国公司理论需要结合跨国银行的 FDI 行为进行重新梳理和验证。

2. 银行部门 FDI 对东道国银行业效率的影响

银行部门 FDI 流入是否可以提升东道国银行业的效率？东道国对外开放银行市场的主要目的之一，就是通过引入来自境外的竞争机制，打破行业垄断，优化资本配置，提升银行业的效率等。但是，新兴市场国家的实践经验和相关的理论研究是否为此提供了足够的支持呢？不同的进入方式是否会带来不同的效应？

3. 银行部门 FDI 流入对东道国信贷规模和结构的影响

由于金融体系不够健全与发达，新兴市场国家中作为经济发展主要动力的中小企业存在严重的融资难问题。跨国银行的信贷偏好是什么，是否存在对中小企业的信贷歧视？它们是否将大多数资金投放到了新兴市场国家的政府、大型企业和跨国公司等优质客户？银行部门 FDI 流入对东道国的信贷规模具有扩张效应还是约束效应？

4. 银行部门 FDI 流入对东道国银行体系风险的影响

后危机时代，银行部门 FDI 的涌入是否真正有助于缓解新兴市场国家银行体系的脆弱性，从而减少银行业系统性风险的可能性？在东道国发生危机时，跨国银行的行为如何？这些都是备受关注、尚无定论但亟待解决的理论和现实问题。

5. 新兴市场国家银行业的开放路径

新兴市场国家银行业的开放路径是什么？新兴市场国家如何在管制和自由化之间找到合意的临界点？包括中国在内的"金砖国家"的迅速发展及其金融开放的过程和经验，也是值得认真总结、比较和探讨的，以实现新兴市场大国的金融崛起。

6. 对新兴市场国家银行业的监管

对银行业的监管是保证国家金融稳定和安全的重要手段。由于跨国银行与母国和东道国都有关联，那么如何实现对跨国银行的有效监管呢？在国际银行业监管竞争和监管合作之间如何进行选择才是最优？

以上诸多问题都值得进一步的深入探讨，以便力图为本国银行业和政策制定者提供一定的决策参考。

1.2 研 究 意 义

1.2.1 理 论 意 义

首先，银行部门 FDI 的理论一般是基于制造业的跨国公司理论在金融业的延伸，滞后于不断增加的银行部门 FDI 的实践，经典理论中更是缺乏针对新兴市场国家的系统研究。同时考虑银行部门 FDI 的供给方和需求方的双重动因，将金融业的特殊性和体现新兴市场国家的金融自由化改革和金融市场开放等因素纳入其中，试图搭建一个更为全面的理论分析框架，有利于使经典理论发挥更大的指导价值。

其次，对43个新兴市场国家银行部门FDI的实证分析不仅验证了"追随客户"（Follow the Customer）假说和"防御性扩张"（Defensive Expansion）理论，而且进一步证明了空间依赖效应的存在，对该理论进行了充实。

最后，对跨国银行进入与中小企业信贷困境的实证分析对信贷理论中关于商业银行对中小企业存有信贷歧视的传统观点提出了质疑，为后续进一步的理论研究提供了另一个视角；对新兴市场国家银行体系脆弱性边界的求解和对国际监管合作的博弈分析也有利于推动进一步的理论和政策创新。

1.2.2 实践意义

通过构建跨国银行与东道国政府和本土银行的多方静态和动态博弈模型，从跨国银行单方利润最大、东道国单方福利最优和进入方式选择的多方博弈三个角度，研究不同条件下各个主体的策略选择，为新兴市场国家基于社会福利最大化的选择提供了政策选择依据。

通过回顾和总结全球银行扩张的第三次浪潮，引入对新兴市场国家银行部门FDI大量流入的现实及其影响的关注，并辅之以"金砖五国"为代表的新兴市场大国银行业的对外开放案例，为中国应对全面开放银行业之后可能出现的外资银行的大规模进入情况提供经验参考。

在探讨银行部门FDI流入对东道国银行业效率的影响方面，运用DEA（Data Envelopment Analysis）模型对部分新兴市场大国中具有代表性的50家银行绩效进行了测度，并对外资股权与东道国银行绩效关系进行了实证研究，为中国确定最优的对外资股权的控制比例提供了一个视角，为商业银行引入境外战略投资者后提高公司治理能力和经营绩效提供了思路。

在探讨银行部门FDI流入对东道国银行业脆弱性（稳定性）的影响方面，通过对银行部门FDI对东道国信贷规模、信贷结构影响的博弈分析、经验分析和实证分析，研究了跨国银行进入与中小企业信贷困境的关系，为新兴市场国家中小企业融资难问题的解决提供了一个新的视角；对银行部门FDI流入与东道国银行业风险的实证研究为中国银行业进行风险管理提供了更多的考虑因素。

通过在非合作博弈理论框架下构建两国博弈模型，考察银行业国际监管合作与监管竞争的选择问题，然后运用合作博弈理论分析监管合作联盟的形成问题，为后危机时代以中国为代表的新兴市场国家实施国际银行业监管合作的政策选择提出了建议。

总之，对新兴市场国家银行部门 FDI 的研究无论是对于政策制定者、商业银行还是市场监管者都具有重要的理论和实践意义。

1.3　概念的界定

银行部门 FDI。银行部门 FDI（Banking Sector FDI）即银行部门外国直接投资，是金融部门外国直接投资的狭义概念。[①] 对于银行部门 FDI 的定义，国际货币基金组织、世界银行、国际清算银行、经济合作发展组织以及一些商业机构的定义都有所不同。例如，国际清算银行下属的"全球金融系统委员会"（CGFS)[②] 对 FSFDI 的解释是"只有那些最终取得了对所投资金融机构的控制权的跨国直接投资才算作是 FSFDI"。而我国现行的法律法规严格规定，在境内银行股权结构中，整体外资持股比例不超过25%，这使外资银行很难取得对国内银行的控制权。因此，银行部门 FDI 对新兴市场国家的影响在中国并未充分体现出来。但鉴于当下外资银行各种方式和规模的进入是全面开放后严格的银行部门 FDI 的初级表现，因此，境外资本在中国银行业的全部投资均视为银行部门 FDI。

跨国银行（Multinational Banks）和外资银行（Foreign Banks）。联合国跨国中心认为，"跨国银行是跨国公司的一种"，并将其定义为："跨国银行是至少在五个国家和地区设有分行或拥有其中大部分资本的附属机构的银行"，这主要是根据银行分支机构数量和地理分布来定义的。

国外研究文献多从银行产权归属的视角将跨国银行定义为外国资产占比大于等于50%的银行；中国学者一般从银行业务和经营机构的分布两个方面来界定跨国银行。著名学者陈彪如认为："跨国银行系指业务范围跨国化、同时在一些不同的国家和地区经营银行业务的超级商业银行"；曾康霖认为："跨国银行是以国际业务为主并采取跨国经营的方式的银行"。

---

① 广义的 FSFDI 除了银行部门外，还包括保险和证券投资部门。在许多文献中，二者常常被混合使用，但更多指的是其狭义概念。

② CGFS, 2004, "Foreign Direct Investment in the Financial Sectorof Emerging Market Economies", report published by the CGFS, Bank for International Settlements, March, www. bis. org/publ/cgfs22. pdf.

现实中, 外资银行与跨国银行之间是密切联系的。从银行部门 FDI 母国的角度看, 某银行在国外设立分支机构从事经营活动, 便成为跨国银行; 从东道国的角度看, 跨国银行设立在本国的从事经营活动的分支机构就是外资银行。

中国现有法规条例对外资银行的界定是一个泛指概念, 自 2015 年 1 月 1 日起实施的《中华人民共和国外资银行管理条例》第二条中规定: "本条例所称外资银行, 是指依照中华人民共和国有关法律、法规, 经批准在中华人民共和国境内设立的下列机构: (1) 一家外国银行单独出资或者一家外国银行与其他外国金融机构共同出资设立的外商独资银行; (2) 外国金融机构与中国的公司、企业共同出资设立的中外合资银行; (3) 外国银行分行; (4) 外国银行代表处。"① 其中, 前三种统称外资银行营业性机构。可见, 连并不营业的代表处也算作是外资银行的一种。由于中国相关法规以及《中国银行统计季报》、《金融统计年鉴》等均将二者基本等同, 所以书中对于外资银行和跨国银行也不严格区分。

新兴市场国家 (Emerging Markets)。学术界对新兴市场国家的定义存在较大的争议, 究竟哪些国家属于新兴市场国家, 现有的研究结论也不一致。1996 年, 国际金融公司认定的新兴市场有 158 个, 主要集中在亚洲、非洲、拉丁美洲和苏联东欧地区。从 2004 年开始, 国际货币基金组织则将全世界国家分为两大类: 一类是包括亚洲新兴工业经济体在内的先进经济体; 另一类是其他新兴市场和发展中国家。新近有代表性的相关研究包括: 国际货币基金组织于 2012 年发布的新兴市场国家名录; 哥伦比亚大学 EMGP (Emerging Market Global Players) 项目中心于 2013 年发布的新兴市场国家名单; 英国富时集团所定义的新兴市场国家; 标准普尔 (S&P) 于 2014 年重新对新兴市场国家的分类等。

与此相关的概念还有 "新兴经济体" (Emerging Market Economies, EME)。英国《经济学家》将新兴经济体分成两个梯队: 第一梯队为中国、巴西、印度和俄罗斯, 即 "金砖四国" (BRIC), 后增加南非成为 "金砖五国" (BRICs); 第二梯队包括墨西哥、韩国、南非等 "新钻" 国家。另外, 博鳌亚洲论坛自 2010 年始发布有关新兴经济体发展的年度报告, 提出了新兴 11 国 (E11) 的概念, 是指 20 国集团中的 11 个新兴经济体 (其中含有 "金砖五国")。

---

① 2015 年开始实施的《条例》是在 2006 年《条例》基础上修订的, 对于外资银行的界定与 2006 年《条例》相同。

可见，对新兴市场国家的界定虽有不同，但共同的理解是，新兴市场国家是那些市场经济体制逐步走向完善、经济发展速度较快、市场发展潜力大的经济体，与发展中国家也有重合。这些国家分布于东亚、中东欧和拉美及部分非洲国家，这也正是近十余年来银行部门 FDI 主要流入的东道国。

1.4　本书结构

本书主要内容包括五部分，共 14 章（见图 1 - 1，技术路线图）。

第一部分提出问题，建立了研究的理论框架，包括第 1 章到第 4 章。其中第 1 章为绪论，第 2 章在将跨国银行视为特殊的跨国公司的前提下，梳理了传统跨国公司理论及其在解释银行部门 FDI 行为中的应用。第 3 章和第 4 章在 OIL 理论范式下进行扩展，分别从银行部门 FDI 的供给方（母国）和需求方（东道国）视角，探讨了银行部门 FDI 的动力机制和引力机制，并以 52 个新兴市场国家的数据，从"一国对一国"（"One-to-one-host"）视角检验了跨国银行"追随客户"（Follow the Customer）的"防御性扩张"（Defensive Expansion）行为；接着进一步从"多国对一国"（"Many-to-one-host"）的角度，重新设定模型，检验了新兴市场国家银行部门 FDI 的空间依赖效应的存在。

第二部分分析了新兴市场国家银行部门 FDI 的发展过程和进入方式选择问题，包括第 5 章和第 6 章。第 5 章回顾了跨国银行扩张的三次浪潮，总结了拉美、中东欧和亚洲等主要新兴市场国家银行部门 FDI 流入的过程、特点和效应，指出了后危机时代新兴市场国家银行部门 FDI 的新形势，并对以上过程进行了比较分析；第 6 章研讨了跨国银行扩张的主要方式，尤其讨论了新建投资与跨国并购的影响因素，对不同进入方式进行了成本—收益分析，并通过建立外资银行与东道国政府间的博弈——基于静态博弈的纳什均衡模型、外资银行与东道国银行间的博弈——基于动态博弈的子博弈精炼纳什均衡模型，研究了跨国银行 FDI 方式的选择问题及其对东道国政策选择的启示。

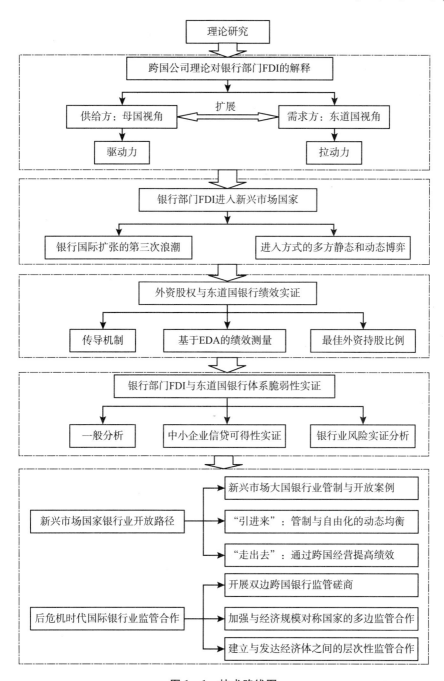

图 1-1 技术路线图

第三部分研究了银行部门 FDI 进入对东道国银行效率的影响，即第 7章。这一章首先阐述了商业银行外资股权对经营绩效影响的传递渠道；其次，基于数据包络分析模型（DEA）对"金砖五国"即俄罗斯、印度、巴西、南非和中国的各自 10 家拥有外资股权的主要银行从 2004 年到 2013年 10 个年度的效率进行了测量；最后，对外资股权与商业银行经营绩效的关系进行了实证分析，并试图求得了促进商业银行经营绩效提升的最佳外资股权比例，为中国银行业引入境外战略投资者及制定外资银行管理政策提供了借鉴。

第四部分研究了银行部门 FDI 与新兴市场国家金融体系脆弱性的关系，包含第 8～10 章。其中第 8 章从银行体系脆弱性的基本理论入手，探讨了开放条件下金融危机的国际传染以及引入外部竞争机制对新兴市场国家银行体系脆弱性的影响，包括对东道国信贷和银行危机的影响，为第 9 章和第 10 章的理论和实证研究做了铺垫；第 9 章基于信息内生视角对外资银行进入与中小企业信贷获取问题进行了博弈分析，并对银行部门 FDI 是否有利于新兴市场国家中小企业信贷进行了实证分析；第 10 章以中国银行业为例，对银行部门 FDI 与东道国银行业风险的关系进行了实证分析。

第五部分为对策篇和结束语，包括第 11～14 章。其中，第 11 章以"金砖五国"为案例，总结了新兴市场大国银行业对外开放的经验，为中国银行业开放提供启示；第 12 章首先从"引进来"的角度研究了银行业对外开放的路径选择问题，探讨了新兴市场国家对银行业的管制与自由化之间的动态均衡；其次从"走出去"的角度，通过阐述银行国际化程度与其绩效的关系，提出中国银行业在应对外资银行进入竞争的同时，也要积极开展国际化经营；第 13 章对后危机时代新兴市场国家参与对银行的国际监管合作进行了合作博弈分析，提出了相应建议；第 14 章为本书的结语，归纳了前面的结论，并指出了存在的不足以及未来的研究方向。

1.5　研究方法

本书主要运用了规范分析和实证分析相结合的方法，对银行部门 FDI进入新兴市场国家的一系列理论和实践问题展开了探讨，具体包括以下研究方法：

一是数据包络分析法（DEA）。用 DEA 法对所选取的新兴市场大国的代表——"金砖五国"（俄罗斯、印度、巴西、南非和中国）中的 50 家有代表性的银行近 10 年的绩效进行了测量。其中，使用 CCR 模型测量样本银行的技术效率，使用基于可变规模假设的 VRS 模型，计算了样本银行的纯技术效率，并据此计算出了样本银行的规模效率值。

二是面板数据模型（Panel Data Model）。在基于母国视角研究银行部门 FDI 的动因部分，采用面板数据模型，选择其中的随机效应模型进行估计；在研究商业银行的外资股权对其经营绩效的影响时，则用固定效应模型对商业银行的面板数据进行分析；在研究跨国银行海外扩张的空间依赖效应部分，建立了空间面板数据模型；在对跨国银行进入与新兴市场国家中小企业的信贷困境进行实证研究时，亦采用了面板数据模型。

三是一般最小方差模型（Ordinary Least Square Model，OLS）。在考察外资银行进入对于东道国银行系统风险的影响时，运用 OLS 模型进行检验。

四是博弈论方法。在探讨东道国银行和外资银行在信贷市场上的竞争问题时，建立了贝特兰德双头垄断模型，利用贝叶斯—纳什均衡原理求解内外资银行的最优贷款利率和均衡市场份额，求证了外资银行进入对东道国中小企业的直接信贷效应、间接信贷效应和信贷总量效应；在跨国银行在绿地投资和跨国并购两种进入方式的选择问题上，基于静态博弈纳什均衡讨论了跨国银行与东道国政府间的博弈，基于动态博弈的子博弈精炼纳什均衡，研讨了跨国银行与东道国银行间的博弈；在研究银行业国际监管合作问题时，采用了合作博弈模型分析银行业国际监管联盟的形成问题。

五是案例分析法和比较分析法。在介绍跨国银行扩张的第三次浪潮和阐述新兴市场大国的开放经验问题上，采用了案例分析法和比较分析法。

1.6　创新之处

可能的创新有以下几点：

第一，运用经典跨国公司理论解释银行部门 FDI 行为，并分别从供给方和需求方视角对其进行了扩展，这就使经典理论更具有适用性，且其内涵和外延不断充实和扩展；基于 43 个新兴市场国家数据对银行部门 FDI 的空间依赖效应的实证分析进一步验证尚为数不多的最新研究，丰富了经典的"防御性扩张"理论。

第二，通过探讨"金砖五国"银行业外资股权及其绩效的关系，尝试求解新兴市场国家引入境外战略投资者时能够发挥竞争效应、促进东道国银行绩效提高的最佳外资持股比例，并与此前有代表性的研究进行了比较。

第三，传统的信贷获取理论更多解释了在封闭状况下银行对中小企业"惜贷"的问题，本书基于信息内生视角的博弈分析放松了原有理论的假设条件，得出外资银行进入东道国后会贷款给中小企业的结论，为今后更深入的理论研究提供了思路；同时，对跨国银行进入与43个新兴市场国家中小企业信贷困境的关系的实证研究，为新兴市场国家中小企业融资难问题的解决提供了新的决策视角。

第四，在新兴市场国家同时存在管制失灵与市场失灵的前提下，对东道国银行市场的管制和自由化程度进行了动态均衡分析，得出了描述管制和自由化之间关系的金融脆弱性边界曲线，为中国的金融开放及其开放程度的确定提供了理论参考依据。

第五，通过在非合作博弈理论框架下构建两国博弈模型，考察国际监管合作与监管竞争的选择，运用合作博弈理论分析监管合作联盟的形成，对以中国为代表的新兴市场国家在后危机时代参与国际银行业监管合作提出了政策建议。

第六，在关注银行部门FDI大量流入的拉美、中东欧和亚洲部分新兴市场国家的同时，将更多的研究放在了新兴市场大国上，尽管这些国家目前开放程度还不够高，但这可从另一个侧面说明未来市场开放空间巨大，因此本研究具有前瞻性，力图为中国提前应对可能发生的外资银行加快进入的情况提供决策参考。

第 2 章

传统跨国公司理论对
银行部门 FDI 的解释

现有的银行部门 FDI 理论基本上源于传统跨国公司理论，这些理论可以在很大程度上解释实体经济部门的对外直接投资行为，也被很多学者用于解释银行部门 FDI 问题。要解释银行部门 FDI 现象，必须在理论上解决以下问题：一是跨国银行海外扩张的主要原因；二是跨国银行相对于东道国银行的竞争优势；三是跨国银行扩张的区位选择问题；四是东道国接受外资银行进入的原因；等等。

2.1 比较优势理论

在对银行部门 FDI 进行解释的跨国公司理论中，早期研究中比较引人注目的是关于银行将其现有的竞争优势应用于新的市场问题。美国芝加哥大学商学院的罗伯特·阿尔伯（R. Z. Aliber，1976）将其比较优势理论（Comparative Advantage Theory）和银行部门 FDI 联系起来，分析了不同国家之间银行经营的相对成本或效率以及贸易壁垒对银行部门 FDI 的影响，能较好地解释发达国家银行的国际化现象。他认为金融贸易壁垒等因素的存在使得各个国家银行业的比较优势和效率存在较大差别，各国银行间存贷利差的不同是导致银行部门 FDI 的主要原因。[1] 因为存贷利差是银行效率的体现，银行效率不同的国家其存贷利差也不同，在竞争中具有优势的是那些拥有低成本的中介技术、存贷利差较小的银行。而存贷利差所反映

---

[1] 参见 Aliber, R. Z. , 1976, "Towards a Theory of International Banking", *Economic Review*, Federal Reserve Bank of San Francisco, 5 – 8。

的是区域性的比较优势，区域性的比较优势就体现了各个国家（区域）的要素禀赋上的差异。银行作为金融中介机构，其在资金、管理、技术和信息等方面的要素禀赋优势成为银行部门 FDI 的基础。

阿尔伯进一步分析了各国间存贷利差的不同。他认为，在一个给定的市场上，银行效率与银行集中度之间呈反向关系：银行集中度越高的国家，银行存贷利差越大，银行系统的效率也就越低，但是其未来的增长潜力往往也越大；另外，在那些银行集中度高的国家，银行数目相对较少，这样每家银行的规模就会很大，而相比之下，国内市场空间狭小，这就使得这些银行的发展受到了限制，为了实现规模经济，只有走出国内市场，实施国际化扩张战略。

阿尔伯通过构造"Q 比率"这一指标来分析不同国家银行的比较优势和国际化。他认为，Q 比率是银行（或其股票）的市值与其账面价值之比，其变化可反映出不同国家银行的资金成本的变化。由于不同国家资金成本不同，那么总部设在这些国家的银行利用低成本资金去扩大市场份额的能力也就不同，因而 Q 比率这一指标反映了不同国家银行的比较优势。当银行的 Q 比率大于 1 时，它们就对外扩张，反之，就收缩。也就是说，Q 比率较高的银行会比该比率较低的银行对外扩张性更强。

阿尔伯的比较优势理论得到了学术界的认可，部分事实也验证了该理论。如希特尔（Hirtle，1991）认为，20 世纪 80 年代日本银行业的海外扩张成功的原因之一是其较低的资本成本。而当时美国银行业在全世界地位的相对下降，正是由资本成本的上升导致的（S. A. Zimmer and R. N. Mc-Cauley，1991）。但是也有机构和学者发表了不同的看法。比如经合组织（OECD）的有关报告显示，用存贷款利差表示的效率与集中度和银行在母国境外的实际竞争力的相关性不大；且在现实中，有时候国家之间的存贷利差也可能与政府的利率管制有关，而与银行效率关系不大；同时，该理论只看到来源于资本市场方面的成本优势，忽略了来源于银行存款市场方面的成本优势：国际化银行可用相对低的交易成本从本国市场获得存款，用于国际市场信贷（John Goodman，1995）。另外，有学者认为，Q 比率与资金成本之间没有必然的逻辑联系，并且认为 Q 比率应该是市场价值与重置成本的比率，而不是与账面价值的比率。因此，从这个角度讲，比较优势理论并没能充分说明跨国银行比较优势的来源。

关于跨国银行在同东道国的竞争中是如何获取比较优势的，赫伯特·格鲁贝尔（Herbert G. Grubel，1977）发表了"跨国银行理论初探"

一文，提出了跨国银行功能的三分类理论。从银行业务专业优势和特点的角度，格鲁贝尔将跨国银行的业务分为三类，即跨国零售业务、跨国服务业务和跨国批发业务，在此基础上，分别分析了这三种业务类型的国际化银行在海外扩张的动因和优势来源。[①] 其中，跨国零售业务银行的比较优势在于其具有组织管理技术、市场拓展技能和商业知识等方面的垄断优势，其国际化进程就是使用和发挥其内在垄断优势的过程；跨国服务业务银行的比较优势则在于一些不同的"经营性资源"的存在，比如其总行与跨国公司母公司间的密切关系、管理技术、组织和营销技术以及某些商业知识等，这些银行主要是为跨国银行总行的跨国公司客户在海外的子公司提供融资支持、国际贸易结算以及信息服务等，国际化的银行在处理跨国公司金融服务方面显然要比东道国银行或其他外国银行具有垄断优势；跨国批发业务银行的比较优势体现在：一方面可以通过规模经济把经营管理费用分散于不同的国家和地区，使得国际化银行比单纯的国内银行更加具有优势；另一方面可以在管制宽松的离岸金融中心从事业务，降低批发银行业务的成本。

　　总之，银行通过 FDI 可以扩充市场、降低经营成本，发挥不同优势，避免业务趋同，从而寻找各自的利润增长点。各个银行在具备不同比较优势的前提下，会实行不同的发展战略，其海外扩张方式自然也各有差异。所以，格鲁贝尔关于跨国银行功能的三分类理论按照业务性质和功能将银行跨国经营活动进行分类，不失为银行部门 FDI 理论研究的一个新的视角。

2.2　垄断优势理论

　　1960 年美国学者海默在麻省理工学院撰写的博士论文《国内企业的国际化经营：对外直接投资的研究》（*The International of National Firms：A Study of Direct Foreign Investment*）中，首次提出了垄断优势理论（Theory

---

① 参见 Grubel H. , 1977, "A Theory of Multinational Banking", Banca Nazionale del Lavoro, *Quarterly Review*, 12, 349 – 363。在文中格鲁贝尔指出，跨国零售业务是指银行与非银行小客户之间进行的贷款业务，适合选择分行和附属行的组织形式；跨国服务业务指跨国银行向跨国公司海外分支机构提供的各种金融服务，通常以代理行和代表处为组织形式；跨国批发业务是指银行参与的、以欧洲货币市场为主的跨境大规模货币套利活动，可以以附属行、分行和代理行的形式从事批发业务。

of Monopoly Advantage），此后麻省理工学院的 C. P. 金德尔伯格对此进行了补充和发展。因此，该理论又称为"海默—金德尔伯格传统"（以下简称"H—K 理论"）。该理论认为市场的不完全性使跨国公司形成东道国企业并不具有的垄断优势，所以跨国公司进行直接投资是有利可图的。

首先，FDI 的根本原因是市场的不完全性。H—K 理论认为，"无论在理论上还是在实践上，只要是国际化经营，用完全竞争的观点都是解释不通的"，"任何关于国际化经营和 FDI 的探讨都会涉及垄断问题"。① 市场的不完全性源于四个方面：即产品市场的不完全、生产要素市场的不完全、规模经济引起的市场不完全，以及由于政府的政策原因造成的市场不完全等。

其次，FDI 获利的条件是跨国公司的垄断优势。由于对外直接投资企业在陌生环境中经营，其相对于本地企业必然具有成本劣势（Liability of Foreignness，LOF），② 若要抵消 LOF，其自身就必须具有某种垄断优势。这种垄断优势可能来自以下几方面：市场垄断优势、生产垄断优势、规模经济优势等，政府的限制措施导致的市场进入或退出壁垒，也会导致跨国公司通过 FDI 利用其垄断优势。银行国际化的目的与其他行业的跨国公司基本相同，即以低的边际成本将其在国内的优势用于国外市场，从而成倍地放大那些优势。而如果没有这些特有的而且可以转移的垄断优势，一家企业或者银行是不会愿意贸然进入一个新的市场的。

乔戈尔（Tschoegl，1987）应用 H—K 理论对跨国银行的行为进行了专门研究，他认为东道国银行业市场的不完全以及跨国银行具有的管理、资本成本等的垄断优势是其海外投资的原因和盈利的先决条件。威廉·阿尔特哈默和瑞尔纳·海曼恩等（Wilhelm Althammer and Rainer Haselmann et al.，2011）在解释银行部门 FDI 进入新兴市场国家的原因时，也以垄断优势理论作为重要分析依据之一。但是该理论没有解释跨国银行 FDI 的区位选择、进入方式等。

---

① 参见 Hymer, S. H. , 1976, "*The International Operations of National Firms: a Study of Direct Foreign Investment*", Cambridge, Mass: MIT Press, 85 – 86。

② LOF 也被称为海默—金德尔伯格型成本（Hymer – Kindleberger Type Costs），海默和金德尔伯格认为，由于东道国内银行的地利因素，比如优越的地理位置、较高的客户熟悉程度等，他们往往比外国银行具有先天的优势，外国银行进入时必须付出额外的成本。

2.3　寡占反应理论

在解释企业 FDI 的经营动因方面，美国学者尼克博克（Frederick T. Knickerbocker，1973）在其出版的《寡占反应与跨国公司》一书中，从产业组织理论出发提出了"寡占反应论"（Oligopolistic Reaction Theory）。通过对美国 187 家跨国公司行为的调研，他发现竞争性企业之间相互的行为约束和反应是影响跨国公司 FDI 的重要因素。他将 FDI 分为"进攻性（Offensive）投资"与"防御性（Defensive）投资"，认为在寡占市场结构中，投资国的寡头市场结构促使厂商到海外投资，以寻找垄断利润，以及通过出口无法获得的市场份额，这就是"进攻性"的 FDI；同一行业其他寡占成员为了维持各自在市场中的竞争势力，就会相继模仿和跟进，追随领头者到海外去投资，以防竞争对手通过海外投资扩充市场份额，同时保持自身在新的海外市场上的竞争地位，这类战略投资即为"防御性投资"，"防御性投资"就是由寡占反应行为决定的。[①]

寡占反应论利用"防御性投资"可以解释在寡占市场结构下银行部门 FDI 出现的时间和地点上的集群性，也即在一定时期内或在某些地区突发性的跨国银行 FDI 行为。1999 年西班牙的桑坦德银行（Sandander Bank）合并了拉美地区的 Central Hispano 银行后，成为西班牙第二大银行，也随之成为该地区最有影响的大银行之一，西班牙银行在拉丁美洲的扩张行为证实了寡占反应理论，但该理论无法解释领头到海外投资的跨国公司的"进攻性投资"行为。

2.4　横向和纵向一体化理论

横向一体化理论（Horizontal Integration Theory）基于卡森（Casson，1987）的观点：如果两个地区的垄断者都能够分别根据当地的产品需求弹性定价，则将会实现最大的联合利润，跨国银行的横向扩张就可以将这种

---

① 参见 Frederick T·Knickerbocker.，1973，"*Oligopolistic Reaction and Multinational Enterprise*"，Boston：The Harvard Business School Press。

认识变为现实。[①] 在此基础上，路易斯和戴维斯（Lewis and Davis，1987）认为，跨国银行的横向一体化可以提供一种理想渠道，把技术与知识以较低的边际成本配置到新的区域，以增加银行收益。[②]

纵向一体化即垂直一体化（Vertical Integration），是将中间产品的市场交易予以内部化，以生产计划和组织取代外部市场。与横向一体化相比，纵向一体化在跨国银行业中更为普遍。实行纵向一体化的目的除了将中间产品的买卖内部化以外，还可以是为了获得规模经济、范围经济、获取市场势力（Market Power）以及避税，等等。跨国银行拥有全球性的网络，在其内部可以实现多种跨国交易，在降低交易成本的同时，还能提供更为全面的服务，增加银行收益，降低银行同外部交易的风险暴露。纵向一体化的收益在跨国银行外汇交易、贸易融资和风险管理等方面体现得尤为突出。

横向和纵向一体化理论解释了银行进行 FDI 的动机，其实质就是以内部管理取代外部市场来配置资源，从而获得更大收益。但是，该理论未能说明哪些银行将进行 FDI 实现跨国经营，而哪些银行只从事本国市场的业务。更没有说明 FDI 的区位选择问题，即跨国银行选择何种东道国的问题。

2.5　内部化理论

内部化理论是巴克莱和卡森（Peter J. Buckley and Mark C. Casson，1976）在科斯（Coase，1937）的交易成本理论基础上提出的。该理论认为，有些交易如果由外部市场进行的成本高于在企业内部组织的交易，那么企业就应该使这些交易内部化。

阿兰·拉格曼（Alan M. Rugman，1981）首次将内部化理论引入银行国际化的分析中。他认为跨国银行不仅向金融消费者提供最终产品，而且还进行研究开发、培训雇员，以及提供具有独特之处的服务技术、形成不易被对手模仿的管理技能等。由于信息不对称，这些中间产品不容易获得

---

① 参见 Casson, M., 1987, "*The Firm and the Market: Studies in Multinational Enterprises and the Scope of The Firm*", Cambridge, Mass, MIT Press: 31-49。

② 参见 Lewis and Davis, 1987, "*Domestic and International Banking*", Cambridge, Mass: MIT Press, 224-243。

合意的定价，因而存在不完全外部市场，跨国银行只能利用转移价格通过跨国银行网络组织内部市场，销售这些中间产品，以降低交易成本。

卡森（1990）在《跨国银行演变的理论透视》一书中，也用内部化理论来解释跨国银行形成和发展的原因。他认为，由于金融市场的不完全，以及有些财务信息和商业机密等需要在国际间保密，使得部分业务很难与别国银行展开合作，而跨国银行具有遍布全球的分支机构的灵活性，可以降低金融交易的成本和风险，因为银行业无论是在产品还是在市场方面，所面临的随机性和风险性的广度与深度均比一般企业要高得多。因此，在其规模扩张到一定程度后，通过国际化经营也是确保其安全性的主要途径之一。

虽然银行实行市场内部化的目的是消除市场缺陷，目标是获得内部化本身的收益，但市场的内部化也会增加其他成本，银行此时必须承担分配和定价成本，所以市场内部化也并不是没有成本的。银行市场内部化的进程取决于其对内部化收益与成本比较的结果，内部化最好的结果是边际成本等于边际收益。

但是，在解释银行跨国扩张行为时内部化理论仍存在一定的局限性。首先，该理论单方面地强调了银行部门 FDI 的供给方也即跨国银行本身的成本收益比较，忽视了银行部门 FDI 的需求方即东道国因素；其次，在解释发达国家银行进入新兴市场国家的问题上说服力不够充分。

2.6　国际生产折衷理论

国际生产折衷理论（Eclectic Theory）是英国经济学家约翰·邓宁（J. H. Dunning）教授于 1977 年提出的，其在题为《贸易、经济活动的区位与多国企业——折衷理论探索》的论文中阐述了该理论的主要观点，并于 1981 年在《国际生产和跨国企业》一书中有进一步的展开。邓宁在对跨国公司问题的研究中引入区位理论，并继承了海默的垄断优势理论、赫克歇尔—俄林的要素禀赋理论以及巴克莱和卡森的内部化理论，包容了以往的各派学说，具有高度的概括性和综合性，成为当代 FDI 理论的主流，被誉为用以解释各个国家、各种情形的 FDI 的 "通论"。其理论包括三个密切相关的要素："所有权优势（Ownership Advantages）、内部化优势（Internalization Advantages）和区位优势（Location Advantages），企业从事

FDI 就是该企业自身拥有的这三大优势综合作用的结果",① 被称为跨国公司 FDI 的 OIL（Ownership – Internalization – Location）范式。

其中，所有权优势（O）是指"任何能够不断带来未来收益的东西"，是跨国公司拥有而东道国企业没有或难以获得的特有优势。它具体包括：技术优势、组织管理优势、金融优势、企业规模优势等。所有权优势是企业进行 FDI 的必要条件，这些优势必须是企业特有的、独占的，在其内部可以自由移动，并且可跨越一定的空间来利用。这样，这些优势才可以在对外直接投资及跨国生产中被充分利用，而且所有权优势是跨国公司与东道国企业两者所有权优势相比较的反映，是一种相对优势。考欧（Cho，1985）认为，正是由于具有某些资产上的所有权优势，跨国企业才可能同已经长期占据国内市场的东道国企业进行有效的竞争。

内部化优势（I）是指企业为了避免外部市场的不完全性对企业经营的不利影响，将外部交易内部化，在企业内部市场使用其拥有的所有权优势以降低交易成本的优势。在完全竞争的市场中，企业若要充分发挥其所有权优势，并非一定要采取 FDI 的方式。然而现实中市场往往是不完全的，企业进行外部交易要付出很高的交易成本，因而企业倾向于在国外建立子公司，通过企业内部市场来使用其所有权优势。外部市场交易成本越高，跨国企业通过内部化实现的收益越大，那么企业对外直接投资的可能性也就越大。

区位优势（L）是指东道国的要素禀赋（如自然资源状况、劳动力、地理位置等）以及由投资环境所形成的优势（如制度因素、法律政策环境因素、外部规模经济因素等所形成的优势），这种优势是属于东道国的，而非跨国企业所拥有但可为跨国企业所利用的优势，对跨国企业产生吸引力，直接影响到跨国企业 FDI 的选址及其国际化生产体系的整体布局。

该理论指出，以上三种优势是密切关联的，共同决定了跨国公司的 FDI 行为。其中，所有权优势是先决条件，内部化优势是动力，区位优势在企业 FDI 的空间分布过程中起关键作用。它们都无法单独解释企业 FDI 行为，若只具备其中的一种优势，该企业只可能通过对外技术转让形式进行国际化经营；若同时拥有所有权优势和内部化优势，则比较适合参与进出口贸易活动；只有同时具备了这三种优势，才可以进行对外直接投资并

---

① Dunning, J. H., 1977, "Trade, Location of Economic Activity and MNE: a Search of an Eclectic Approach", in B. Ohlini, ed., *The International Allocation of Economic Activity*, Holmes and Meier, 395 –418.

从中获利。

很多学者尝试以国际生产折衷理论解释银行部门的 FDI 行为。1981年，格雷（Gray）最先运用该理论分析银行跨国经营活动。他认为，早期的研究仅限于银行业的外国银行业务上，而不包括欧洲市场业务。如果先假设所有权优势存在，再讨论与内部化以及与区位有关的因素，此时所有权优势不被认为是一种优势，"因为银行在跨国经营前规模很小的时候，这种优势被浪费掉了"。[①] 此后，学者们发现，尽管国际生产折衷理论是关于跨国公司的一个"通论"，但由于银行业具有一些不同于其他行业的特点和性质，若将其直接应用于解释跨国银行的国际行为尚略有欠缺。因此，以扬诺普洛斯（Yannopoulus，1983）为代表的学者对格雷的这一理论应用进行了改进和拓展，进一步分析了跨国银行的三种优势，并认为这三种优势对于银行跨国扩张是非常必要的，其研究范围也扩展到了跨国银行经营的各方面，且使之可应用于跨国银行业务的不同市场，其中也包括超国家的欧洲市场。

后来邓宁（1989）本人也运用其国际生产折衷理论的 OIL 范式分析了银行部门对外直接投资的三种优势（见图 2 - 1），[②] 并得到了学术界的广泛认可。

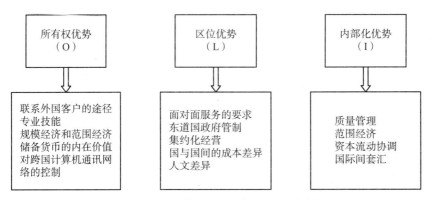

图 2 - 1　OIL 范式对银行部门 FDI 的分析

① Gray, Jean M. & H. Peter Gray, 1981, "The Multinational Bank: A Financial MNG?", *Journal of Banking and Finance*, 5, 33 - 63.

② 资料来源：根据 Dunning, J. H., 1989, "Multinational Enterprises and the Growth of Services: Some Conceptual and Theoretical Issues", *The Service Industries Journal*, 9 (1), 5 - 39 整理。

2.7 简 要 评 述

通过对传统跨国公司理论的梳理可见，它们试图从多个角度解释银行部门 FDI 行为，都有合理性，但也各有局限性。其中，比较优势理论以赫克歇尔—俄林模型为基础，以存贷款利差表示要素禀赋的比较优势，以此解释银行部门 FDI 的动因，但未说明跨国银行比较优势来源；H—K 理论在市场不完全的假设条件下，指出了垄断优势是银行部门 FDI 成功的条件，却不能回答跨国银行的地理分布、组织形式，以及如何突破东道国的管制等；寡占反应论可以解释在寡占市场结构下跨国银行的"防御性扩张"行为，但无法说明其"进攻性投资"行为；横向和纵向一体化理论阐释银行部门 FDI 的原因时，未能说明具备什么条件的银行适合跨国经营及其区位选择问题。

内部化理论在后期许多学者的补充扩展下，逐渐形成了一个兼收并蓄的比较综合的理论体系，上述理论几乎都能够纳入内部化理论的分析框架中。但是该理论仅注重跨国银行本身单方面的成本收益分析，忽略了东道国的区位因素对银行部门 FDI 的影响。

国际生产折衷理论将区位因素引入其中，使得该理论成为迄今无可代替的解释 FDI 行为的最全面的理论，可以阐释近二十年来新兴市场中银行部门 FDI 大量增加的现实；同时，该理论还是一个动态发展的理论体系，认为跨国银行的所有权优势和内部化优势等比较优势并非一成不变，它与银行业务的范围有直接关系，也即银行业务范围的变化会导致这些优势的增加或者丧失；而区位优势是国家优势，是随着东道国经济环境的变化而不断变化的。因此，从这个角度上讲，本书的部分分析也遵循了邓宁的国际生产折衷理论的 OIL 范式，显示了该理论依然具有很强的适用性。但是，国际生产折衷理论也有一定的局限性。它可以非常充分地分析发达国家对发展中国家的银行部门 FDI 行为，但在解释发达国家银行部门之间的 FDI 以及近年来呈现的新兴市场国家对其他新兴市场国家甚至对发达国家的银行部门 FDI 现象时略显不足。

　　另外，以上理论基本上是站在发达国家视角，即银行部门 FDI 供给方即母国视角来分析问题，而特别针对需求方即新兴市场国家东道国视角的研究较不充分；对东道国金融制度及其变化对银行部门 FDI 在区位选择以及进入方式等方面的影响也还需要进一步充实完善。

第 3 章

银行部门 FDI 供给方的动因

银行部门 FDI 之所以进入特定国家，一定要取决于供给和需求两方面的因素：一是源于银行部门 FDI 的供给方（Supply-side）即母国的因素，从跨国银行这一微观主体的角度来看，这体现为一种对外投资的驱动力；二是源于银行部门 FDI 的需求方（Demand-side）即东道国的因素，体现为一种对银行部门 FDI 的拉动力，主要是东道国的区位优势对银行部门 FDI 的吸引力。两者相互联系，缺一不可。

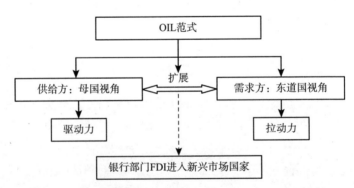

图 3-1　研究新兴市场国家银行部门 FDI 行为的基本框架

从银行部门 FDI 供给方的视角看，银行选择对外直接投资的主要原因：一是在外部市场不完全的条件下，银行不得不将其所具有的银行资产特定性因素通过组织内部市场进行交易，以降低交易费用；二是信息技术和互联网的发达使得信息成本逐渐降低，减少了跨国金融机构的组织和管理成本，成为跨国银行进一步对外扩张的驱动力；三是随着各国经济一体化程度的不断加深，跨国银行为保住客户资源，必然追随其海外经营的国内客户进行"防御性扩张"。

3.1　跨国银行资产特定性因素

银行资产特定性因素（Asset – Specific Factors）是跨国银行本身具有的与其对外投资相关的竞争优势，表现为对各种有形和无形资产的独占和专用，即对某些资源拥有的所有权优势，也称机构特别因素（Institution – Specific Factors），包括银行资产规模（Asset Scale）、声誉、先进技术与金融创新能力、跨国经营经验等，这些银行机构特别因素是不能轻易复制的，但可通过内部市场转移给下属公司，跨国银行正是基于这些优势才有动力扩张到国外与东道国银行竞争。

3.1.1　银行资产规模

在银行资产特定性因素中，银行资产规模是决定银行 FDI 的主要影响因素之一。规模能够在很大程度上体现出一家银行的综合实力，规模大的银行比小银行更倾向于向海外进行投资。这是因为大银行拥有更多的大型企业客户，而这些客户海外投资很多，因此银行也需要追随客户进行海外扩张；同时，规模大的银行拥有大量的存款份额，面临的信用风险也会更大，因此这些银行有很强的发展海外分公司的动力，以平抑存贷风险。较有代表性的是福卡雷利和波佐洛（Focarelli and Pozzolo，2001，2005）的研究，发现在主要跨国银行母国的所有银行中，如果以跨国控股银行的家数作为衡量银行国际化率的指标，那么总资产超过 250 亿美元的银行的其国际化率要远高于中小银行（见表 3 – 1）。

表 3 – 1　　　　　　　　银行资产规模及其国际化程度

国家	所有规模的银行		总资产超过 250 亿美元的大银行	
	数量	跨国控股银行	数量	跨国控股银行
澳大利亚	42	3	4	3
奥地利	41	5	3	3
加拿大	23	4	7	4
比利时	27	8	6	5

续表

国家	所有规模的银行		总资产超过 250 亿美元的大银行	
	数量	跨国控股银行	数量	跨国控股银行
法国	178	15	20	12
德国	472	32	33	26
日本	159	14	56	14
意大利	138	10	15	7
西班牙	94	5	8	4
美国	488	18	42	14
爱尔兰	23	2	2	2

数据来源：根据福卡雷利和波佐洛的数据整理。①②

　　沿着福卡雷利和波佐洛（2001，2005）的思路，帕帕约安努（Papaio-annou，2005）③ 则选择了 19 个国家为起点国（母国），51 个国家为目的地国，采用国际清算银行提供的银行资产数据，基于面板数据模型分析了银行资产规模对跨国银行海外活动的影响，实证的结果发现，银行资产规模对跨国银行的海外扩张具有显著为正的效应。比林德利和普雷特（Birindelli and Prete，2010）④ 则根据跨国银行海外扩张理论，具体研究了意大利银行的国际化进程，其基于 Probit 模型的分析证实，随着意大利银行业资产规模的扩大，它们在海外扩张的概率会显著增加。而且，他们对 1994～2006 年以及 1998～2006 年这两个样本数据的经验研究结果都支持银行资产规模的增加有利于国内银行进行海外扩张的观点。福托普洛斯和劳瑞（Fotopoulos and Louri，2011）⑤ 进一步研究的结果则发现，银行的资产规模和银行的国际化程度紧密相连，大型银行具有更多更大的国际客户是其国际化的主因。

　　从全球范围的实践看，一方面，很多银行通过对外直接投资实现了规

　　① Focarelli D, Pozzolo AF, 2001, "The Patterns of Cross-border Bank Mergers and Shareholdings in the OECD Countries", *Journal of Banking and Finance*, 25, 2305 – 2337.

　　② Focarelli D, Pozzolo AF, 2005, "Where do Banks Expand Abroad? An Empirical Analysis", *Journal of Business*, 78, 2435 – 2463.

　　③ Papaioannou E., 2005, "What Drives International Bank Flows? Policies, Institutions and Other Determinants", European Central Bank, *Working Paper Series* no. 437.

　　④ Birindelli G, Prete S. D., 2010, "The Internationalization of Italian Banks: Direction and Organizational Reshaping", *Journal of Money*, *Investment and Banking*, 18, 105 – 127.

　　⑤ Fotopoulos G, Louri H., 2011, "On the Geography of International Banking: the Role of Third - Country Effects", *Bank of Greece*, *Working Paper Series* No. 125.

模扩张，使得全球银行资产规模排名纪录被快速刷新；另一方面，规模大的银行往往比小银行有更大的国际化动力，它们更倾向于对外直接投资，目前参与新兴市场国家海外扩张的外资银行也多为国际大型商业银行，比如花旗银行等的海外机构的资产和收益占其全部资产和收益的80%以上。

3.1.2　金融创新能力

金融创新能力是金融机构核心竞争力的体现，跨国银行拥有的领先技术使得银行各种成本降低，也为金融创新创造了客观条件。一方面，跨国银行利用先进技术在全球范围内调配资源，降低成本，实现规模经济，提高运营效率；另一方面，技术上的领先，也增强了研发力量，推动了跨国银行金融产品的创新。金融产品的创新突出表现在跨国银行结合新兴市场国家的特点提供差异化产品和服务，以新加坡的部分外资银行为例，汇丰银行在新加坡的主要市场集中于信用卡、保险保单、投资连接产品及高利息时间/储蓄账户等产品；荷兰银行只为享有特权的 VIP 客户及高资产净值人士提供私人银行和投资银行服务，也为新加坡和东南亚的企业客户提供服务；而渣打银行主要针对私人银行、投资银行及私人借贷及时间/储蓄账户等产品，提供超过 120 个当地和国际基金经理人的资金。外资银行提供的差异化产品使其获得了市场份额，尤其是在某些细分市场比如高端客户市场上占据绝对优势地位。

3.1.3　组织管理与跨国经营经验

高效的组织管理和丰富的跨国经营经验也即"诀窍"（Know-how）是银行重要的无形资产及其竞争优势来源。一方面，跨国银行高端的管理人才与先进的管理方式，加之合理的公司治理结构，银行管理效率自然很高；同时，外资银行资产质量高、组织营运成本控制科学，因此将比东道国银行有更高的经营绩效；另一方面，跨国银行多是历史悠久的大银行，分支机构遍布很多国家和地区，跨国经营的经验非常丰富，这是新兴市场国家的东道国银行在短期内难以企及的。跨国银行母公司拥有的这些组织管理技术和跨国经营经验类似于公共物品：可在本银行内部使用，也可转让给其他商业银行，而且可同时在国内和国外两个市场使用。但是公共物品的转让往往由于外部市场失灵而无法实现，因此，对高效的管理技术和经验等公共物品的内部化成为银行以 FDI 方式实施海外扩张的动力之一。

3.2 信息成本因素

信息成本主要指由于地理距离和文化差异所带来的外部成本，包括语言、文化传统、法律和道德体系、社会规范等。20 世纪 90 年代以来，互联网和通讯技术不断进步，信息网络下电子商务改变了传统企业的发展模式，跨国交通方便快捷，尤其是目前已进入大数据时代，海量数据的收集、处理、挖掘、分析等变得更加高效，大大降低了银行部门 FDI 的信息成本，有利于外资银行在不同国家的分行（或子公司）之间的业务开展和信息共享，从而也就降低了跨国金融机构的组织和管理成本，提高了运营效率，进一步推动了银行的海外扩张。

3.2.1 距离约束与银行部门 FDI

很多研究发现地理距离和银行部门 FDI 之间是负相关的，即跨国银行的海外经营中面临距离约束（Distance Constraints）问题。彼得森和拉扬（Petersen and Rajan，2002）的研究发现，小企业和它们的贷款人之间虽然存在着地理距离的约束，但是，信息技术的进步正在弱化这种距离限制现象，并且，技术的进步可以使小企业获得更多的信用贷款。德格里斯和欧格娜（Degryse and Ongena，2005）分析了企业、贷款银行和这一区域的其他银行之间的距离对贷款定价的影响，研究结果认为，银行贷款发放中存在着空间价格歧视现象，贷款利率会随着企业、贷款银行和竞争性银行之间距离的变化而变动。布赫（Buch，2005）[1] 的实证结果则表明，地理距离是跨国银行资本流动的一个显著决定因素，银行在更加遥远的市场往往持有更低的资产。米安（Mian，2006）[2] 则进一步考察了地理距离在跨国银行海外经营中发挥的作用，发现距离越远，跨国银行向信息困难的中小企业发放贷款越少，这使很多资金需求者无法从跨国银行获

---

[1] 参见 Buch，C M，2005，"Distance and International Banking"，*Review of International Economics*，13，787 – 804。

[2] 参见 Mian，A，2006，"Distance Constraints: the Limits of Foreign Lending in Poor Economics"，*Journal of Finance*，61，1465 – 1505。

得资金。

　　沿着米安（2006）的思路，吴、乔恩和卢卡（Wu，Jeon and Luca，2011）[1] 分析了跨国银行国外分支机构和其本部之间的距离在决定这些分支机构业绩方面的重要作用，证据表明，距离约束对跨国银行分支机构的贷款增长和盈利能力都有不利影响，在国外建立分支机构并不能有效缓解跨国银行所面临的距离约束问题。因此，这些研究均表明地理距离对于银行部门 FDI 具有关键性的意义。

　　鉴于地理距离对银行经营状况的重要影响，跨国银行的最佳选择就是采用 FDI 方式，直接进入该国市场，实施本土化战略，与东道国银行在同一地区的市场竞争，使东道国银行丧失近距离的本土化优势，跨国银行进入的驱动力会更强。

3.2.2　文化差异与银行部门 FDI

　　关于文化差异与银行部门 FDI 程度的关系，二者亦为负相关。加林多、米科和西拉（Galindo，Micco and Sierra，2003）以 176 个国家的双边金融数据为样本，分析了文化差异（包括共同的殖民联系、语言、法律起源以及金融行业结构和规范体系等）对银行跨国投资区域选择的影响，结果表明，这些因素对银行部门 FDI 的区位选择影响很大。[2] 法鲁克（Farouk，2004）指出，信息成本是影响银行部门 FDI 的重要因素之一，其中地理距离和文化差异对信息成本的影响最大。因此，信息成本的降低成为银行部门 FDI 的另一大重要推动力。

3.3　经济一体化下的追随客户假说：经验与实证

　　发达国家与新兴市场国家之间日益提高的一体化程度（Increased Economic Integration）使得发达国家与新兴市场国家之间的经济依存度不断提高，导致新兴市场国家的非金融部门外国直接投资（Non-financial FDI，

---

　　[1]　Wu J., Jeon B. N., and Luca A. C., 2011, "Does Distance Affect the Performance of Foreign Banks? Evidence from Multinational Banking in Developing Countries", *International Finance Review*, 11, 580 – 603.

　　[2]　Galindo A., Micco A. and Sierra, C., 2003, "Better the Devil that You Know: Evidence on Entry Costs Faced by Foreign Banks," *IADB Working Paper* No. 477.

特指非银行部门 FDI，Non-bank FDI）的大幅增长以及国际贸易的快速发展。为了继续给本国的跨国公司提供金融服务，发达国家的大银行由此也加大了对新兴市场国家的 FDI，因此，非银行部门 FDI 的增长是导致新兴市场国家银行部门 FDI 迅速增长的直接原因，即所谓的"追随客户假说"（Follow the Customer Hypothesis，FTC 假说）。

3.3.1　对追随客户假说的解释

对于 FTC 假说的一个传统的也是较有影响的解释是，除了通过在国际市场的应用将内部优势资本化以外，为了服务于其在海外经营的客户，银行也会成为跨国银行。银行会追随其客户的国际化扩张，以在国外继续为他们提供金融服务，包括提供贸易融资以及与 FDI 有关的其他服务。在很多情况下，这是银行的一种增长战略，同时也是一种防御性的行为，即所谓的"防御性扩张"，因为如果没有跟随海外经营的客户，那么，银行将不仅失去客户的海外业务，甚至有失去这些客户国内业务的风险。

描述两国经济的一体化程度的变量通常为双边贸易量和非银行部门的 FDI。有许多研究以此检验了发达国家之间的经济一体化程度和银行部门 FDI 之间的关系，结果表明，经济一体化程度越高的国家之间的银行部门 FDI 也越多。从理论上讲，这可以从以下几方面来解释：

一是"万有引力效应"（Gravitational Pull Effect）。这是由于跨国银行与来自其母国的跨国公司在国内时就具有长期的业务往来，银行深谙这些跨国公司对金融的需求，因此这些跨国公司在何处投资，银行也会追随而至，在那里设立自己的分支机构，以满足客户在金融服务方面的需要，因此，银行部门 FDI 也与非银行部门 FDI 同步发展，结果类似"万有引力"。

二是客户信息的内部化（Internalization of Information）动力。一方面，由于信息不对称和不完全现象的存在，银行需要获得客户的信息，以降低逆向选择和道德风险的发生概率，良好的银企关系无疑是获得这些信息的最佳途径，如果建立长期合作关系，信息会被反复使用，那么银行信息搜集、甄别、监控的成本则会由于被不断摊薄而降低；而客户为了不使其信息被竞争对手获得，也倾向于将信息透露给少数关系型银行，而不是交易型银行；另一方面，客户信息既可被关系银行利用，亦可为其他银行所用，因而具有公共物品性质，很难通过失灵的外部市场进行定价与交易，因此，客户信息的内部化就成为对银行和客户都有利的选择，当国内客户进行跨国投资时，银行就会跟随而进行对外扩张。

高德伯格和桑德斯（Goldberg and Saunders，1980）最早对发达国家外资银行的 FTC 战略进行了研究，他们分析了从同一个国家进入其他不同国家的外资银行，即"一国对多国"（From-one-to-many-hosts）的活动，考察了 20 世纪 70 年代美国银行向海外扩张的情况发现，一方面，从对外贸易角度看，美国对英国的出口额与美国银行在英国的银行部门 FDI 之间呈现正相关关系，外资银行进入美国的情况也大致相似；另一方面，从直接投资的角度看，美国与其他国家之间非银行部门的 FDI 是影响美国银行业向该国进行 FDI 的重要因素。格罗斯和高德伯格（Grosse and Goldberg，1991）在高德伯格和桑德斯的研究基础上，采用"多国对一国"（From-many-to-one-host）的方法，检验了 80 年代源于不同国家的跨国银行进入美国的决定因素，结果与前者如出一辙，再次说明影响流入美国的银行部门 FDI 的最重要因素也是非银行 FDI 和双边贸易额。[1]

此后，布里厄利和开普兰尼斯（Brealey and Kaplanis，1996）、鲁尔和赖安（Ruhr and Ryan，2005）[2] 对日本、布赫（Buch，2000）对德国、比林德利和普雷特（Birindelli and Prete，2010）[3] 对意大利等均使用不同国家之间双边贸易额、非银行部门 FDI 数量与银行部门 FDI 的关联程度作为衡量标准进行研究；沃伊内亚和米西苏（Voinea and Mihaescu，[4] 2006）以 12 个国家为跨国银行母国，16 个国家为跨国银行投资目的地国，采用 1995～2004 年的样本数据的研究也都认为，银行部门 FDI 与国际贸易、企业对外直接投资之间存在着重要的正向关系，支持外资银行追随境外客户向海外扩张的结论。艾斯普兰卡和古兰豪森（Esperanca and Gulamhussen，2001）研究了 1985～1992 年期间外资银行进入美国的行为，结果表明，银行部门 FDI 活动不仅追随跨国公司客户，而且追随着诸如永久移民或非公民永久居住者这样的非公司客户进入美国。[5]

---

① Grosse, R. and Goldberg, L. G., 1991, "Foreign Activity in the United States: An Analysis by Country of Origin", *Journal of Banking and Finance*, 15 (6), 1092 – 1112.

② Ruhr V D, Ryan M, 2005, "Following or Attracting the Customer? Japanese Banking FDI in Europe", *Atlantic Economic Journal*, 33, 405 – 422.

③ Birindelli G, Prete S. D., 2010, "The Internationalization of Italian Banks: Direction and Organizational Reshaping", *Journal of Money, Investment and Banking*, 18, 105 – 127.

④ Voinea L, Mihaescu F, 2006, "The Determinants of Foreign Banking Activity in South East Europe: do FDI, Bilateral Trade and EU Policies Matter?", Wiiw Balkan Observatory Working Paper, No. 67.

⑤ J. Esperanca and M. Gulamhussen, 2001, "(Re) Testing the 'Follow The Customer' Hypothesis in Multinational Bank Expansion", *Journal of Multinational Financial Management*, 11, 281 – 293.

3.3.2 对追随客户假说的质疑

由上面的分析可见，对于流向发达工业化国家的银行部门 FDI 来说，FTC 假说还是很有说服力的。尽管多数研究结论相似，但是对 FTC 假说的实证研究依然没有公认的定论。比如赛斯、诺勒和莫汉蒂（Seth, Nolle and Mohanty, 1998）对日本、加拿大、法国、德国、英国以及荷兰在美国境内跨国银行贷款数据的分析发现，银行的大部分借款人并不是这些国家的本国顾客。而福卡雷利和波佐洛（2005）对 OECD 国家 260 家大型银行的研究表明，在追随客户的行为中，跨国银行仅仅为本国企业的国际贸易活动提供融资。因此，追随客户假说的适用性仍存在一定的限制，甚至在发达国家之间的银行部门 FDI 也不完全符合 FTC 假说。因此，依然存在三个问题需要解决。

第一个问题：该假说无法精确验证在新兴市场国家银行部门 FDI 究竟是非金融部门直接投资增长的前提条件还是结果。也即到底是银行在追随客户，还是客户在追随银行。艾丽西娅和丹尼尔（Alicia and Daniel）早在 2003 年的研究就指出，在新兴市场国家，银行部门 FDI 是非金融部门直接投资增长的前提条件，而不是结果，这无疑对于 FTC 假说提出了挑战。罗素和海斯[①]（Roessl and Haiss, 2009）采用中东欧国家 1997～2006 年数据的分析甚至发现，银行部门的 FDI 引起了对外直接投资以及国际贸易量在这些国家的显著增长。周阳、原雪梅（2014）对中国在内的 43 个新兴市场国家的研究发现，跨国银行会追随本国企业的对外直接投资和国际贸易活动进入新兴市场国家，是一种"防御性扩张"策略。[②]

第二个问题：该假说的成立是否与东道国对跨国银行的管制政策有一定关系？在跨国银行进入东道国之初，其经营的地域范围和业务范围一般受到东道国的某些限制，因此其服务的客户对象首选是与自己保持长期银企合作关系的跨国公司。但是随着业务范围的扩大，其客户就会变得多元化。比如 1993 年以前进入波兰的跨国银行主要出于跟随客户动机，但 2000 年以后，这些跨国银行的业务范围和客户群不断扩大，逐步开始涉足

---

① Roessl P, Haiss P, 2009, "Does Bank FDI Trigger General FDI and Trade? An Analysis of Signal Effects of Foreign Bank Entry", *Paper for* 18th *Annual Meeting of the European Financial Management Association*.

② 周阳，原雪梅. 跨国银行进入追随客户与中小企业信贷困境——基于中国在内的 43 个新兴市场国家的实证研究 [J]. 经济学家，2014（11），47–57.

消费信贷、租赁以及抵押贷款等领域，跟随客户的动机逐渐弱化。

　　从新兴市场国家非银行部门 FDI 情况来看，2005 年以来，吸引非银行部门 FDI 的规模在大部分年份呈现不断增长态势，2009 年及 2012 年的略微下滑是与 2008 年的金融危机以及欧洲主权债务危机是密切相关的。从表 3 - 2 可见，俄罗斯和巴西在 2005 ~ 2013 年间非银行部门的 FDI 分别增加了 4.6 倍和 5.2 倍，而中国非银行部门的 FDI 规模最大，在 2013 年高达 3478 亿美元。从十国的总体数据来看，这些国家平均增加了 2.8 倍。尤其值得注意的是，"金砖四国"非银行部门的 FDI 占到十国总数的 2/3 以上，显示了新兴市场大国的经济增长潜力。

表 3 - 2　　吸引非银行部门 FDI 最多的前 10 个新兴市场国家情况

（2005 ~ 2013 年）　　　　　　　　单位：10 亿美元

国家＼年份（金额）	2005	2006	2007	2008	2009	2010	2011	2012	2013
中国	111.2	133.3	169.4	186.8	167.1	273	331.6	295.6	347.8
俄罗斯	15.5	37.6	55.9	74.8	36.6	43.2	55.1	50.6	70.7
巴西	15.5	19.4	44.6	50.7	31.5	53.3	71.5	76.1	80.8
墨西哥	24.7	20.9	32.3	28.3	17.3	23.4	23.4	17.6	38.2
土耳其	10	20.2	22	19.8	8.6	9.1	16.2	13.2	12.9
印度	7.3	20	25.2	43.4	35.6	27.4	36.5	24	28.2
波兰	11.1	21.5	25.7	15	14.4	17.1	17.4	6.7	-4.5
智利	7	7.3	12.5	15.1	12.9	15.7	23.4	28.5	20.3
乌克兰	7.8	5.6	10.2	10.7	4.8	6.5	7.2	7.8	3.8
泰国	8.1	9.5	11.3	8.5	4.9	9.1	3.9	10.7	12.6
十国合计	218.2	295.3	409.1	453.1	333.7	477.8	586.2	530.8	610.8
"金砖四国"合计	149.5	210.3	295.1	355.7	270.8	396.9	494.7	446.3	527.5

注：BRICs "金砖五国" 中的南非未进入前十位。

数据来源：根据 IMF International Financial Statistics 和 World Bank 有关资料整理。

　　而与此同时，流入新兴市场国家的银行部门 FDI 也在逐年大幅增加。图 3 - 2 显示了 2005 ~ 2013 年间发展中国家的跨国银行债权情况，这些国家基本上都是新兴市场国家。尤其是 2008 年金融危机之前，银行部门的 FDI 上涨势头突出，2007 年达到了 37630 亿美元，而经过了金融危机之

后，随着经济的复苏，银行部门 FDI 也随之增加。这也说明了银行部门
FDI 与非银行部门 FDI 之间存在正相关关系，支持了 FTC 假说。

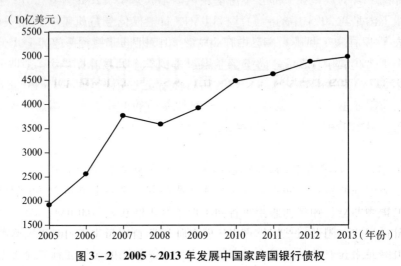

图 3 – 2　2005 ~ 2013 年发展中国家跨国银行债权

数据来源：根据 Bank for International Settlements （BIS） 数据整理。

　　第三个问题：在双边贸易、非金融部门的 FDI 与银行部门 FDI 的正向
关系之外，是否存在"追随客户"之外的原因？为了解答这一疑问，赛斯
和诺勒等[1]（Seth and Nolle et al.，1998）考察了外资银行的贷款行为，直
接检验了追随客户假说。一方面，外资银行并未将大多数贷款贷放给来自
母国的借款者，这与先前研究的关于银行海外扩张的主要动因是为来自母
国的境外投资者客户（比如跨国公司）服务的结论并不吻合；另一方面，
流向不同类型国家的银行部门 FDI，检验结果是不同的：在发达国家该假
说是符合事实的，但是在发展中国家，该结论并不完全适用。克拉克等
（Clarke et al.，2002）也指出，虽然很多研究认为非银行部门 FDI 和银行
部门 FDI 之间存在正相关，但也并不能完全证明 FTC 假说。因为其他因素
诸如东道国吸引非银行部门 FDI 和银行部门 FDI 的政策、东道国汇率制
度、汇率稳定性和外汇管制情况等也可以部分地解释这种关系。
　　由上可见，关于 FTC 假说的多数分析都是从发达国家的案例出发的，
能够基本解释流向发达工业化国家的银行部门 FDI；而对于新兴市场国家

　　[1]　Seth, R., D. E. Nolle, and S. K. Mohanty, 1998, "Do Banks Follow Their Customers Abroad?"
Financial Markets, Institutions, and Instruments, 7 (4), 1 – 25.

来说，银行部门 FDI 大量流入的事实是否符合 FTC 假说尚需要检验。

3.3.3　对追随客户假说的检验：基于 52 个新兴市场国家的实证分析

对于跨国银行来说，它们在新兴市场国家的经营行为是否符合追随客户假说？更进一步的问题是究竟有哪些因素决定了跨国银行的海外扩张？

1. 样本选择

参照上述对新兴市场国家的界定，考虑到数据的可获得性，经过仔细筛选比对，选择了共 52 个新兴市场国家 2010 ~ 2012 年的数据来分析银行部门 FDI 的驱动力。这些新兴市场国家几乎涵盖了现有世界范围内所有的新兴市场国家样本，而且从数据可获得性的视角来说，选择的跨国银行的母国也几乎是现有可以获得的最大样本数量。因此，通过这 52 个新兴市场国家大数据的分析，应该可以反映出影响银行部门 FDI 的最主要因素。

表 3 – 3	52 个新兴市场国家的选择及其洲际分布
亚洲国家（22 个）	巴林、孟加拉国、中国、印度、印度尼西亚、伊朗、伊拉克、以色列、约旦、哈萨克斯坦、科威特、黎巴嫩、马来西亚、阿曼、巴基斯坦、菲律宾、卡塔尔、沙特、斯里兰卡、泰国、阿联酋、越南
欧洲国家（13 个）	保加利亚、捷克、爱沙尼亚、匈牙利、拉脱维亚、立陶宛、波兰、罗马尼亚、俄罗斯、斯洛伐克、斯洛文尼亚、土耳其、乌克兰
北美洲国家（1 个）	墨西哥
南美洲国家（8 个）	阿根廷、巴西、智利、哥伦比亚、厄瓜多尔、秘鲁、乌拉圭、委内瑞拉
非洲国家（8 个）	埃及、肯尼亚、毛里求斯、摩洛哥、尼日利亚、塞内加尔、南非、突尼斯

2. 模型设定

从以上对银行部门 FDI 动因的分析可以发现，从母国的角度来看，影响跨国银行进行海外投资的因素主要包括银行资产特定性因素、经济一体化因素（追随客户）以及信息成本因素（地理距离与文化距离）。这里，一方面，考虑到银行资产特定性因素很难通过国家层面上的数据进行量化，而且这些特定性因素一般用来研究单一个体银行的跨国经营情况；另一方面，现有大量的研究成果也发现，新兴市场国家的市场规模已成为吸引跨国银行进入这些国家的重要影响因素。因此，设定如下模型来研究银行部门 FDI 的主要影响因素：

$$\ln(fc_{ki,t}) = \alpha + \beta_1 \ln(fdi_{ki,t}) + \beta_2 \ln(trade_{ki,t}) + \beta_3 \ln(dist_{ki,t})$$
$$+ \beta_4 language_{ki,t} + \ln(gdp_{i,t}) + \varepsilon_{ki,t} \tag{3.1}$$

其中，$\ln(fc_{kj,t})$ 是发达国家 k 的跨国银行在新兴市场国家 j 的 FDI 数量，$\ln(fdi_{kj,t})$ 代表发达国家 k 在新兴市场国家 i 的对外直接投资额，$\ln(trade_{ki,t})$ 代表发达国家 k 与新兴市场国家 i 之间的双边贸易额。$\ln(dist_{kj,t})$ 是发达国家 k 与新兴市场国家 j 之间地理上的距离，$language_{kj,t}$ 表示发达国家 k 与新兴市场国家 j 之间是否具有相同的语言，使用它来代表两个国家之间文化上的距离，$\ln(gdp_{j,t})$ 则为新兴市场国家 i 的 GDP 数量，它代表了新兴市场国家市场规模的大小。$\varepsilon_{ki,t}$ 为白噪声的随机干扰项。

关于这些变量数据的来源，银行部门 FDI 数据主要根据国际清算银行综合银行统计数据库（Consolidated Banking Statistics）中的跨国银行贷款数据综合整理，对外直接投资数据来源于 OECD 统计数据库，双边贸易数据则通过进出口数据计算所得，相关数据来源于联合国商品贸易数据库（UN Comtrade），地理距离则根据各国首都之间的距离计算，数据来源于 CEPII 数据库，各国之间是否具有相同的语言则为虚拟变量，具有相同的语言取值为 1，否则为 0，数据同样来源于 CEPII 数据库，各国的 GDP 数据则来源于世界银行统计数据库（详细数据请见附录 A 和附录 B，由锐思金融数据库（RESSET）协助提供）。

3. 混合回归模型的估计结果

对于以上 52 个新兴市场国家的数据，首先采用混合数据回归模型对模型进行估计。考虑到样本数据包括 52 个国家 3 年的数据，这些数据可能存在截面和时间单元上的异质性，所以，采用面板数据对模型进行估计应该具有良好的效果。另外，在上述设定的模型（3.1）中，由于地理和文化上的距离这两个变量具有时间不变性，所以，对于面板数据模型的估计而言，只能采用随机效应模型对模型进行估计。基于 52 个新兴市场国家的模型估计结果参见表 3 - 4。

表 3 - 4　　　　　　　　52 个新兴市场国家的模型估计结果

变量	混合数据回归模型	面板数据回归模型
c	- 1. 6638 (1. 0727)	- 1. 0028 (- 0. 6333)
$\ln(fdi_{ki,t})$	0. 2510 *** (8. 6333)	0. 2248 *** (5. 7526)
$\ln(trade_{ki,t})$	- 0. 0608 (- 1. 2268)	- 0. 0689 (- 0. 9541)
$\ln(dist_{kit})$	- 0. 2553 ** (- 2. 4421)	- 0. 2703 * (- 1. 7590)
$language_{ki,t}$	1. 3178 *** (5. 2224)	1. 3660 *** (3. 6716)
$+ \ln(gdp_{i,t})$	0. 7797 *** (10. 7403)	0. 7527 *** (7. 2626)
调整后的 R^2	0. 3476	0. 6827

注：（1）符号 ***、**、* 分别表示参数估计结果在 1%、5% 与 10% 的显著性水平下显著；（2）括号内的数据为参数估计 T 统计量的值。

从混合回归模型的估计结果来看，对外直接投资额的回归系数为 0. 2510，模型参数估计结果在 1% 的显著性水平下显著，双边贸易额的回归系数为 - 0. 0608，并不显著。面板数据回归模型的估计结果也并没有发生较大的变化，这似乎与预期并不一致。出现这种现象的可能原因是，在双边贸易活动中，这些从事进出口的企业分属不同的国家，它们可能会选择向不同国家的银行寻求融资。因此，回归结果表明，跨国银行会追随本国客户的经营行为进入新兴市场国家，其中主要为本国企业的对外直接投资活动提供融资。这一结论与现有文献的研究成果是一致的。

同时，这也从一个侧面证明了跨国银行进入新兴市场国家最初采用的是一种追随客户的"防御性扩张"策略。这是因为对于跨国银行而言，如果它们选择不追随本国客户的经营行为进入新兴市场国家，很有可能造成本国客户资源的流失，从而造成这些银行利润水平的下降，所以，它们会选择追随本国客户的行为。另外，跨国银行通常掌握了本国企业经营和盈利状况的较为准确的信息，在进入新兴市场国家向本国客户提供金融服务时，所需要的信息成本与监督成本都相对较低，因此在向本国企业提供融资方面也具有相对的比较优势。

地理距离变量的估计系数显著为负，表明空间上的距离阻止了跨国银行在新兴市场国家的海外扩张，这进一步证明了布赫（2005）的研究结论。同时也说明，虽然信息技术取得了巨大的进步，但由地理距离导致的信息不对称并没有明显缓解，信息成本对银行来说仍然至关重要（Berger A. N. and De Young R. , 2006）。[①]

作为文化相似性的代理变量，是否具有相同的语言这个变量的参数估计结果分别为1.3178和1.3660，统计上是高度显著的，这说明新兴市场国家和跨国银行母国之间相同的文化背景会导致跨国银行投资规模的扩大。显然，由两国文化的相似性所带来的交流的便利可以作为提高跨国银行海外扩张的一种重要渠道。相反，文化的巨大差异会影响跨国银行在新兴市场国家的经营活动。另外，跨国银行完成对外扩张的一种方式是通过跨国并购，两国之间文化的相似性更有利于收购的完成（Focarelli and Pozzolo，2008），这应该也是文化上的距离对跨国银行具有显著影响的原因。[②] 因此，地理文化上的距离已经成为跨国银行海外经营的重要决定因素，它们在解释跨国银行对新兴市场国家投资的空间分配上发挥着显著作用。

从混合回归模型和面板数据回归模型的估计结果可以发现，GDP水平的估计系数为正而且是统计上显著的，这表明新兴市场国家的市场规模对跨国银行具有显著的吸引力，为了在海外进一步进行扩张并获得更大的增长机会，这些跨国银行会争相向具有较大规模的新兴市场国家进行投资，以迅速占领这些国家的市场。

综上，通过基于52个新兴市场国家的经验进行的实证研究可见，在跨国银行海外扩张的动因中，经济的一体化程度、地理和文化的距离以及新兴市场国家的市场规模等都是决定银行部门FDI的重要因素。它们与银行特定的资产因素相结合，共同推动了银行部门FDI的快速发展。

3.4 银行部门 FDI 的空间依赖效应

在进一步的研究中发现，近年来，空间依赖效应（Spatial Dependence

① Berger A N，De Young R，2006，"Technological Progress and the Geographic Expansion of the Banking Industry"，*Journal of Money，Credit and Banking*，38，1483 –1513.
② Focarelli D，Pozzolo A F，2008，"Cross-border M&As in the Financial Sector：Is Banking Different from Insurance"，*Journal of Banking and Finance*，32，15 –29.

Effect）越来越多地被引入跨国公司海外扩张的模型中（Baltagi，2007；Blonigen et al.，2007；周阳、原雪梅等，2014），但现有文献对跨国银行的研究却较少考虑到这种空间依赖效应。纽格鲍尔（Neugebauer，2011）采用空间计量经济方法的研究发现，跨国银行在目的地国的资产数量不仅与目的地国的经济条件密切相关，而且，它还依赖于目的地国（东道国）邻近国家的表现，如果邻近国家对跨国银行具有较大的吸引力，跨国银行可能就会选择在邻近国家进行投资，从而影响到跨国银行在目的地国的海外扩张。福托普洛斯和劳瑞（Fotopoulos and Louri，2011）分析了空间因素在跨国银行海外扩张中的重要性，实证的结果显示，跨国银行在各目的地国的借贷行为表现出显著的空间依赖性，一国获得的跨国银行贷款数量会随着其邻近国家获得贷款数量的变化而相应变化。

前文中的模型是基于来自一个发达国家 k 的跨国银行和一个新兴市场国家 j 之间即"一国对一国"的角度，检验了 FTC 假说在新兴市场国家的适用性。下面从"多国对一国"的角度，重新设定模型，并将新兴市场国家汇率变动、利率水平、国家风险等变量引入进行检验，来进一步求证银行部门 FDI 在追随客户时，是否还存在空间依赖效应。

3.4.1　模型设定

跨国银行追随客户进入新兴市场国家的模型可以设定为：

$$\ln(fc_{it}) = \alpha + \beta_1\ln(fdi_{it}) + \beta_2\ln(trade_{it}) + \beta_3\ln(gdp_{it}) + \beta_4 exchange_{it}$$
$$+ \beta_5 i_{it}^* + \beta_6 erisk_{it} + \beta_7 frisk_{it} + \beta_8 prisk_{it} + \varepsilon_{it} \tag{3.2}$$

其中，$\ln(fc_{it})$ 为 t 期来自各国的跨国银行在新兴市场国家 i 发放的贷款总额（$t = 1$，…，T；$i = 1$，…，N）。$\ln(fdi_{it})$ 为 t 期各个母国在新兴市场国家 i 的对外直接投资总额，$\ln(trade_{it})$ 为 t 期各个母国与新兴市场国家 i 之间的国际贸易总量。$\ln(gdp_{j,t})$ 含义同上。$exchange_{it}$ 为 t 期新兴市场国家 i 货币的升贬值幅度。i_{it}^* 为 t 期新兴市场国家 i 的实际利率水平。$erisk_{it}$、$frisk_{it}$ 与 $prisk_{it}$ 则为国家风险变量，分别代表 t 期新兴市场国家 i 的经济、金融和政治风险。ε_{it} 为独立同分布的随机干扰项，它的均值为零，方差为 σ^2。假设：

$$y_{it} = \ln(fc_{it})$$
$$x_{it} = (\ln(fdi_{it}),\ \ln(trade_{it}),\ \ln(gdp_{it}),\ exchange_{it},$$
$$i_{it}^*,\ erisk_{it},\ frisk_{it},\ prisk_{it}),$$

$$\beta' = (\beta_1, \beta_2, \beta_3, \beta_4, \beta_5, \beta_6, \beta_7, \beta_8)$$

则跨国银行追随客户进入新兴市场国家的空间面板滞后模型可以表示为（Anselin et al., 2006）：

$$y_{it} = \delta \sum_{j=1}^{N} w_{ij} y_{jt} + \alpha + x_{it}\beta + \mu_i + \lambda_t + \varepsilon_{it} \qquad (3.3)$$

空间面板误差模型可以表示为：

$$y_{it} = \alpha + x_{it}\beta + \mu_i + \lambda_t + \phi_{it}, \phi_{it} = \rho \sum_{j=1}^{N} w_{ij}\phi_{it} + \varepsilon_{it} \qquad (3.4)$$

模型（3.3）和模型（3.4）中，δ 为空间自回归系数，ρ 为空间自相关系数。y_{jt} 为空间滞后因变量，$\sum_j w_{ij} y_{jt}$ 则代表新兴市场国家 i 与其邻近国家 j 之间的空间依赖效应。ϕ_{it} 为空间自回归误差项，表示新兴市场国家 i 的误差项依赖于其邻近国家 j 的误差项。w_{ij} 则为 $N \times N$ 阶的空间权重矩阵 w 的第（i, j）个元素。对于空间权重矩阵的设定而言，现有文献一般采用空间邻近矩阵的方式来定义各空间单元上的相互依赖性。如果两个空间单元之间具有共同的边界，则空间邻近矩阵的元素设定为 1，否则为 0。但是，这一设定方法却无法适用于各空间单元之间没有共同边界的情形。所以，参照巴尔塔基（Baltagi, 2007）、布劳尼根等（Blonigen et al., 2007）等设定空间权重矩阵的方法，构建如下空间权重矩阵来研究跨国银行在新兴市场国家的海外扩张中所表现出的空间依赖性：

$$w_{ij} = \begin{cases} \dfrac{1}{d_{ij}}, & i \neq j \\ 0, & i = j \end{cases} \qquad 其中，d_{ij} 为新兴市场国家 i 和 j 之间地理上的距离。$$

从上述空间权重矩阵的设定来看，跨国银行在新兴市场国家 i 的海外扩张不仅与其本身的宏观经济变量密切相关，而且还依赖于跨国银行在其他新兴市场国家 j 的海外扩张程度。利用地理距离的倒数来表示跨国银行在新兴市场国家海外扩张中所表现出的空间依赖性，意味着当新兴市场国家之间的地理距离较近时，跨国银行在这些国家的海外扩张中将会表现出更大的空间依赖性，相反，地理距离较远的国家之间的空间依赖性则较弱。模型（3.3）和模型（3.4）中，模型的稳定性要求 $1/\omega_{min} < \delta < 1/\omega_{max}$，$1/\omega_{min} < \rho < 1/\omega_{max}$，$\omega_{min}$、$\omega_{max}$ 分别为行标准化的空间权重矩阵 W 的最小和最大特征根。μ_i 表示空间具体效应，λ_t 表示时间具体效应。对于空间面板数据模型（Spatial Panal Data）的估计而言，传统的 OLS 方法无法得到无偏有效且一致的估计量，所以，根据 J. 保罗·埃尔霍斯特（Elhorst，2003，2010）的建议，将采用最大似然估计方法对空间面板数据模型进行估计。黎（Lee，2010）则对埃尔霍斯特（2003，2010）提出的最大似然估计量的性质作了进一步研究，他们依据渐进理论的分析发现，如果空间固定效应模型的参数 N 较大而 T 较小，方差参数 σ^2 的估计量将是不一致的。而对于空间和时间固定效应模型来说，如果参数 N 和 T 都比较大，则模型的所有参数估计量都将是不一致的。因此，他们给出了针对最大似然估计量的偏误校正程序。下面将在报告最大似然估计量的基础上，进一步报告模型偏误校正程序的估计结果。

3.4.2　空间自相关及 Hausman 检验

1. 变量选取及其描述性统计

在表 3 - 3 的 52 个新兴市场国家中，由于部分数据不可得，因此下面的探讨去除伊朗、伊拉克、哈萨克斯坦、黎巴嫩、巴基斯坦、阿联酋、乌拉圭、肯尼亚等 9 个国家，选择其中 43 个主要国家（亚洲 17 国、欧洲 13 国、北美洲 1 国、南美洲 6 国、非洲 6 国）2007 ~ 2012 年的数据（相同变量数据来源同上，由锐思金融数据库（RESSET）协助提供）。

货币的升贬值幅度则使用一单位美元可以兑换到的新兴市场国家的货币数量来计算。如果一单位美元可以兑换到更多的新兴市场国家货币，则表示新兴市场国家的货币具有贬值的趋势，相反，则表示新兴市场国家的货币具有升值的趋势，所用汇率数据来源于国际货币基金组织国际金融统计（International Financial Statistics）数据库。

实际利率水平数据则通过贷款利率与通货膨胀率之间的差值来衡量，数据来源于世界银行统计数据库。

经济、金融和政治风险这三个指标的数据来源于 ICRG（International Country Risk Guide）统计数据库，其中，经济、金融风险的取值范围为 0 ~ 50，政治风险的取值范围为 0 ~ 100。依据这三个指标的编制原则，它们的取值越大则意味着风险越小，否则，则意味着风险越大。

地理距离根据各国首都之间的距离计算，数据来源于 CEPII 数据库（同上）。

下面的计算主要通过 Matlab7.0 软件来实现。

表 3 – 5　　　　　　　　　变量选取及其描述性统计量

变量	观测个数	均值	标准误差	最小值	最大值
跨国银行贷款总额（亿美元）	258	810.64	1026.03	26.59	5114.53
FDI（亿美元）	258	113.81	194.52	0	1239.85
国际贸易量（亿美元）	258	2761.64	5265.64	94.82	44750.71
GDP（亿美元）	258	4463.89	9682.68	77.92	83583.63
货币升贬值幅度（%）	258	1.32	9.96	-29.44	69.22
实际利率（%）	258	3.55	8.51	-18.90	41.30
经济风险（0~50）	258	35.31	7.70	20	50
金融风险（0~50）	258	38.32	7.63	26	49
政治风险（0~100）	258	64.26	13.22	43.50	81
地理距离（千米）	903	7022.83	4647.37	111.09	19772

2. 空间自相关及 Hausman 检验

空间自相关是空间单元上各个观测值之间潜在的相互依赖性。为了检验跨国银行在新兴市场国家的扩张行为是否表现出空间依赖性，下面采用安瑟林等（Anselin et al.，2006）提出的两个 LM 检验统计量对模型进行检验。检验的具体结果见表 3 – 6。

表 3 – 6　　　　　　　LM 检验与 robust LM 检验结果

检验方法	Pooled OLS	Spatial and time-period fixed effects	结论
LM_δ 检验	8.2883 *** (0.0040)	4.7837 ** (0.0290)	拒绝原假设
robust LM_δ 检验	4.4802 ** (0.0340)	4.0789 ** (0.0430)	拒绝原假设
LM_ρ 检验	3.8981 ** (0.0480)	1.2035 (0.2730)	无法拒绝原假设
robust LM_ρ 检验	0.0900 (0.7640)	0.4987 (0.4800)	无法拒绝原假设

注：（1）符号 *** 、 ** 、 * 分别表示检验统计量在 1%、5% 与 10% 的显著性水平下显著；（2）括号内的数据为检验统计量的 P 值。

从 LM_δ、robust LM_δ 检验的结果可以发现，它们都在 1% 或 5% 的显著

性水平下拒绝了面板数据模型中不存在空间滞后因变量的原假设。而对于
LM$_\rho$ 和 robust LM$_\rho$ 检验的结果来说，则无法拒绝面板数据模型中不存在空
间自相关误差项的原假设。因此，上述的检验结果表明，跨国银行在新兴
市场国家的海外扩张活动中呈现出了明显的空间依赖性，相比较而言，空
间面板滞后模型更适宜来描述和刻画这种空间依赖性。

　　在面板数据模型中，Hausman 检验一般用来检验所设定的模型是固定
效应还是随机效应模型，J. 保罗·埃尔霍斯特（2010）则把 Hausman 检
验推广到了空间面板数据模型中。表 3 - 7 是空间面板数据模型中 Haus-
man 检验的具体结果，可以发现，检验统计量在 1% 的显著性水平下拒绝
了空间面板数据模型为随机效应模型的原假设，这说明应该选择固定效应
模型。因此，这些检验的结果表明，可以选择固定效应的空间面板滞后模
型来分析跨国银行追随客户进入新兴市场国家的海外扩张行为。

表 3 - 7　　　　　　　　　　Hausman 检验结果

检验方法	检验统计量的值	结论
Hausman 检验	2126. 4324 *** (0. 0000)	拒绝原假设

注：（1）符号 ***、**、* 分别表示检验统计量在 1%、5% 与 10% 的显著性水平下显著；
（2）括号内的数据为检验统计量的 P 值。

3.4.3　模型估计结果与分析

　　空间面板滞后模型的最大似然估计结果见表 3 - 8，为了对模型的估计
结果进行对比，表 3 - 8 还报告了空间面板误差模型的估计结果。

表 3 - 8　　　　跨国银行追随客户进入新兴市场国家模型的估计结果

变量	Panel A：空间面板滞后模型		Panel B：空间面板误差模型	
	固定效应	固定效应 (bias-corrected)	固定效应	固定效应 (bias-corrected)
$\ln(fdi_{it})$	0. 0186 ** (2. 1399)	0. 0176 * (1. 8292)	0. 0215 ** (2. 4774)	0. 0214 ** (2. 4724)
$\ln(trade_{it})$	0. 5035 *** (4. 1585)	0. 5091 *** (3. 8037)	0. 4883 *** (4. 0228)	0. 4891 *** (4. 0307)

续表

变量	Panel A：空间面板滞后模型		Panel B：空间面板误差模型	
	固定效应	固定效应 (bias-corrected)	固定效应	固定效应 (bias-corrected)
$\ln(gdp_{it})$	0.6200 *** (5.2822)	0.5848 *** (4.5659)	0.7148 *** (6.2065)	0.7133 *** (6.1890)
$exchange_{it}$	-0.0029 *** (-2.7158)	-0.0028 ** (-2.4015)	-0.0030 *** (-2.8722)	-0.0031 *** (-2.8737)
i_{it}^{*}	0.0057 *** (4.0452)	0.0056 *** (3.6084)	0.0059 *** (4.0151)	0.0058 *** (4.0074)
$erisk_{it}$	-0.0039 (-1.1839)	-0.0037 (-1.0087)	-0.0044 (-1.3119)	-0.0044 (-1.3025)
$frisk_{it}$	0.0089 * (1.8089)	0.0091 * (1.6733)	0.0081 * (1.6413)	0.0080 * (1.6377)
$prisk_{it}$	0.0095 ** (2.1879)	0.0092 * (1.9181)	0.0106 ** (2.4740)	0.0105 ** (2.4787)
$\delta(\rho)$	0.3259 *** (3.0440)	0.4246 *** (4.2262)	0.2330 (1.4672)	0.2400 (1.5199)
R^2	0.9905	0.9905	0.9902	0.9902
调整的 R^2	0.5149	0.5105	0.5097	0.5097
最大似然估计量	177.9436	177.9262	176.5739	176.5789

注：（1）符号 *** 、 ** 、 * 分别表示参数估计结果在 1% 、5% 与 10% 的显著性水平下显著；（2）括号内的数据为参数估计 T 统计量的值。

从空间面板滞后模型的估计结果来看，对外直接投资额的估计系数为 0.0186，此处国际贸易量的估计系数为 0.5035，参数估计结果分别在 5% 和 1% 的显著性水平下显著，这说明跨国银行会追随本国企业进入新兴市场国家进行海外扩张，并为本国企业的对外直接投资和国际贸易活动提供融资。这一研究结论与福卡雷利和波佐洛等（2005）的结果是一致的。

从表 3-8 可以发现，GDP 水平的估计系数为 0.62 且是统计上显著的，这说明 GDP 水平对跨国银行在新兴市场国家的扩张具有显著的促进作用。显然，新兴市场国家较大的市场规模对跨国银行具有一定的吸引力，因为对于跨国银行来说，较大的市场规模往往意味着更广阔的发展前景和更大的增长机会。

货币升贬值幅度的估计系数显著为负，说明随着新兴市场国家货币的贬值，跨国银行在新兴市场国家的海外扩张会相应减少。一般认为，稳定的市场环境是银行经营的基础。汇率的频繁波动会带来跨国投资的不确定性，尽管汇率贬值短期内会起到吸引外资流入的作用，但是，从长期看来，银行部门 FDI 会更加偏好于选择汇率稳定的新兴市场国家进行投资，以降低风险，提高收益。如果一国汇率波动合理可控，汇率制度有效性强，那么发生金融危机的风险就会越低，外资银行就越容易进入。新兴市场国家的货币如果表现出长期贬值的趋势，则跨国银行在新兴市场国家获取收益之后，可以兑换到的母国所在国货币的数量就会减少，跨国银行就会减少它们在新兴市场国家的海外扩张。

实际利率水平的估计系数为正且在 1% 的显著性水平下显著，表明新兴市场国家较高的利率水平有利于跨国银行在当地的海外扩张，实际利率水平越高，跨国银行可以获得的利润就会越大。

从国家风险变量的估计结果来看，经济风险的估计系数并不显著，说明新兴市场国家的经济风险对跨国银行的海外扩张并没有显著影响。这一结果似乎与预期并不一致，因为对新兴市场国家来说，较大的经济风险往往会阻碍跨国银行在这些国家的扩张行为，但对选取的新兴市场国家来说，它们一般都具有较快的经济发展速度和良好的经济增长前景，并没有表现出大的经济风险，所以，经济风险并没有成为影响跨国银行在新兴市场国家扩张的因素。而对于金融风险和政治风险来说，它们的系数都是一个较小的正值，回归结果显著，说明随着新兴市场国家金融风险和政治风险的下降，跨国银行在新兴市场国家的海外扩张会显著增加。

空间自回归系数的估计结果高度显著，这意味着跨国银行的经营行为中存在着空间依赖效应。也就是说，跨国银行在新兴市场国家的经营行为不仅与新兴市场国家本身的条件密切相关，而且，它还依赖于跨国银行在新兴市场国家邻近国家的海外扩张情况。固定效应及其偏误校正模型的空间自回归系数分别为 0.3259 和 0.4246，说明如果跨国银行在邻近国家的海外扩张增加，则跨国银行在新兴市场国家的海外扩张也会增加，即跨国银行在邻近国家的海外扩张对跨国银行在新兴市场国家的海外扩张具有显著的空间依赖效应。在这种情况下，如果新兴市场国家的宏观经济形势发生了变化，经济的繁荣或衰退引起了跨国银行在这个国家贷款数量的变化，则这种变化会通过空间外溢效应影响到其他邻近国家。这说明新兴市场国家宏观经济基本面的变化将会直接影响到跨国银行在其他新兴市场国家的借贷行为。

沿着埃尔霍斯特 (2014) 的分析思路, 计算空间面板数据模型中各个解释变量的平均直接效应、平均总效应和平均间接效应, 来进一步说明跨国银行在新兴市场国家的海外扩张中所表现出的空间外溢效应。假设 $S_k(W) = (I_N - \delta W)^{-1}\beta_k$, k 为模型中解释变量的个数。则模型中解释变量 X_k 的变化所带来的效应可以分别表示为 (LeSage and Pace, 2009):

$$\bar{M}(k)_{direct} = N^{-1} tr(S_k(W)) \tag{3.5}$$

$$\bar{M}(k)_{total} = N^{-1} \iota'_N S_k(W) \iota_N \tag{3.6}$$

$$\bar{M}(k)_{indirect} = \bar{M}(k)_{total} - \bar{M}(k)_{direct} \tag{3.7}$$

其中, 符号 tr 表示矩阵的迹, ι_N 表示元素为 1 的 N 阶向量。如方程 (3.7) 所示的平均间接效应则度量了空间依赖效应, 具体的参数估计结果参见表 3 - 9。

表 3 - 9   平均的直接效应、间接效应和总效应

变量	固定效应			固定效应 (BIAS - CORRECTED)		
	Direct effect	Indirect effect	Total effect	Direct effect	Indirect effect	Total effect
$\ln(fdi_{it})$	0.0187 *** (2.1171)	0.0094 (1.4096)	0.0281 ** (2.0073)	0.0184 * (1.8353)	0.0137 (1.4150)	0.0320 * (1.7496)
$\ln(trade_{it})$	0.5088 *** (4.0090)	0.2655 * (1.6211)	0.7743 *** (3.0440)	0.5166 *** (3.8122)	0.3958 * (1.8816)	0.9124 *** (2.9705)
$\ln(gdp_{it})$	0.6292 *** (5.1406)	0.3133 ** (2.0424)	0.9425 *** (4.5599)	0.5964 *** (4.7863)	0.4444 *** (2.3224)	1.0408 *** (4.0825)
$exchange_{it}$	-0.0029 *** (-2.6705)	-0.0015 * (-1.5190)	-0.0044 *** (-2.4044)	-0.0029 *** (-2.3032)	-0.0022 * (-1.6218)	-0.0050 *** (-2.1324)
i_{it}^*	0.0058 *** (3.9318)	0.0030 * (1.7269)	0.0088 *** (3.2686)	0.0058 *** (3.5857)	0.0044 ** (1.9273)	0.0101 *** (2.9699)
$erisk_{it}$	-0.0040 (-1.1849)	-0.0020 (-0.9569)	-0.0061 (-1.1574)	-0.0039 (-1.0481)	-0.0028 (-0.8955)	-0.0067 (-1.0178)
$frisk_{it}$	0.0090 * (1.8240)	0.0047 (1.2520)	0.0136 * (1.7007)	0.0094 * (1.5929)	0.0071 (1.2349)	0.0165 (1.5008)
$prisk_{it}$	0.0094 ** (2.1568)	0.0047 (1.4633)	0.0141 ** (2.0643)	0.0093 * (1.9193)	0.0070 (1.4338)	0.0163 * (1.8005)

注: (1) 符号 ***、**、* 分别表示参数估计结果在 1%、5% 与 10% 的显著性水平下显著; (2) 括号内的数据为参数估计 T 统计量的值。

　　从表 3 - 9 空间面板滞后模型中固定效应及其偏误校正模型的估计结果可以发现，国际贸易量、GDP 水平、货币升贬值幅度与实际利率水平的参数估计结果显著，而且，从间接效应的估计系数可以看出，它们至少解释了各个解释变量总效应的 32% 以上，这说明在跨国银行的海外扩张中，空间依赖效应是不可忽视的。同时，显著的空间依赖效应和表 3 - 8 中所计算出的统计上显著的空间自回归系数 δ 的估计结果是一致的，它也进一步验证了空间依赖效应的存在。这也说明，如果忽视跨国银行海外扩张中所表现出的空间依赖效应，将会得出有失偏颇甚至错误的结论，因此，在包含空间依赖效应的情况下，可以获得关于跨国银行海外扩张行为的更为全面的观点。

第 4 章

银行部门 FDI 需求方的动因

如果说跨国银行拥有垄断或者比较优势，并具有将其内部化的能力，成为跨国银行海外扩张的主要原动力，那么，其投资的区位选择问题就要受到银行部门 FDI 的需求方即未来东道国的各种因素的影响。这些因素主要包括新兴市场国家引进银行部门 FDI 的内生需求以及这些国家的区位优势，诸如放松政府对金融市场和金融机构的管制、税收及其他方面的超国民待遇等；同时，由于新兴市场国家的经济发展和国内银行的低效率，使得其金融市场空间和由此带来的外资银行盈利机会增加，促进了银行部门 FDI 的大规模增长。

4.1 新兴市场国家对银行部门 FDI 的内生需求

国际资本流动理论从古典经济学资源配置的分析范式入手，超然于对国际资本供给方和需求方之上，探求了国际资本流动的动力机制以及由此产生的增进和改善全球福利的客观绩效问题；而发展经济学则从国际资本的需求方面，分析了发展中国家经济发展对国际资本的现实需要，并着力强调利用国际资本可能给发展中国家经济发展带来的积极成效。新兴市场国家在高速发展时期一方面普遍存在资本短缺的问题；另一方面资本配置效率低下，必然存在对外资的需求甚至某种程度上的依赖。尤其是银行部门长期受惠于政府的保护而低效运行，资金来源短缺，信贷规模不稳定，资本金也普遍达不到《巴塞尔协议》的基本要求，因此，政府往往期待通过引进银行部门 FDI 来部分解决以上问题。

4.1.1　加速国内资本形成

新兴市场国家通过引进外资来加速国内资本形成，克服国内资本稀缺的瓶颈约束以促进经济发展，始终是经济学家们极为重视的主要问题之一。

1960 年，麦克杜格尔（MacDougall G.）在其所著的《私人投资的收益与成本》(The Benefits and Costs of Private Investment From Abroad：A Theoretical Approach) 一文中提出了有关国际资本流动的一般模型，认为各国的利率和预期利润之间存在的差异会引起国际资本流动。在各国市场处于完全竞争的条件下，资本可以从资本充裕的国家自由地流向资本短缺的国家。国际间资本流动的结果是使资本输出国和资本输入国的资本边际生产率（Marginal Product of Capital，MPK）趋近于相等，最终能够达到增加世界总产量和增进各国福利的效果。

麦克杜格尔模型亦可用于分析银行部门 FDI 对母国和新兴市场东道国的效应。如图 4 – 1 所示，假设世界由 X 和 Y 两国组成，其中 X 为发达国家，Y 为新兴市场国家；资本符合边际生产率递减法则；两国国内均为完全竞争市场，因此资本的价格等于资本的边际生产率。假设 X、Y 两国资本的丰裕程度不同，X 国资本比较充裕（资本量为 O_XQ），而 Y 国资本相对匮乏（资本量为 O_YQ），$O_XQ + OO_Y = Q_XO_Y$ 为整个世界的资本存量。MPK_X 与 MPK_Y 分别为两国的资本边际生产率曲线。

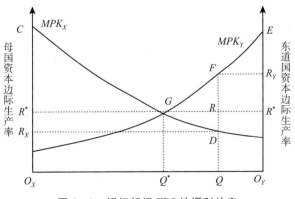

图 4 – 1　银行部门 FDI 的福利效应

在封闭经济条件下，X 国使用 $Q_X Q$ 的资本，得到面积为 $O_X CDQ$ 的产出；Y 国使用 $Q_Y Q$ 的资本，得到面积为 $QFEO_B$ 的产出。X 国的资本收益率为 $O_X R_X$，Y 国的资本收益率为 $O_Y R_Y$。

假设 Y 国开放本国银行业市场，允许 X 国银行部门 FDI 流入，由于两个国家资本收益率存在差异，$O_X R_X < O_Y R_Y$，那么 X 国的银行资本为了获得更高的收益率将流向 Y 国，直到 $MPK_X = MPK_Y = Q^* G$ 也即两国的资本边际收益率相等时为止。

银行部门 FDI 给跨国银行母国 X 和新兴市场东道国 Y 均带来了福利增进效应：

一方面，银行部门 FDI 提高了世界的总产出。资本在 X、Y 两国之间流动后，X 国的产出变为 $O_X CGQ^*$，Y 国的产出变为 $O_Y EGQ^*$。与资本流动前两国总产出 $O_X CDG + QFEO_Y$ 相比，共增加了三角形 GDF 的产出。

另一方面，银行部门 FDI 能够使跨国银行母国和东道国分享世界总产出增加的利益。对于母国 X 来讲，尽管因对外直接投资而减少了 $Q^* GDQ$ 的产出，但是可以获得 $Q^* GRQ$ 的投资收益，国民收入净增 GRD；就东道国 Y 国而言，其产出因引入 FDI 而增加了 $Q^* GFQ$，将其中的 $Q^* GRQ$ 支付给 X 国，国民收入还净增 GRF。

也就是说，资本短缺的新兴市场国家通过对外开放引入银行部门 FDI，资本量由开放前的 $O_Y Q$ 增加至 $O_Y Q^*$，增加了 QQ^*，由此降低了国内资金使用成本，提高了资本利用效益，促进了国内资本形成，自然支持了实体经济发展。

4.1.2 弥补发展缺口

按照发展经济学家们的观点，新兴市场国家在发展过程中面对多个"缺口"，比如储蓄与投资缺口、外汇缺口、技术缺口、税收缺口等，而引入外资可以起到弥补这些缺口的作用。

循着保罗·罗森斯坦·罗丹（Rosenstein – Roclan, P. N., 1961）的储蓄缺口（Savings Shortage）理论[①]的逻辑，新兴市场国家储蓄短缺，引入银行部门 FDI 可以弥补国内不平衡的储蓄与投资缺口。而按照罗纳德·麦金农（Mckinnon R. I.）和巴拉萨（Balassa B., 1964）的外汇缺口

---

① 罗森斯坦·罗丹在 1961 年发表了《对不发达国家的国际援助》一文，根据哈罗德—多马经济增长模型（Harrod – Dormar Model）的基本精神，提出了储蓄缺口理论。

（Foreign Exchange Shortage）理论，新兴市场国家的储蓄缺口根源于外汇缺口。因为对新兴市场国家而言，是外部经济失衡导致了内部经济失衡，而不是反之，外汇缺口则是由于出口竞争力差导致了贸易收支逆差而产生的。因此，就应该通过引进外资等去填补这个外汇缺口。

尽管部分新兴市场国家尤其是东南亚国家在近年金融危机之后外汇储备大增，但是不能否认，很多新兴市场国家还存在巨额的经常账户和资本与金融账户双逆差，而银行部门 FDI 的流入可以作为有效的外部资源来积极调整和缓解这些国家外汇短缺的矛盾，也即通过资本与金融账户的顺差来弥补经常账户逆差，从而保持国际收支平衡。这样还能维护本币汇率稳定，反过来更加有利于外资流入。

随后一些发展经济学家进一步提出了"三缺口理论"、"四缺口理论"，即除了储蓄缺口和外汇缺口外，新兴市场国家还需要外资去填补技术缺口以及税收缺口等，引资和引智并重。尤其是金融危机后，很多新兴市场国家出于稳定汇率、维持国际收支平衡和国内金融市场稳定等多种原因，增加了外汇储备持有量；再加上由于金融市场不发达、社会保障体系不完善等问题，居民储蓄率也是居高不下。因此，在这些国家"外汇缺口"和"储蓄缺口"已不复存在，他们更加注重的是弥补技术缺口、税收缺口、管理缺口等。

综上，银行部门 FDI 的流入为新兴市场国家部分弥补了经济发展中的多个缺口。另外，引进 FDI 也成为金融危机后很多新兴市场国家恢复增长和发展的重要措施之一。比如，美国次贷危机后，很多受危机影响的新兴市场国家为了吸引 FDI，减少外资撤离东道国的现象，对其金融管制政策也进行了一定的调整。如图 4 - 2 所示，2007 年以后，各国一方面加大了吸引 FDI 的力度；另一方面对 FDI 的流出加强了限制。

4.1.3 推动金融深化

自 20 世纪 90 年代开始，新兴市场国家为了改善金融体系运转状态，以金融体系的重组、金融开放作为经济增长的突破口，使得金融在实体经济发展中起到支持作用，在金融深化理论的指导下，陆续开始了其金融自由化的进程。其中，放松银行业管制，不同程度地允许外资银行进入，也是金融自由化的内容之一。因此，跨国银行得以获得市场准入资格，银行部门 FDI 大规模进入新兴市场国家具备了重要的可行性。

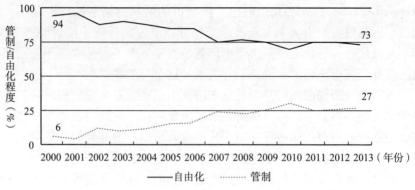

图 4 - 2　全球金融管制政策变化情况（2000 ～ 2013 年）

注：SDGs 指可持续发展目标（Sustainable Development Goals）。

数据来源：World Investment Report 2014, Investing in the SDGs - An Action Plan, United Nations: Conference on Trade and Development。

4.1.4　提升银行效率预期

新兴市场国家开放银行业市场的重要动力之一，是预期跨国银行的进入会通过竞争效应（Competition Effect）、技术溢出效应（Technology Spillover Effect）和监管溢出效应（Regulatory Spillover Effect）等给东道国带来银行效率的提升。

1. 竞争效应

竞争效应是指跨国银行进入通过本国银行业竞争的加剧，来提高银行业整体经营效率的效应。由于长期以来对本国银行业的过度保护以及对跨国银行准入的严格限制，导致了较大的银行特许权价值、较高的市场集中度以及较高的净利差和管理成本，换言之，也即较低的银行效率。反之，如果放松准入条件，那么跨国银行的进入给东道国银行带来的竞争压力，可以在很大程度上达到对市场扭曲的纠正，进而提高它们的效率。

一方面，跨国银行进入受限制的程度与东道国净利差基本呈现负相关关系。跨国银行进入受限制的程度越高，东道国银行净利差也越高；反之，跨国银行进入与退出的门槛越低，越能够促进东道国银行效率的改善。如图 4 - 3 所示，在国际清算银行对部分新兴市场国家的调查问卷显示，在大量引入银行部门 FDI 的 1999 ～ 2004 年间，除了个别国家或者地区外，大多数样本国家银行的净利差都有所降低。

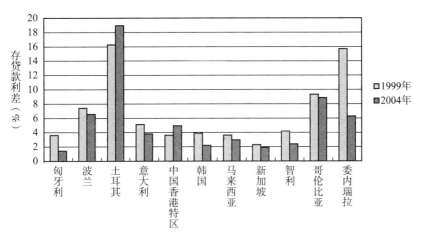

图 4 - 3 跨国银行大量进入后部分新兴市场国家存贷款利差

数据来源：Dubravko Mihaljec，BIS 调查问卷，2005。

另一方面，跨国银行进入可能通过竞争机制降低管理成本。借鉴阿克洛夫（1970）对"二手车市场"（Lemon Market）问题的研究思路可以认为，在东道国银行业受到过度保护而缺乏竞争加之监督不力时，劳动力市场上就会出现"搭便车"（Free Rider）现象，工作不努力的银行职员难免存在对努力工作的职员免费搭车的激励。更为糟糕的是，这种激励会带来一系列恶性循环：当一个努力工作的职员观察到其他职员不努力也可滥竽充数时，也会降低自己的努力程度。银行职员的平均努力水平会下降到最差职员的努力水平……长此以往，平均努力水平将一降再降，银行效率自然不断下降。托马斯·斯约斯特洛姆和马丁·韦茨曼（Sjostrom，Tomas and Weitzman，Martin L.，1996）认为这种"囚徒困境"（Prisoner's Dilemma）的结果是 X—效率（X - efficiency），[①] 因此，通过引入跨国银行竞争可以通过降低管理成本来提高东道国银行效率。另外，跨国银行进入数量只有突破了一定的最低门槛，才可能促进管理成本下降，进入的数量较少，那么效果也不明显。

从已有的研究结果来看，多数认为跨国银行的进入对东道国银行效率有正面影响（见表 4 - 1）。

---

① X—效率是由经济学家莱宾斯坦（Leibenstein，1966）最早引入的一个概念，可用来测度某一机构的实际经营绩效与最佳经营绩效之间的差距。

表 4 - 1　　　　　　　关于跨国银行竞争效应的不同研究

作者及研究时间	样本选取	样本时间段	对东道国银行竞争与效率的影响
Ross Levine（1996，2004）	47 个国家 1165 家银行（包括发达国家与新兴市场国家）	1995～1999 年	正面影响
Demirguc - Kunt, Levine and Min（1998）	80 个国家 7900 家银行（包括发达国家与新兴市场国家）	1988～1995 年	
Denizer（2000）	土耳其银行	1990～1997 年	
Claessens, Demirguc - Kunt and Huizinga（2001）	80 个国家的银行数据	1995～1998 年	
Barajas, Steiner and Salazar（2000）	哥伦比亚银行	1985～1998 年	
Unite and Sullivan（2002）	菲律宾银行财务数据	1990～1998 年	
叶欣（2006）	中国最大 14 家银行财务数据	1995～2004 年	
Bang Nam Jeon, María Pía Olivero（2011）	亚洲和拉美新兴市场国家样本银行的面板数据	1997～2008 年	
Clark（1999）	阿根廷银行	1995～1997 年	不确定
Hermes and Lensink（2004）	48 个国家 982 家银行	1990～1996 年	
Nihal Bayrakatar and Yan Wang（2004）	28 个新兴市场国家样本银行的面板数据	1995～2002 年	对新兴市场国家影响不确定
Haber and Musacchio（2005）	墨西哥银行	1997～2004 年	无影响
Schulz（2006）	墨西哥银行	1997～2004 年	
Eduardo Levy Yeyati and Alejandro Micco（2007）	拉美 8 个国家的部分银行	1996～2002 年	负面影响
Tri Mulyaningsih, Anne Daly, Riyana Miranti（2015）	印度尼西亚银行	1980～2010 年	
高伟（2010）	中国银行业	1985～2008 年	先抑后扬的 U 型
Sophie Claeys, Christa Hainz（2014）	10 个东欧新兴市场国家的银行	1995～2003 年	取决于外资银行进入方式：以绿地投资进入有正面影响

2. 技术溢出效应

银行部门 FDI 的技术溢出效应是指跨国银行通过各种渠道将其人力资本、研发（R&D）等方面的技术非自愿扩散，从而促进东道国经银行效率改善的效应。一般而言，跨国银行源于发达国家，它们拥有更多样的金融产品和更先进的风险管理、信用评估等方面的管理技术等，当总行向在新兴市场国家的分行转让这些技术、产品、组织和管理创新后，这些银行将高效运营和管理，这对东道国银行具有极大的示范作用，东道国银行为了在竞争中不被淘汰，会争相模仿。

另外，跨国银行和东道国银行间的人员流动亦可使跨国银行的各种技术向东道国银行转移。管理和技术传播到东道国提高了东道国的人力资本水平，表现为更高的员工生产力，更高的工资，更低的产品价格和政府更高的税收收入。技术溢出效应的大小取决于很多因素，其中，跨国银行与东道国银行初始拥有的技术差距越大，东道国银行的学习吸收能力越强，溢出效应也就越大。目前，大多数学者的研究肯定技术溢出效应的存在。另外，技术溢出效应的大小与跨国银行进入方式也有关，以绿地投资方式进入的跨国银行对东道国的技术溢出效应较大。

东道国银行的影响通过以上两种传导机制即技术溢出效应和竞争效应反映出来，但是这两种机制的作用是有相互抵消效应的：技术溢出效应可以提高东道国银行的利润，而竞争效应会加剧竞争从而可能降低东道国银行的利润。因此，跨国银行进入产生的影响是不确定的，主要看哪种效应起主导作用。

3. 监管溢出效应

银行部门 FDI 对东道国的监管溢出效应指的是跨国银行进入可以促使新兴市场东道国政府建立和健全监管体系，特别是促使政府将金融监管体系与国际接轨。因为跨国银行比新兴市场国家的国内银行运营更健全，引入跨国银行在某种程度上就相当于东道国"进口"了更先进更审慎的监管手段，因此提高了本国银行体系的稳定性。例如，跨国银行一般都遵守严格的信息披露制度，能够带动东道国银行业提高信息透明度，降低政府监管难度；跨国银行重视通过客户财务信息和信用记录等来评估信用风险，不热衷于关系贷款，这样可以降低不良资产比例；跨国银行先进的风险管理技术，也会促进东道国银行加强风险管理，从而促进金融体系的文件运行。根据卡罗米瑞斯和鲍威尔等（Calomiris and Powell et al.，2001）①的调研，20世纪90年代，阿根廷的银行监管体系在新兴市场国家中是最成功的，而阿根廷是当时跨国银行进入最多的国家之一。

当然，监管溢出效应的发挥也取决于跨国银行的进入方式。一般新进入的跨国银行为了抢占一定的市场份额，都会推出很多新的金融创新产品，比如场外交易的衍生金融工具等。在金融体系还不健全、监管措施尚不到位的新兴市场国家，这些金融创新产品无疑使得并不谙熟的国内银行承担了大量风险。所以，监管当局不得不在短时间内提升其监管技能，因为一旦监管失控，很可能导致系统性风险而陷入更加不可收拾的局面。

4.2 新兴市场国家的区位优势

由于跨国银行母国金融市场高度发达，获利空间日益狭窄，已经没有"垄断利润"，国内市场饱和迫使银行对外扩张，寻找新的盈利机会（Profit Opportunity），而新兴市场国家拥有的区位优势比如巨大的经济发展潜力和金融市场空间正是跨国银行所需要的盈利机会。根据市场引力理论（Theories of Market Attractiveness），银行将在国外市场寻找各种有吸引力的特点：相对高的经济增长率及其稳定性、相对弱的竞争对手以及各种优惠政策激励等。

4.2.1 新兴市场国家的经济发展潜力

东道国经济发展程度越高，意味着在该地区的国民财富越多，人均收入也就越高，对现代金融服务的需求也就越多，外资银行自然会选择这些盈利前景较好的地区进行投资。以往的研究都认为，新兴市场国家银行部门FDI流入规模与东道国的经济增长正相关。因为当一国经济进入增长阶段，社会经济就会产生更高的现金流，从而会吸引跨国银行进入，以获取稳定的利润收入。在该方面比较有代表性的是斯蒂恩·克莱森斯等（Stijn Claessens et al.，2001）的研究，他们通过对80个国家2300家银行财务

---

① Calomiris, Charles and Andrew Powell, 2001, "Can Emerging Market Bank Regulators Establish Credible Discipline? The Case of Argentina, 1992 – 1999." In Prudential Supervision: What Works and What Doesn't, edited by Frederic Mishkin (NBER and University of Chicago Press).

数据进行研究发现，低税负和高人均资本收入以及一国经济的可持续增长预期是吸引外资银行进入的重要因素①。本书第 3 章混合回归模型和面板数据回归模型的估计结果也显示，GDP 水平的估计系数为正且在统计上显著，表明新兴市场国家的市场规模对跨国银行具有较大吸引力。为了在海外获得更多的增长机会，跨国银行会倾向于到市场空间较大的新兴市场国家进行投资。因此，如果东道国拥有外资银行所期待的经济增长率和经济发展潜力，自然会吸引跨国银行到该国拓展业务。

4.2.2　东道国的优惠政策

新兴市场国家在开放银行市场初期，为了吸引外资，往往会对外资推出一系列的优惠政策，鼓励外资银行参与市场竞争，这些因素都形成对银行部门 FDI 的拉动力。从新兴市场国家的经验来看，包括中国在内的很多新兴市场国家都曾给予外资银行不同程度的优惠措施，比较有代表性的是东道国的税收优惠政策。但是，由于东道国逐渐取消对外资银行的超国民待遇，转而实行国民待遇，因此，这些优惠政策因素的影响力在下降。但是，如果取消优惠政策之后，东道国能够建立更规范的市场监管制度和更公平的竞争环境，更会让外资银行运转顺畅、驾轻就熟。

4.2.3　东道国竞争对手的低效率

新兴市场国家银行部门是集中度最大也是效率最低的部门，因而也就成为外资银行重点发掘市场机会的领域。东道国银行业的净存贷利差越大、管理成本越高，说明银行的效率越低。东道国银行效率越低，竞争对手越弱，外资银行进入后的优势就越明显，获得预期收益的可能性越大。另外，跨国银行为了在全球范围内配置资源，实现规模经济和范围经济收益，分散经营风险，也倾向于选择金融市场刚刚起步发展的新兴市场国家。

外资银行在发达国家和新兴市场国家中的不同表现也可以说明，新兴市场国家更有利于外资银行发展。因为在发达国家，银行监管和控制已经早就自由化了，东道国银行已经适应了不仅和其他银行竞争，也适应了与

---

① Claessens, S., Demirgüç-Kunt, A., and Huizinga, H., 2001, "How Does Foreign Entry Affect the Domestic Banking Markets?", *Journal of Banking and Finance*, 25, 891–911.

其他放贷的金融机构竞争（Berger et al.，2000；DeYoung and Nolle，1996；Hasan and Hunter，1996）。而在新兴市场国家的情况却相反，相对于东道国银行，外资银行在成本控制能力、盈利能力等方面更有优势（Claessens et al.，2001；Naaborg et al.，2004；Vencappa et al.，2007），因为新兴市场国家银行业刚刚面对金融自由化进程，或者是刚经历过金融危机，很难与经验丰富的外资银行竞争。

4.3 小　　结

　　第3章和第4章在跨国公司理论基础上，分别从银行部门FDI的供给方和需求方的视角，分析了银行部门FDI进入新兴市场国家的内在驱动力和外在拉动力，认为银行部门FDI的动因和银行部门FDI大量进入新兴市场国家的事实是由供求双方共同作用的结果。而以往的研究更多地侧重于银行部门FDI的供给导向，仅从投资国的动机出发来解释，探讨外资银行的对外直接投资活动，而把代表来自东道国的一些区位变量当作环境因素来处理，这也是为什么关于银行FDI的动机的研究如此之多，但结论却难能一致的原因之一。

第 **5** 章

新兴市场国家银行部门 **FDI** 的发展

5.1 跨国银行扩张的三次浪潮

跨国银行的发展历史最早可追溯到古罗马时代。从 12～15 世纪的意大利银行，到 16 世纪后的国际银行业务中心安特卫普、伦敦、巴黎等，都有跨国银行的雏形。而现代意义上的跨国银行则是在经历了近两个世纪的三次浪潮后发展起来的。这三次浪潮都基于特定的历史条件，由不同国家的银行引领，选择的目标市场也有所不同。

5.1.1 第一次浪潮：发达国家银行业向殖民地的扩张

第一次跨国银行扩张浪潮出现于 20 世纪 30 年代，由英国银行业引领。在此次浪潮中，国内的零售银行业务、贸易融资以及投资银行业务等通常也由同样的银行来承担。开始出现的英国跨国银行虽然总部设在国内，但是不从事本国的银行业务，而且起初也不持有国内银行的股份。根据卡森[①]（Casson，1990）的观点，这些银行将总部设在伦敦的最初原因是作为代理行之间联系的纽带，便于帮助他们筹集到所需的额外资金；到后来，伦敦国际金融中心的作用、低价的再贴现便利、发达的股票市场等也成为这一选择的主要原因。

从这次浪潮中跨国银行 FDI 的区位选择来看，这些跨国银行的分支

---

① Casson，M.，1990，*Evolution of Multinational Banks：A Theoretical Perspective*，in Geoffrey Jones（editor），Banks as Multinationals，New York：Routledge，14－29.

网络大多集中于本国的殖民地，尤其是英国的殖民地，如澳大利亚
（43.6%）和南非（33%）等，而经济相对发达的北美（0.2%）和欧
洲（4.4%）地区，英国跨国银行的分支机构却很少。由此可以推断，
第一次扩张浪潮中，殖民主义联系是解释跨国银行 FDI 流向的最主要因
素（见图 5 – 1）。

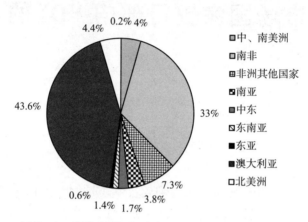

图 5 – 1　英国跨国银行分支机构分布情况（1938 年）

数据来源：根据 Geoffrey Jones, 1990, Banks as Multinationals, New York：Routledge, P. 31 数据绘制。

第二次世界大战结束后，国际贸易、国际资本的流动以及区域经济一
体化得到进一步发展的同时，其他一些欧洲银行开始进行跨国扩张；此
后，发达国家的大规模的银行也都开始设立跨国分支机构。以美国花旗银
行为代表的部分超大银行甚至不仅仅满足于简单的建立境外分支机构，而
是开始在全球范围拓宽它的网络。但总的来讲，此次浪潮中，其他国家的
跨国银行无论在规模上还是业务上，都不能与英国的银行相提并论。

5.1.2　第二次浪潮：发达国家之间的银行部门 FDI

发生于 20 世纪 60～80 年代的第二次跨国银行扩张浪潮由美国银行业
领导。此次浪潮发生的原因比较复杂：一方面，战后美国在全球独占鳌头
的经济地位和美国国内严格的金融管制（如 Q 条例等）成为美国银行大
规模海外扩张的动力和压力；另一方面，欧洲美元市场的发展、亚洲美元
市场的诞生和离岸金融中心的增加，促使以美国为代表的一些跨国银行纷

纷在国际金融中心建立分支机构。从表 5 - 1 可以看出，第二次跨国银行发展浪潮期间，美国跨国银行机构的数量和海外资产都实现较大幅度的增长。而进入 80 年代后，日本和西欧等国家和地区的银行业日益发展壮大，尤其是 1985 年以来，日元对美元汇率升值，使日本银行业处于更加有利的竞争地位，加快了国际扩张的步伐；西欧地区大型银行的实力不断增加，海外投资也出现了快速增长；同时，发展中国家的跨国银行业务也得到了一定发展。此后，来自不同国家和地区、不同类型的商业银行、投资银行日趋活跃，贷款种类以及资金供应者和使用者出现分散化的趋势，导致美国在国际跨国银行业中的地位相对降低。但就整体而言，美国的银行业依然是此次浪潮中最领先的。

表 5 - 1　　　　　　　　　美国跨国银行海外扩张情况

	1960 年	1980 年	1986 年
跨国银行数量（个）	8	139	151
海外分行（个）	131	789	899
海外资产（亿美元）	35	4005	4173

数据来源：根据 Geoffrey Jones，1990，Banks as Multinationals，New York：Routledge。

从地理位置角度分析，银行部门 FDI 大量发生于发达国家之间。例如，在 1965 ~ 1985 年间，美国跨国银行的海外资产中，分布在比利时、法国、意大利、德国、荷兰、希腊、西班牙、卢森堡、英国、瑞典、日本等 11 个发达国家的比例高达 54% ~ 78%，其中，占比最大的英国吸收了美国跨国银行 36% ~ 59% 的海外资产，同时，设立在这些国家的分行数目占其总量的 30% 左右；在业务方式上，主要以欧洲货币市场和欧洲债券市场为依托，从事多种资产和负债业务。

5.1.3　第三次浪潮：发达国家对新兴市场国家的银行部门 FDI

进入 20 世纪 90 年代后，由于发达国家银行市场竞争日趋激烈、国内经济不景气、银行业获利空间狭窄等现象的出现，银行跨国扩张再度活跃。继英、美两国之后，欧洲成为第三次跨国银行扩张浪潮的领导者。有别于前两次浪潮，新兴市场国家成为这次浪潮的中心区域。尤其是 90 年代中期后，新兴市场国家银行部门 FDI 出现了迅速增长。从以新兴市场国家银行为并购目标的跨国并购交易总额来看，1990～1996 年间新兴市场国家银行部门 FDI 总额仅为 60 亿美元，而在 1997～2000 年间迅速增至 500 亿美元，达到此前的 8 倍以上。

新兴市场国家成为第三次跨国银行发展浪潮中银行部门 FDI 目标的主要原因包括以下几点：第一，当时新兴市场国家普遍实施金融自由化政策。政府减少了对国内利率和信贷等活动的管制，也放松了国外金融机构的市场准入条件。第二，金融危机的冲击之后，部分新兴市场国家国内银行体系亟须重构。在 1994 年的金融危机后，墨西哥政府与 IMF 等国际金融机构合作，推动其国内金融自由化和银行结构重组。亚洲的情况与之相似，1997 年亚洲金融危机发生后，各国政府也逐步放松了对境外资本进入的管制。第三，部分新兴市场国家金融系统私有化改革，展开了借助境外资本重组和优化银行资产结构的尝试。比如中东欧（CEE）国家开始的银行体制转轨及金融开放过程。这几点都成为跨国银行扩张的激励。

从银行部门 FDI 在新兴市场国家的流向来看，1990～2003 年，拉丁美洲地区吸收的 FSFDI 约占全部新兴市场国家 FSFDI 总额的 58%，中东欧地区大约占 24%，东亚地区大约占 16%，其余 2% 在非洲（见图 5-2）。[1]

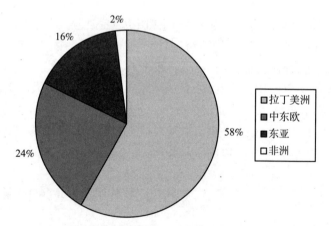

图 5-2　第三次扩张浪潮中银行部门 FDI 在新兴市场国家的区位分布

---

① 根据项卫星，王达. 拉丁美洲、中东欧及东亚新兴市场国家金融部门外国直接投资研究 [J]. 国际金融研究，2008（4）：3-7 数据绘制。

根据世界银行在国际清算银行（BIS）统计数据基础上估算，2004 年之后，即便市场趋于饱和，跨国银行对新兴市场国家的 FDI 依然保持了小幅增长态势。由此可见，第三次跨国银行发展浪潮无论是规模还是涉及范围，都是前所未有的。

5.2 新兴市场国家银行部门 FDI 的流入

第三次跨国银行扩张浪潮期间，主要包括拉丁美洲、中东欧和东亚等地区新兴市场国家银行业开始了大规模的开放。值得注意的是，这三个地区银行业开放各具特色，开放的速度和幅度也有所不同。

5.2.1 危机推动型开放：拉丁美洲新兴市场国家

第三次银行扩张浪潮中，拉丁美洲成为金融危机推动下开放银行业的代表。1994 年的墨西哥金融危机发生之后，银行部门 FDI 大量进入拉丁美洲国家，1995 年开始拉美地区的银行部门 FDI 持续增加，至 1998 年，达到当时历史最高位。虽然资金流入在 1999 年巴西金融危机期间出现下滑，但在 2000 年迅速大幅反弹至 1999 年的 5 倍有余，并于 2001 年继续冲高。2002 年，这一方面是由于阿根廷金融危机；另一方面是因为拉美地区银行部门 FDI 已达到饱和，跨国银行需要寻找新的市场，资金流入量出现下滑，但依然持平于 1998 年的高峰。[①] 同时，其银行部门 FDI 的规模也远超东亚和中东欧地区。

从国别分布来看，1990 ~ 2002 年，墨西哥就占到了拉美地区新兴市场国家的银行部门 FDI 流入中的 40%。在 1990 年以前，墨西哥的跨国银行仅被允许在国内设立代表处，而不可成立营业性机构；1990 年 7 月的新信贷机构法颁布后，墨西哥开始放宽了外国金融机构参国内金融体系的条件；1994 年，依照北美自由贸易协定（NAFTA）的相关规定，墨西哥在对外资所占份额严格的限制的条件下允许外资银行参与本国市场，截至 1994 年底，外资在全国银行业总资产中的占比仅为 1.2%。[②] 当时墨西哥

---

① 数据来源：Dietrich Domansk, 2005, "Foreign Banks in Emerging Market Economies: Changing Players, Changing Issues", *BIS Quarterly Review*。
② 2000 年 4 月《联合国拉美经委会评论》，第 65 页。

银行体系内的 35 家银行中，仅包含 2 家从事零售信贷业务的外资银行。[1]

但是，1994 年底到 1995 年初爆发的墨西哥国内金融危机，迫使政府对跨国银行市场准入的限制进一步放宽。1995 年 2 月，政府修改了关于银行社会资本结构和金融集团监控公司的条例，允许外国法人参与以充实在危机中受到重创的商业银行的资本金。同时，为保证金融安全，财政部还规定了外资银行的资产份额上限，要求外资银行持有的资产不能超过本国银行体系总资产的 6%。另外，政府还在一定程度内允许外资银行参与墨西哥银行私有化改革，但同样约束了外资银行所占比重，要求保持总资产的 30% 以下，且单个投资者占比不可高于 5%。在金融危机后银行体系出现大量资本抽逃、墨西哥银行业发展陷入低谷之际，这些措施的出台给来自北美、西欧等地区的跨国银行提供了廉价收购当地银行股份的机会。1995 年 5 月，西班牙毕尔巴奥—比斯开银行（Banco Bilbao Viscaya，BBV）买下了普洛普尔萨银行 70% 的股份，使之成为其在墨西哥的分行；加拿大新斯科舍银行（Bank of Nova Scotia）购买了墨西哥因贝尔拉特银行 45% 的股份，实现了对该银行的控股。更值得注意的是，1998 年 12 月，议会批准了塞迪略总统提出的包括减轻对外资参与本国金融体制限制在内的部分金融改革措施的草案。接着，墨西哥政府修改了银行法，并成立保护银行储蓄委员会（IPAB），取消了对外资银行购买墨西哥银行持股比例的限制，[2] 这一系列措施为墨西哥银行体系 100% 的外国化创造了关键的制度条件。此后墨西哥银行体系得到彻底改变，跨国银行开始大规模并购墨西哥当地银行。美洲开发银行的一项研究结论表明，墨西哥银行总资产中的外资占比在 2000 年超过 50%、[3] 2002 年底超过 80%。[4]

从各家商业银行的情况看，截至 2006 年底，墨西哥国内外资银行资产份额高达 82%，资产占比在 10% 以上的 4 家大银行全部为外资所控制，资产占比在 5% 以上的银行中，仅有北部商业银行（Mercantil del Norte）1 家银行未被外资所控（见表 5 - 2）。几年时间内，墨西哥迅速为拉美地区银行业国际化程度最高的国家，此后，墨西哥国内的外资银行资产占比就

---

① Bubel, Robert V. and Skelton, Edward C. "Financial Globalization: Manna or Menace? The Case of Mexican Banking." Federal Reserve Bank of Dallas Southwest Economy, January/February 2002, 9 (1), 17 - 19.

② 资料来源于徐世澄. 墨西哥银行的私有化和外国化进程 [J]. 拉丁美洲研究，2002. 2.

③ 数据来源：Inter - American Development Bank, "Foreign Banks in Mexico", IADB Public Document, 12/2004, 132。

④ 数据来源：Rubén Hernández - Murillo, 2007, "Experiments in Financial Liberalization: The Mexican Banking Sector", Federal Reserve Bank of St. Louis Review, 89 (5), 415 - 432。

基本稳定在该水平。

表 5 - 2　　　　　墨西哥主要商业银行资产及其外资控制情况

银行名称	资产（百万比索）	资产占比（%）	外资控制情况
所有银行	2564279. 8	100	
墨西哥商业银行	600836. 3	23. 4	是
墨西哥国家银行	538881. 1	21. 0	是
西班牙桑坦德银行	402075. 2	15. 7	是
香港上海汇丰银行	284045. 4	11. 1	是
北部商业银行	209031. 9	8. 2	否
加拿大丰业银行	127150. 0	5. 0	是
Inbursa 银行	80800. 3	3. 2	否
I. N. G. 银行	57980. 6	2. 3	是
Del Bajío 银行	46131. 4	1. 8	否
阿兹台克银行	44088. 5	1. 7	否
J. P. 摩根	31911. 9	1. 2	是
美洲银行	16609. 3	0. 7	是
IXE 银行	15226. 0	0. 6	否
Interacciones 银行	12881. 2	0. 5	否
Afirme 银行	11438. 6	0. 5	否
美国运通	10707. 5	0. 4	是
Invex 银行	10345. 7	0. 4	否
Banregio 银行	9720. 7	0. 4	否
通用电气资本公司	9598. 3	0. 4	是
Mifel 银行	7581. 5	0. 3	否
BBVA 银行	5982. 1	0. 2	是
德意志银行	5880. 9	0. 2	是
Ve por más 银行	4890. 2	0. 2	否
Bansí 银行	4264. 5	0. 2	否
瑞士信贷银行	3614. 5	0. 1	是
康帕图银行	3283. 8	0. 1	否
荷兰银行	3269. 9	0. 1	是
巴克莱银行	2728. 5	0. 1	是
三菱银行	2402. 4	0. 1	是
摩乃科斯集团	569. 7	0. 0	否
Autofin 银行	352. 0	0. 0	否

数据来源：www. cnbv. gob. mx。

阿根廷同样是拉美地区银行部门 FDI 流入较多的新兴市场国家。20 世纪 80 年代，阿根廷国内的恶性通货膨胀等原因导致其金融业的发展曾一度落后于发展中国家。1991 年，为提高国有银行经营效率，根据让比索钉住美元（货币局制度）的新的货币兑换法（Convertibility Law），地方国有银行不再受到中央银行无限制的保护。阿根廷由此开始了国有银行的私有化进程，大量国有银行破产和被出售。此后，银行存款大幅增加（尽管 1995 年由于墨西哥金融危机的影响，总存款增长曾相对缓慢），存款总额从 1995 年第一季度的 4.2 亿比索增加到 1997 年第二季度的 6.5 亿比索，这主要归因于银行所有权的转变。在推行私有化的同时，阿根廷银行业开始对外开放。被外资控制的银行资产占比由 1992 年的 18% 上升到 1997 年的 52%，增加了 2 倍。与此同时，国内商业银行的存款几乎少有增长，而外资银行存款却稳中有升，国内总存款的增加主要由外资银行存款增长带动。

在此基础上，阿根廷政府继续实施金融对外开放政策。至 2001 年，阿根廷国内由本国控制的银行资产占比进一步缩减至 33%，而外国资本占到 67%，基本实现了本国银行业的控制。这种情况导致政府宏观调控能力的丧失，政府无法有效制止资本的外逃，更无法为民众的存款安全提供保证。为遏止资金外逃和储户挤提风潮，阿根廷政府不得不从 2001 年 12 月 3 日起加强金融管制，主要是限制储蓄者提款。金融机构的信用尽失，市场充满恐慌情绪。阿根廷陷入了政局动荡、资本外逃、银行存款锐减、外汇储备骤降、比索贬值的混乱局面。2002 年 1 月，第 5 位总统杜阿尔德宣布实施 11 年之久的货币局制度就此结束，比索自由浮动，阿根廷金融危机爆发。阿根廷储户的大约 300 亿美元的存款被花旗银行、波士顿银行、汇丰银行等外资银行转移到了海外。①

与此同时，拉美地区其他新兴市场国家也都相继开放了本国的银行业市场，外资银行在这些国家银行业中的地位日益重要。

5.2.2　转轨促进型开放：中东欧新兴市场国家

20 世纪 90 年代中期之后，正在对银行系统进行私有化改革并准备加入欧盟的中东欧国家成为主要的银行部门 FDI 接受国，在 1990～2003 年

---

① 数据来源于 2002 年阿根廷联邦法院和议会进行的一项调查。

间共吸收了约 200 亿美元，占同期该地区全部跨国并购交易总额的 24%。与拉美地区相比，中东欧地区银行部门 FDI 的绝对数量相对较少，FDI 集中进入的时间也比拉美地区晚两年：90 年代中后期，中东欧转轨国家在开始在银行部门改革过程中大规模引入国外战略投资者，1997 年后，该地区银行业外资占比达到高峰。

从银行部门 FDI 在中东欧地区的增长情况看，如表 5 - 3 所示，1995年，克罗地亚等 9 个国家外资银行的资产平均占各国银行全部资产的11.2%，其中，克罗地亚、爱沙尼亚等国家该比例仅为 4% 以下。但到2000 年，上述 9 个国家的外资银行资产占有率平均已达到 64%，5 年间增长 5 倍，其中，爱沙尼亚外资银行占比高达 97%，外资几乎完全控制了该国银行业。

表 5 - 3　　　　第三次浪潮期间中东欧国家外资银行资产份额情况　　　　单位：%

	1994 年	1995 年	1996 年	1997 年	1998 年	1999 年	2000 年
克罗地亚	—	0	1	4	8	41	87
捷克	11	17	20	24	27	40	66
爱沙尼亚		2	2	2	90	90	97
匈牙利	14	19	46	62	61	66	67
拉脱维亚		36	53	72	81	76	78
立陶宛	0	0	28	41	52	38	57
波兰	3	4	14	15	17	47	69
斯洛伐克	12	19	23	30	30	31	43
斯洛文尼亚	3	4	5	5	5	5	15
平均	7.5	11.2	21.4	28.3	41.2	48.2	64.4

注：Ilko Naaborg, Bert Scholtens, Jakob de Haan, Hanneke Bol, Ralph de Haas, 2004, "How Important are Foreign Banks in the Financial Development of European Transition Countries?" Journal of Emerging Market Finance, 3 (2), 99 - 123.

数据来源：转引自 Ilko Naaborg, Bert Scholtens, Jakob de Haan, Hanneke Bol, Ralph de Haas, 2004。

同时，随着该地区不断提高的外资银行资产占比，单个外资银行的规模优势也日渐显现。1999 年以前，外资银行的数量比重大于资产比重，说明单个外资银行的规模较银行业平均规模小。但外资银行数量比与资产份额比之间的差距逐步缩小，1999 年之后，外资银行的资产份额比超过了机构数量比，见图 5 - 3。

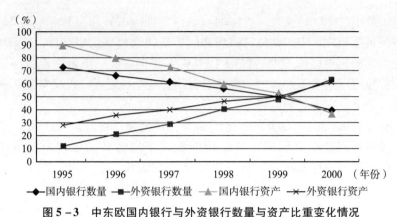

图 5 - 3　中东欧国内银行与外资银行数量与资产比重变化情况

数据来源：转引自 Ilko Naaborg，Bert Scholtens，Jakob de Haan，Hanneke Bol 等，2004。

　　从外资银行的经营状况看，首先，外资银行控制了中东欧地区国家的信贷市场。外资银行进入后就开始迅速扩张各项银行业务，尤其是信贷业务。虽然 20 世纪 90 年代中期以后国有银行与外资银行对公有部门和私有部门的信贷规模都在逐年增长，但可以明确的是，国有银行的地位已被外资银行逐步取代。国有银行在 1993 年仍为公有及私有部门贷款的主要来源，而到 2000 年，外资银行已在很大程度上控制了这两个信贷市场。[①]

　　其次，外资银行的盈利水平和经营效率均高于本地银行，但差距在缩小。大量研究发现，新兴市场国家东道国银行的经营效率普遍低于外资银行。主要原因是，外资银行进入东道国市场，在克服了由于在陌生环境中经营而相对于本地企业的成本劣势即 LOF 之后，其效率逐渐高于东道国国内银行。但是，如果国内银行能够在竞争压力下迅速改善其经营状况，那么经过一段时间，当地银行与外资银行的效率会出现趋同现象。中东欧地区 1995～2000 年的资产收益率（ROA）走势就符合这个趋势（如图 5 - 4 所示）。虽然内资银行的 ROA 普遍低于外资银行，但偏离程度却逐渐缩小。图中 1998 年内资银行 ROA 的大幅降低，与当年爆发的俄罗斯金融危机有很大关系，相对于外资银行，内资银行对金融危机的冲击更加敏感。

----

① 相关各国中央银行网站公布的统计数据。

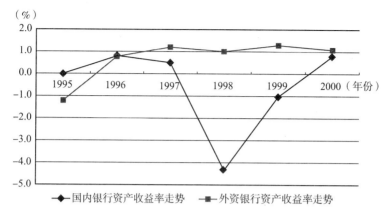

图 5 - 4　中东欧国家国内银行与外资银行的资产收益率比较

数据来源: 同图 5 - 3。

从中东欧各国的情况看, 匈牙利是最早对外资开放银行业的转型国家。20 世纪 80 年代末期开始, 匈牙利就通过建立合资银行等方式对银行业进行改造。1989 年前 7 家外资银行就控制了国内银行业资产的 6%。1991 年的《金融机构法》放松了银行机构设立的准入条件, 自动发放申请符合谨慎要求的银行牌照。在其后的产权改革中, 投标主体不管是否为外资银行, 只要满足两个条件: 购买价格并许诺增加资本, 就可获得许可证。因此, 1991 年后, 如荷兰银行、法国里昂信贷银行、海普银行、荷兰国际银行、日本野村银行、柏林大众银行等一些著名的大银行在内的外资银行和合资银行通过参股和绿地投资方式进入匈牙利银行业。1987 ~ 1994 年, 匈牙利银行数量从 15 家增加至 36 家, 其中大多数由国外投资者占有股权。1992 年匈牙利政府正式提出了国有银行产权改革战略, 通过公开招标来引入国外金融性战略投资者。1994 年底国家控股公司成立, 目的在于寻找国外战略投资者并将银行股权出售, 给予外资银行进入自由。

1994 年, 匈牙利推进了银行产权改革, 吸引了国外战略投资者加入改革进程, 外资新建银行数目不断增加, 参股比例不断提高。1997 年匈牙利颁布了第二个银行修正法, 允许外国金融机构建立分支机构, 完全履行作为经济合作与发展组织成员国应承担的职责, 并加快加入欧盟的进程。这些参股的外国股东绝大多数是包括欧洲复兴开发银行、国际金融公司等一些金融机构在内的战略投资者, 到 1997 年, 有 25 家银行的外国所有权达到该银行总资产的 53%, 2000 年底, 外资占多数股权的银行数目占比在

90% 以上。[①]

波兰是中东欧的另一个代表。但与匈牙利不同，波兰对于外资银行的态度是逐步转变的。1989 年 1 月，波兰政府相继颁布《银行法》和《国民银行法》开始对本国银行业进行改革，开放国内银行业市场。1989 ~ 1992 年，波兰境内共有 70 家银行成立，但同时，政府在一定程度上限制境内外资银行的业务范围，要求外资银行以战略投资伙伴的地位进入当地银行业市场，因此，很多境外金融机构无法在波兰全面展开业务，只有花旗银行等少量外资银行在波兰经营范围极窄的业务，比如国际贸易方面的基本业务。1994 年，波兰国会批准了重建银行体系的法令，波兰银行私有化进程正式拉开帷幕，同时也进一步放松了对外资银行的限制。但外资银行进入波兰依然要符合一定条件，比如外资银行不得持有波兰银行超过 30% 的股权，外资银行必须通过救助当地经营不善的银行，才可以取得开展业务的许可等。

根据欧盟和经济合作与发展组织的要求，波兰必须在 1999 年初开放银行和金融市场，同时取消中央银行对外资银行颁发经营许可证的规定，才能达到 2004 年 5 月加入欧盟的要求。因此，自 1998 年起，波兰政府逐渐取消了外资银行进入波兰的限制，外资银行甚至可以控股波兰银行。上述放松管制举措的实行使得外资银行进入波兰的数量增多和速度加快。尽管 1998 年仅较 1997 年有少量增长，但到 1999 年，波兰银行业的资产和资本份额中外资银行所占得比重就迅速提高至 47.2% 和 50.2%。与此同时，外资银行大规模并购现象开始出现，波兰本国商业银行数量出现下滑。为了扩大各自在波兰银行市场上的份额，花旗银行等欧美大银行展开了激烈的并购争夺，以期通过波兰市场取得其在中欧市场的主导地位。外资控股银行由 1995 年的 4.2% 升至 2002 年的 68%，而同期本国控股私有银行则由 22.7% 降至 2.9%。[②] 至此，波兰银行市场的结构由于外资银行的进入而彻底改变。

5.2.3 审慎渐进式开放：亚洲新兴市场国家

1997 年东南亚金融危机发生后，伴随着亚洲尤其是东亚地区国家对外

[①] 数据来源：根据 Giovanni Majnoni, Rashmi Shankar and Eva V. arhegyi, 2003, "The Dynamics of Foreign Bank Ownership: Evidence from Hungary" The World Bank Financial Sector Operations and Policy Department 整理。

[②] 来自波兰中央银行（National Bank of Poland）数据，http://www.nbp.pl/。

资进入限制逐步放宽，该地区新兴市场国家成为银行部门 FDI 大规模进入的目标，到 2003 年，亚洲新兴市场超过了拉丁美洲和中东欧地区，成为全球跨国并购最频繁的区域。

亚洲地区银行部门 FDI 的增长可分为三个阶段。

第一个阶段为 1990～1997 年，东南亚金融危机爆发前。在此期间，大多数东亚新兴市场国家对外资银行进入本土市场后单个外资金融机构持股比例、外资银行分行与 ATM 数量乃至外国员工在总雇员中所占的比重等均有严格限定，因此，东亚的银行部门 FDI 流入规模要明显少于其他地区。其实在 20 世纪 80 年代，东亚新兴市场国家的国内经济背景同拉美国家一样存在着严重的金融抑制，同时也尝试进行金融自由化改革。但是相较于拉美地区国家，多数东亚新兴市场经济国家对于本国金融部门的开放仍然相对谨慎，这是 2003 年以前该地区银行部门 FDI 的绝对量一直落后于拉美国家的一个重要原因。①

第二个阶段为 1998～2002 年，东南亚金融危机爆发后。1997 年，绝大多数受危机冲击的国家（马来西亚除外）在重组银行部门的压力下，放宽了外资银行进入本土市场的严格限制。如印度尼西亚几乎全部取消了对外资银行在本国设立分行或并购本土银行的限制，并将单个金融机构的外资持股比例上限调至 99%；泰国和菲律宾等国也加大了对外资银行的开放力度，允许外资金融机构在规定期限内全额持有本土金融机构的股份；韩国也修改了银行法，允许境外投资者控股国内商业银行。因此银行部门 FDI 主要在东亚金融危机之后的 3 年（1998～2000 年）里迅速增长。但随后受阿根廷金融危机等外部因素的影响，流入该地区的银行部门 FDI 在 2001 年和 2002 年大幅下降。

第三个阶段为 2003 年至今。虽然此前流入东亚地区的银行部门 FDI 大幅增长，但在绝对数量上一直远远落后于拉丁美洲地区和中东欧地区。如东亚地区各新兴市场经济体在 1990～2003 年间共吸收了约 140 亿美元的银行部门 FDI，而同期流入拉丁美洲地区和中东欧地区的银行部门 FDI 则分别为 460 亿美元和 200 亿美元。但是 2003 年以后，亚洲就成为最重要的跨国并购目的地，其中发生在韩国和泰国的并购交易大幅增加。在并购交易蓬勃发展的带动下，东亚地区吸收的银行部门 FDI 数量首次分别超过了拉丁美洲地区和中东欧地区。此后，随着中国金融改革的不

①　参见项卫星，王达. 东亚地区新兴市场经济体金融部门 FDI 的增长及其发展趋势［J］. 东北亚论坛，2008（4）：3-7。

断深化，境外金融资本也开始大量进入中国。据全球金融系统委员会的报告显示，虽然在绝对数量上仍落后于拉丁美洲国家和中东欧转轨国家，但是东亚已经取代了拉丁美洲和中东欧地区，成为银行部门 FDI 增长速度最快的地区。

以韩国为代表的东亚新兴市场国家采取审慎渐进式开放模式，不同于拉美等地在银行业开放过程中的激进方式。根据世界银行对全世界 91 个国家的统计，在亚洲金融危机发生之前，韩国银行业利用外资的比重当时属于最低的 7 个国家之一，外资占比不足 1%。但在 1998～2004 年短短的几年时间里，外资在韩国银行业的比重就激增到 20%。

从绝对数量的变化来看，1998 年后，韩国银行业为主体、包括证券保险等金融部门 FDI 出现几何级数的增长，其中，1999 年比 1998 年增长了将近 5 倍。随后韩国金融部门 FDI 便一直处于高位，仅在 2002 年略有回落，很快又回到上升趋势，至 2004 年达到 320 亿美元（如图 5-5 所示）。

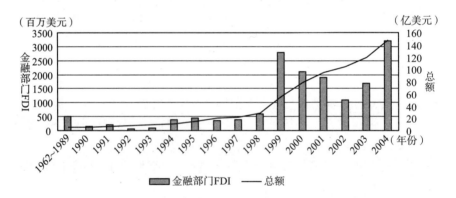

图 5-5　韩国的金融部门 FDI 增长趋势（1982～2004 年）

数据来源：根据 Hyun Euy Kim, 2005, "Domestic Financial Liberalization, Stabilizing Effects of Foreign Bank Entry, and Challenges to Bank Supervision: The Korean Experience", The Bank of Korea 绘制。

两个方面的原因可以解释这期间银行部门 FDI 的迅速增长：一方面，是源自 IMF 等的外来压力。东亚金融危机过后，韩国为达到申请 IMF 救济金的要求，于 1998 年 5 月取消了外国人对股市和包括短期债券在内的所有债券的投资限制，完全开放了本国资本市场。同时，韩国政府制定了《外国人投资促进法》，全面允许外资向国内企业注入资本，消除外资进入障碍，缓解金融危机后出现的资金不足局面。

另一方面，从银行部门 FDI 进入的形式看，1997 年以前，特别是

1995～1997 年，跨国银行进入壁垒减少，大多通过建立分行和代表处等方式大量进入韩国（见图 5 - 6）。比如 1995 年，韩国不再要求跨国银行在韩国建立分行前必须先要设立代表处（Economic Needs Test，April 1994），于是，跨国银行通过建立分行大量进入韩国市场。但是，当时外资银行对韩国银行的持股比率不能超过 4%，通过在金融监督院申报，可拥有 10% 以下的股份，对于 10%、25% 及 33% 的超额部分，必须得到金融监督院的批准方可。

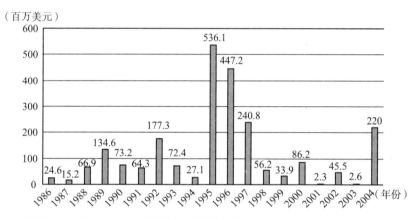

图 5 - 6　通过建立分行形式进入韩国的银行部门 FDI（1986～2004 年）

数据来源：Hyun Euy Kim（2005）以及根据韩国央行国际收支平衡表相关账户数据绘制。

　　1997 年金融危机发生后，通过设立分行进入的外资银行数量锐减，外资银行为了更迅速地掌握经营权，转而选择并购方式。1999 年 12 月，新桥资本收购韩国第一银行 51% 的股份成为开始的标志，此后出现了一轮外资机构收购国内银行的热潮，外资在韩国银行业的占有率开始大幅增长。韩国金融监督院公布的《外国银行在韩市场占有率现状》报告显示，截至 2004 年 10 月，在韩外资银行的总资产为 270 万亿韩元，占韩国银行总资产（1240 万亿韩元）的 21.8%。而在 1997 年的亚洲金融危机发生之前，外资银行在韩国的市场占有率仅为 4.2%。在金融危机发生后的 7 年时间里，外资银行在韩国的市场占有率增长了 5 倍。①

　　从整个亚洲新兴市场国家的情况看，1990～2002 年期间，各国都在不

---

　　① 数据来源：中华人民共和国驻大韩民国大使馆经济商务参赞处，"外国银行在韩市场占有率首度突破 20%"，http://kr. mofcom. gov. cn。

同程度上开放了本国的银行业市场，各国外资所有权增长均在2倍左右。但整体来看，除了中国香港和新加坡的外资银行占比达到70%以上，其他国家外资银行比重均处于可控范围（见表5－4）。尽管韩国等2004年以来外资银行资产占比超过20%，但是，韩国金融监督院已经在加强监管方面采取一些措施，以防止外资在短期内的大量进入，外资银行的市场占有率进入了基本稳定阶段。

表5－4　　　　第三次扩张浪潮中亚洲新兴市场国家银行业所有权结构　　　　单位：%

国家	1990年			2002年		
	国内		外资	国内		外资
	私有	国有		私有	国有	
亚洲						
中国	0	100	0	98		2
中国香港特别行政区	11	0	89	28		72
印度尼西亚	…	…	4	37	51	13
印度	4	91	5	12	80	8
韩国	75	21	4	62	30	8
马来西亚	…	…	…	72		18
菲律宾	84	7	9	70	12	18
新加坡	11	0	89	24	0	76
泰国	82	13	5	51	31	18

数据来源：Committee on the Global Financial System, 2004, "Foreign Direct Investment in the Financial Sector of Emerging Market Economies", Bank for International Settlements。

5.3　后危机时代银行部门FDI的特征

2008年美国次贷危机的爆发，使得对风险极其敏感的国际资本流动受到剧烈冲击，此后跨国银行的海外扩张也变得更加谨慎。但是，受影响最大的也是外界更容易感受到更多的是间接投资部分，而直接投资部分在危机发生后仍然保持了稳定增长态势。从图5－7可见，自2007年第四季度开始直到2008年底，流入新兴市场国家的间接投资锐减，再到2009年第三季度才得以恢复到2007年底之前的水平，此后波幅减小。

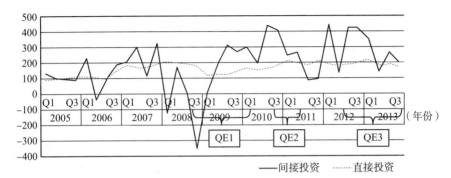

图 5 - 7　流入新兴市场国家的外国直接投资和间接投资季度指数（2005～2013 年）

注：以 2005 年四个季度平均值为 100。

数据来源：根据 World Investment Report 2014：Investing in the SDGs – An Action Plan，United Nations：Conference on Trade and Development 绘制。

而这段时间内，包含银行部门 FDI 在内的流入新兴市场国家的直接投资的季度指数呈现出较为平稳的特征，即使是在美国多轮量化宽松货币政策（Quantitative Easing Monetary Policy，QE）的实施期间也没有出现波动，这一情况说明，突发性的危机对基于长期投资的 FDI 的整体水平影响较小。其中，2010 年新兴市场国家吸引的直接投资流量首次达到全球总流量的半数以上。

金融危机后 FDI 相对平稳的主要原因可归结为，以美国为代表的发达国家，为应对金融危机实行宽松的货币政策导致了较低的国内利率，进而促使过剩的流动性流向了新兴市场国家。CGFS（the Committee on the Global Financial System）也通过调研得到了一致的结论。

此外，FDI 的流动也受到各国的金融管制政策改变的影响。比如，很多国家的金融管制政策在面对美国次贷危机后部分外资撤离东道国的现象时进行了一定的调整。如图 5 - 8 所示，2007 年以后，各国在加大吸引 FDI 的力度的同时，也增强了对 FDI 流出的限制。

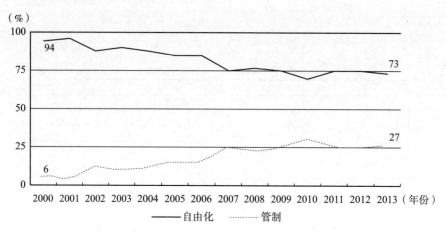

图 5-8　全球金融管制政策变化情况（2000~2013 年）

资料来源：World Investment Report 2014；Investing in the SDGs – An Action Plan, United Nations；Conference on Trade and Development。

5.4　小　　结

从 3 个主要地区新兴市场国家银行部门 FDI 流入情况中可以总结出其大幅增长的原因，主要包含以下几点：

一是新兴市场国家普遍放松本国的金融管制。虽然新兴市场国家开放金融市场的程度和模式不同，但这些国家都逐步减少了对银行部门 FDI 流入的限制，这就给跨国银行进入新兴市场国家银行业市场降低或清除了制度障碍。

二是新兴市场国家银行业市场空间对跨国银行形成巨大的吸引力。20 世纪 90 年代以来，发达国家和地区银行业市场日渐饱和，金融机构特别是商业银行的利润空间不断缩小。而新兴市场国家银行业有着巨大发展空间和对高质量金融服务的大量需求，使得银行部门 FDI 的目的国集中于美、中东欧、东亚等地区的新兴市场国家。

三是新兴市场国家银行业重组与改革的推动。20 世纪 90 年代前后，中东欧等地区的新兴市场国家对银行业进行了私有化改革和重组，银行部门 FDI 的大规模进入成为很大的外部推进力量。

四是金融危机的推动。1997 年东亚金融危机爆发后，绝大多数受危机影响的国家外资银行准入政策开始放宽，有的国家如印度尼西亚几乎完全取消了对外资银行在本国设立分行或并购本土银行的限制，并将单个金融机构的外资持股比例上限调至 99% 等。危机的频频爆发也迫使一些国家引入外国资本来救助国内银行业。而这一点恰好切合了跨国银行海外扩张的需求，吸引了银行部门 FDI 流入。

　　综上所述，正是新兴市场东道国所处的金融发展与改革的特殊历史阶段与跨国银行的海外扩张需求相结合，导致了新兴市场国家银行部门 FDI 相对集中的剧增。

第 6 章

银行部门 FDI 的市场进入方式选择

近年来，银行部门 FDI 进入方式的选择问题受到学术界越来越多的关注。在传统理论基础上对该问题进行的理论研究主要基于两个视角：一是交易费用理论；二是谈判力量理论。交易费用理论认为，跨国投资者比如跨国银行采用不同的方式进入东道国，各种方式的成本—收益比是有差异的，跨国银行对进入方式的选择是由差异化的成本—收益比决定的。由于信息不对称和市场失灵现象的存在以及机会主义行为（Opportunistic Behavior）等原因，会导致内部交易成本过高，鉴于独资形式的可控性相对较强，所以独资形式经常是跨国投资者优先选择的进入方式；而谈判力量理论则认为，进入方式是由跨国投资者与东道国政府以及跨国投资者与合作伙伴之间的谈判力量的对比决定的，这样在谈判过程中就存在着各方之间的博弈。

通常跨国银行在进入东道国市场时，会根据自身及东道国的现实条件选择不同的 FDI 进入方式。在银行业的三次跨国发展浪潮中，第一次、第二次跨国发展浪潮和第三次跨国发展浪潮分别以绿地投资（Greenfield Investment）和跨国并购（Cross-border Mergers and Acquisitions）为主要方式。选择合理的 FDI 进入方式对跨国银行的利润最大化和东道国银行业的发展、社会福利增进都具有非常重要的意义。

6.1 银行部门 FDI 的主要进入方式

银行部门 FDI 的进入方式主要包括基于股权角度和基于机构性质角度两类：

首先，从是否涉及股权的角度，银行进行跨国直接投资的方式有股权投资与非股权投资。

如图 6-1 所示，股权投资方式包括绿地投资、设立合资银行和进行跨国并购，通过股权投资方式进行 FDI 后，跨国银行持有新建银行、合资银行或并购后银行的股份，作为股东参与该银行的生产经营活动；而非股权进入方式包括战略联盟、协议合作和租赁经营等形式，跨国银行采取非股权进入方式进入东道国市场后，仅仅是通过不同方式与东道国银行进行合作，并不持有东道国银行股权。不同的进入方式下跨国银行对东道国银行的控制权不同，股权投资方式的控制权要大于非股权投资方式；绿地投资方式跨国银行所拥有的控制权大于跨国并购方式。

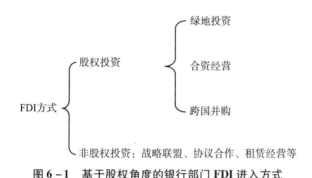

图 6-1　基于股权角度的银行部门 FDI 进入方式

其次，基于跨国银行在东道国设立机构的性质进行划分，跨国银行进入东道国市场的方式包括营利性进入与非营利性进入两种（见图 6-2）。

图 6-2　基于机构性质的银行部门 FDI 进入方式

非营利性进入以设立代表处、代理处等为主要形式，代表处、代理处是跨国银行获准在东道国境内设立的非营利性派出机构，不允许接收存款发放贷款，也无法办理汇票、信用证等支付结算业务，其主要职能是从事咨询和市场调研，代理母国在东道国市场上进行客户联络工作；而营利性进入又主要包括跨国银行进入东道国市场独立发展和参股东道国本地银行两种形式，跨国银行通过这种方式进入东道国市场后以营利为目的在东道国市场开展各项经营活动。

类似于制造业企业跨国投资，当前国际银行部门 FDI 方式也主要集中于绿地投资和跨国并购两种，其中跨国并购又成为近年来银行部门开拓全球市场、进行国际化经营的主要战略选择。此处仅对营利性的股权进入方式进行探讨，即绿地投资和跨国并购。

6.1.1 绿地投资

绿地投资，即新建投资，是指跨国银行在综合考虑自身发展战略和东道国市场状况等因素的基础上，以营利为目的，在进入东道国银行业市场时选择新建海外分支机构，在东道国银行部门原有生产力的基础上形成新生产力的 FDI 方式。绿地投资可以视为对东道国银行部门生产的一种增量调整，其具体形式主要包括新建代表处、代理处、设立分行和子银行等，在上述几种形式中，代表处和代理处属于非营利性机构，此次研究不作为考察重点。如前所述，通过新建合资银行在股权控制、经营方式等方面与并购国内银行更为贴近，由此，将绿地投资定义为跨国银行在海外东道国新建子银行或设立分行。

子银行是跨国银行在东道国建立的具有法人资格的营业机构，在通常情况下，跨国银行持有子银行全部或大多数的股权。在经营活动中，子银行具有较强的独立性，母国银行无须对子银行的经营风险承担连带责任，只需承担有限责任，因此子银行形式可以有效地规避和化解金融危机的国际传染。在法律监管方面，由于子银行是东道国当地的法人机构，在进行经营活动时受到东道国当地法律的监管和约束。

分行是跨国银行在东道国境内设立的独立经营主体，可以经营包括存贷款业务在内的大多数银行业务，但分行不具备独立法人资格，无法独立承担责任，母国银行对其分行承担连带责任。法律监管上，分行是跨国银行在东道国的业务延伸，既要受到跨国银行母国法律的管制，又受到东道国法律的制约。

绿地投资是早期银行进行海外扩张时采用的主要形式，在 20 世纪 80 年代以前的银行业跨国投资方式中占据主导地位，对银行业国际化的初步发展具有重要意义。绿地投资方式能够保持跨国银行自身在技术和管理等方面的垄断优势，降低技术外溢程度，保证跨国银行的盈利能力，但是这种 FDI 方式对跨国银行的资金实力和经营经验要求较高，需要投入大量资金进行基础设施建设，投产期较长；而且，绿地投资方式下的新建机构对东道国市场和客户资源的熟悉程度较低，需要投入较大成本识别客户资源和开拓市场；再者，作为对市场的增量调整，绿地投资方式会增加东道国市场的竞争激烈程度，使跨国银行的经营面临更大的挑战。

6.1.2　跨国并购

跨国并购是跨国兼并与跨国收购的总称，是指一国企业为了达到某种目的，通过一定的渠道和支付手段，收购另一国目标企业全部或部分股权，以达到控制企业经营行为的目的。与绿地投资方式对应，跨国并购可以视为对东道国银行部门原有生产力的存量调整。跨国并购的资产获得迅速，且价格通常低于实际价值；存量调整的进入方式不会增加市场上的竞争者数量，经营风险程度较低；同时，并购方式能够有效继承东道国本土银行的客户资源和基础设施、营业网点，减少跨国银行融入东道国市场过程中的摩擦，迅速适应市场竞争的需要；但是，由于受到被并购银行文化、规模、技术等因素的约束，跨国银行不能完全掌握管理的主动权，且更容易造成核心技术的外溢，对跨国银行在东道国的经营产生不利影响。

与绿地投资相比，跨国并购方式可以短时间内提升银行的资本实力和市场竞争力，达到快速进行业务扩张和获取利润的目的。许多大型的国际金融集团就是通过一系列的收购兼并活动实现了迅速扩张，最终取得稳固的国际地位。汇丰银行的发展是阐释并购对商业银行迅速高效扩张重要作用的最佳案例。成立于 19 世纪中期的汇丰银行早期业务主要集中在中国香港地区，1959 年，汇丰银行大举收购了阿拉伯世界最大的跨国银行——中东英格兰银行和有利银行，开辟出中东地区市场。自此，汇丰银行开始了其跨国并购的历程。20 世纪 80 年代以来，汇丰银行的并购行为更加活跃，通过大量并购活动先后巩固了它在欧洲、亚洲、美洲等全球多个地区银行业的地位，最终成为全球最大的金融服务机构之一。

进入 21 世纪以来，发生的包括中国在内的一些新兴市场国家的跨国银行并购行为尤为活跃，随着新兴市场国家金融业的逐步开放和金融自由化程度的加深，跨国并购将更多地集中在新兴市场国家。根据倪雯璟

（2012）等学者的研究结论，目前跨国银行入股新兴市场国家商业银行的目的主要有以下三种：一是提供技术性援助的善意入股；二是以互惠互利为特征的合作性入股；三是以获利为目的投机型财务性入股。新兴市场国家在引进银行业跨国资本时，应注意区分不同的并购动机，合理控制跨国银行持股份额，既要充分利用跨国银行先进的技术和管理经验提高本国银行业的实力，又要注意维持国内金融市场的稳定，防范金融风险。

6.2　绿地投资与跨国并购的成本—收益分析

虽然银行部门生产、销售的产品与服务与一般的工商业企业有所不同，但其经营管理的基本原则类似，都是以实现利润最大化为生产经营的根本目标。下面沿用冯嗣全（2003），[①] 王爱民、张红军（2010）[②] 等学者的思路，结合银行业的实际情况对生产函数进行改进，分别建立两种进入方式的生产经营模型，从两种进入方式下跨国银行的收入函数和成本函数入手推导出利润，并对两种进入方式下的利润函数进行一阶偏导，使之达到经营利润最大化条件，求解绿地投资方式下的跨国银行最大利润 $\max R_{GF}$ 和并购方式下的跨国银行最大利润 $\max R_{MA}$，从利润最大化的角度对跨国银行扩张的两种进入方式进行比较。

6.2.1　假设前提

假设1：跨国银行进入东道国市场后经营的业务仅包括存款业务、贷款业务和中间业务三项，因此银行的收入来源主要是存贷款业务的利差收入和中间业务的手续费收入，而银行的支出包括初始投入成本、利息支出、人力资本工资支出和其他经营支出几项。

假设2：东道国的资本市场、劳动力市场和银行间市场都是完全竞争的。在这种完全竞争市场状况下，任何银行都是市场价格的接受者，跨国银行进入后所面临的跨国银行的融资成本 r_c，市场存款利率水平 r_d，市场

---

①　冯嗣全，嗣全. 银行国际化的路径选择：跨国并购抑或新设投资 [J]. 当代财经，2003（12）：37 – 41.

②　王爱民，张红军. 跨国银行进入模式影响因素分析——中国市场的实证 [J]. 管理评论，2010（12）：36 – 44.

贷款利率水平 r_l，中间业务手续费 f 和人力资本工资 w 都是属于外生变量。

假设 3：绿地投资方式进入东道国市场的初始投入成本为 C_{GF}；而采取并购方式进入的并购成本为 C_{MA}，其中 C_{MA} 表示并购时所投入的直接成本、间接成本和重组成本之和。

假设 4：商业银行通过存款业务吸收的存款均可用于贷款业务。①

6.2.2　绿地投资方式进入的成本—收益分析

1. 收入

根据假设，跨国银行通过新建方式进入东道国市场后的收入来源主要是存贷款业务的利差收入和中间业务的手续费收入，定义生产函数，在绿地投资进入方式下，跨国银行的单期收入额可以表示为负债业务量和中间业务量的函数：

$$Y_{GF} = Y(D_l, I) = D_l \cdot r_l + I \cdot f \tag{6.1}$$

其中 D_l 代表负债业务量，r_l 为市场贷款利率，I 代表中间业务量，f 为单位中间业务手续费收入。

2. 成本

定义在市场存款利率 r_d 和人力资源工资 w 均属于外生变量的情况下，新建进入方式的成本主要由绿地投资支出、利息支出、人力成本支出和除利息和人力成本支出以外的其他支出四个部分构成。跨国银行在存款业务中所吸收的存款可以全部用于发放贷款。在存款业务量大于贷款业务量的情况下，跨国银行只需用存款发放贷款，此时的资金成本为 r_d；而当存款业务量小于贷款业务量时，超出部分的资金就需要向母国银行或在银行间市场进行融通，这一部分的资金成本为 r_c。因此新建方式进入下的跨国银行成本函数可表示为一个分段函数：

$$C_{GF} = C(D_d, D_l, L)$$
$$= \begin{cases} D_l \cdot r_d + L \cdot w + C_0 + C_{GF} & (D_l \leqslant D_d) \\ (D_l - D_d) \cdot r_c + D_d \cdot r_d + L \cdot w + C_0 + C_{GF} & (D_l > D_d) \end{cases} \tag{6.2}$$

其中 D_d 代表贷款业务量，L 为人力资本投入量，C_0 表示除利息成本

---

① 为简化分析模型，此处暂时忽略银行的存款准备金。

和人力成本外的其他经营支出。

3. 利润

分析中的利润采用狭义利润的定义,忽略一些直接计入损益的利得和损失,仅计算收益减去成本后的差额,因此根据式(6.1)、式(6.2)可以得到以新建方式进入东道国市场后跨国银行的经营利润:

$$R_{GF} = Y_{GF} - C_{GF} \tag{6.3}$$

根据拉格朗日定理对利润函数求一阶导数,得到当 $\dfrac{\partial R_{GF}}{\partial (D_l, D_d)} = r$;

$\dfrac{\partial R_{GF}}{\partial L} = w$ 时,跨国新建银行的经营利润达到最大化,即边际成本等于边际收益。定义此时新建银行的最大利润为 $\max R_{GF}$。

6.2.3 跨国并购方式进入的成本—收益分析

1. 收入

与绿地投资类似,跨国并购方式进入东道国市场后的收入来源也包括存贷款业务的利差收入和中间业务的手续费收入两部分,但由于跨国并购方式能够充分利用东道国原有银行的基础设施和市场信息资源,便于继承东道国银行原有的客户资源和销售网络,因此在市场竞争中占据一定优势。由此,定义跨国并购方式的收入函数为:

$$Y_{MA} = Y(D_l, I) = D_l \cdot r_l + I \cdot f + \varepsilon \tag{6.4}$$

D_l,I 所代表的含义与新建方式下相同;ε 表示外资并购进入方式下的信息优势所带来的额外收入额。

2. 成本

类似于新建方式下的成本分析,在跨国并购方式下的成本函数也可以在存款业务量和贷款业务量的对比条件下得到不同的表达式,因此,跨国并购方式下的跨国银行成本也可以用一个分段函数进行表示:

$$C_{MA} = C(D_d, D_l, L)$$
$$= \begin{cases} D_l \cdot r_d + L \cdot w + C_0 + C_{MA} & (D_l \leqslant D_d) \\ (D_l - D_d) \cdot c + D_d \cdot r_d + L \cdot w + C_0 + C_{MA} & (D_l > D_d) \end{cases} \tag{6.5}$$

其中 D_d，D_l，L，C_0 的含义与前文一致，C_{MA} 为前提假设中提到的跨国并购成本。

3. 利润

由式（6.4）、式（6.5）可以得到以并购方式进入东道国市场后的经营利润为：

$$R_{MA} = Y_{MA} - C_{MA} \tag{6.6}$$

根据拉格朗日定理对利润函数求一阶导，得到当 $\dfrac{\partial R_{MA}}{\partial(D_l，D_d)} = r$ 且 $\dfrac{\partial R_{MA}}{\partial L} = w$ 时，跨国并购银行的经营利润达到最大化，即边际成本等于边际收益。此时，跨国并购的最大利润为 $\max R_{MA}$。

综合以上分析，可以得出下列结论：

（1）当 $\max R_{GF} > \max R_{MA}$ 时，跨国银行在进入东道国市场时应采取绿地投资的方式。

（2）当 $\max R_{GF} < \max R_{MA}$ 时，跨国银行在进入东道国市场时应采取跨国并购的方式。

（3）当 $\max R_{GF} = \max R_{MA}$ 时，跨国银行无论选择何种方式进入东道国银行业市场所能够获得的最大利润都是一样的，因此银行在进行进入方式选择时应该较多地考虑战略目标等其他方面的因素。

6.3 银行部门 FDI 方式选择的多方博弈

前文分析了跨国银行单方以追求利益为目标进行的 FDI 方式选择，进一步的研究发现，FDI 方式的选择不仅仅是跨国银行单方面的最优化选择问题，而且还是跨国银行与东道国本土银行、跨国银行与东道国政府等多方主体之间相互制约、相互影响的博弈问题。近些年，博弈论的方法在企业跨国扩张研究中的运用非常广泛，大量文献基于完全信息和不完全信息的静态、动态博弈，探究跨国企业是否应选择进入东道国市场以及东道国政府的应对之策。目前，越来越多的学者开始尝试选用博弈论的研究方法对跨国银行的 FDI 进入方式选择问题进行研究，考察跨国银行与东道国政府之间以及跨国银行与东道国本土银行之间的博弈行为，在此基础上分析不同条件下各个利益主体对银行部门 FDI 方式的选择。银行部门 FDI 可以视为一次典型的非合作博弈（Non-cooperative Game）过程，进行绿地投资还是跨国并购的选择是各方如何达到自身利益的最大化的策略选择。博弈过程中必然会涉及跨国银行、东道国本土银行和东道国政府等局中人（Players），各方以利润最大化为终极目标分别进行决策，最终达到一种相对稳定的均衡状态。下面主要通过完全信息静态和动态两种博弈模型分析跨国银行与东道国政府、东道国本土银行之间的博弈行为。

6.3.1 跨国银行进入东道国银行业市场的基本模型

目前，国际上针对 FDI 方式的策略选择模型中比较有代表性的包括巴克莱和卡森（Buckley and Casson，1998）、① 高格·霍尔杰（Gorg Horlger，2000)② 以及霍恩和佩尔松③等（Horn and Persson et al.，2001）学者构建的市场模型。在借鉴前期研究的基础上，考虑到模型的复杂性和实用性，下面选用垄断和双寡头竞争市场模型，从利润最优角度研究银行部门 FDI 方式的选择问题。

1. 基本假设

假设 1：理性人假设。参与博弈的各方均为理性人，它们在市场上所采取的各种行动和策略均以实现自身利润最大化为目标。

假设 2：稳定市场假设。将国内银行部门所有企业视为一个整体，即东道国本土银行；潜在进入的跨国银行也视为统一整体，即跨国银行。在跨国银行进行 FDI 之前，东道国银行业市场处于相对稳定的均衡状态，即东道国本土银行不可设立新的分支机构且市场中不存在跨国银行之外的其他潜在进入者。

假设 3：产品同质假设。东道国本土银行与潜在进入的跨国银行均可提供同质产品。由于市场相对稳定，在产品同质假设下跨国银行若选择绿

---

① 巴克莱和卡森两位学者在其所著的文章中针对垄断型市场结构构建了跨国公司进入东道国市场的模型，并从成本最小化的角度研究 FDI 方式的选择问题。
② 高格·霍尔杰在巴克莱和卡森两位学者的模型基础上进行改进和创新，建立了非均衡双寡头型东道国市场结构下的银行部门 FDI 模型，并试从利润最大化的角度探究跨国并购与绿地投资的策略选择。
③ 霍恩和佩尔松两人则采用两阶段博弈的方法，针对国际寡头垄断这种市场类型进行了相关分析。

地投资方式进入东道国银行业市场，东道国本土银行 1 与跨国新建银行 2 在市场上依照古诺双寡头模型（Cournot Duopoly Model）进行产量竞争；如果跨国银行选择跨国并购方式进入东道国银行业市场，并购后的银行 S 在东道国市场上进行垄断经营，实行垄断产量和垄断价格战略。

假设 4：技术差异假设。东道国银行与跨国银行在进行生产经营活动时具有不同的技术水平，分别用 T_1 和 T_2 表示东道国本土银行 1 和跨国新建银行 2 的技术水平。结合新兴市场国家的银行业发展的现实状况，进行跨国投资的银行通常在技术、管理等方面具有比较优势，简言之，东道国银行部门技术水平通常低于进行 FDI 的跨国银行，因此从银行业整体角度来看，可以合理地假设 $T_1 \leqslant T_2$。

假设 5：可变成本差异假设。银行技术水平的差异通过成本差异来体现，技术水平较高的银行通常对应较低的单位可变成本。假设银行在经营过程中具有固定的单位可变成本 $C_i (i = 1, 2, S)$，C_i 的差别源于新兴市场国家东道国银行与跨国银行之间的技术差异，此处假设 $C_1 = \dfrac{1}{T_1}$；$C_2 = \dfrac{1}{T_2}$，结合前述假设可明确：$C_1 \geqslant C_2$。

2. 两种不同 FDI 进入方式下的均衡产量

假设东道国市场上产品的需求曲线为：
$$P = a - bQ \tag{6.7}$$
其中，P 为产品市场价格；Q 为产品市场总需求。为便于分析，在下面的研究中，定义 $b = 1$。在此条件下得出银行 i 的利润函数：
$$\pi_i = Q_i (P - C_i) \tag{6.8}$$
根据拉格朗日定理，可由公式（6.8）推导出银行 i 利润最大化的一阶条件：
$$\frac{\partial \pi_i (Q_1, Q_2)}{\partial Q_i} = P + P'Q_i - C_i = 0 \text{[①]} \tag{6.9}$$
当跨国银行以绿地投资方式进入东道国银行业市场时，跨国新建银行

[①] $\pi_1 = Q_1(P - C_1) = Q_1(a - Q_1 - Q_2 - C_1)$；$\dfrac{\partial \pi_1}{\partial Q_1} = (P - C_1) - Q_1$。

　　$\pi_2 = Q_2(P - C_2) = Q_2(a - Q_1 - Q_2 - C_2)$；$\dfrac{\partial \pi_2}{\partial Q_2} = (P - C_2) - Q_2$。

与东道国本土银行进行古诺双寡头竞争。此时两家银行均采用自身的生产技术，单位可变成本分别为 C_2 和 C_1。由式（6.9）分别求出利润函数对 Q_1 和 Q_2 的一阶偏导数，并令其等于零，可以得到市场上两家银行各自追求最大利润时的产量选择：

$$Q_1 = \frac{a - Q_2 - C_1}{2} \tag{6.10}$$

$$Q_2 = \frac{a - Q_1 - C_2}{2} \tag{6.11}$$

解以上方程组得：

$$Q_1 = \frac{a + C_2 - 2C_1}{3} \tag{6.12}$$

$$Q_2 = \frac{a + C_1 - 2C_2}{3} \tag{6.13}$$

新建方式下，跨国银行进入东道国市场所对应的产量即为跨国新建银行2的产量，即 Q_2。

当跨国银行以并购方式进入东道国银行业市场时，跨国银行与东道国本土银行在东道国市场上重新组建一家银行S。银行S采用跨国银行的经营技术水平，单位可变成本 $C_S = C_2$，同时银行S在东道国市场上垄断经营，即银行S的产量为垄断产量。将 π_S、Q_S、C_S 等变量代入式（6.8），重复上述求解过程，得：

$$Q_S = \frac{a - C_2}{2} \tag{6.14}$$

并购方式下，银行S在东道国市场所选择的产量即为垄断产量 Q_S。

3. 均衡状态下的利润函数

对式（6.8）进行进一步推导，可以得出达到市场均衡状态时银行 i 的利润与其产量之间的函数关系：

$$\pi_i = Q_i^2 \text{①} \tag{6.15}$$

---

① 由式（6.7）、式（6.12）和式（6.13）得出：$P = a - (Q_1 + Q_2) = \frac{a + C_1 + C_2}{3}$；$P - C_1 = \frac{a + C_2 - 2C_1}{3} = Q_1$；$P - C_2 = \frac{a + C_1 - 2C_2}{3} = Q_2$。结合利润公式（6.8）可以得到 $\pi_1 = Q_1(P - C_1) = Q_1^2$；$\pi_2 = Q_2(P - C_2) = Q_2^2$。

6.3.2　跨国银行与东道国政府间的静态博弈

在市场基本模型的基础之上，研究东道国政府与跨国银行双方之间针对进入方式选择的博弈行为。潜在进入的跨国银行与东道国政府间的博弈可以看做是一次完全信息静态博弈。博弈中涉及东道国政府和潜在进入的跨国银行两个局中人，它们各自持有一个策略集（Strategy Set），并在信息透明的情况下同时进行策略选择。其中跨国银行的策略集中包含三个策略："绿地投资"、"跨国并购"和"不进入东道国市场"；而东道国政府的策略集中包含两个策略："鼓励"（Incentive）和"限制"（Restriction）。接下来构建博弈双方的支付函数，尝试求解此项博弈的纳什均衡（Nash Equilibrium）。

1. 基本假设

假设1：政府的政策成本由制定和实施政策所需要支付的成本 C_A 以及用于吸引外资和承担投资失败风险所需要支付的成本 C_B 两部分构成。C_A 是制定并实施政策的先期成本，无论采取鼓励策略还是限制策略，东道国政府方面都需要支出 C_A；而 C_B 是只有当东道国政府方面采取鼓励策略时才需支付的成本，这是因为只有当采用鼓励策略时，政府才需要采取措施吸引投资并承担投资失败造成的部分损失。

假设2：政府回报会随着 FDI 水平的提高而增加，用跨国银行所对应的业务量 Q 作为代理变量，表示跨国银行的投资程度。

假设3：假定在没有东道国政府干涉的情况下，跨国银行进行跨国并购后会持有并购后银行 S 的全部股权；而如果东道国政府对跨国银行采取"限制"政策，则政府方面会对跨国银行并购后的持股比例进行限制，跨国银行无法获得并购后银行 S 的全部利润，假设东道国政府将跨国银行并购后的持股比例限制为 θ，则跨国银行采取并购方式在东道国市场所获利润也为并购后银行 S 总利润的 θ 份额。

2. 局中人的目标和支付函数

东道国政府和跨国银行作为此次博弈的两个局中人，分别有其各自的博弈目标。根据理性人假设，跨国银行进行策略选择的最终目标是实现经营利润最大化；而东道国政府进行策略选择的最终目标是实现政府效用函数最大化。在此基础上，定义东道国政府和潜在进入跨国银行各自的支付函数。

（1）东道国政府的支付函数。东道国政府的支付函数可以用政府效用函数来表示，即政府回报减去政府政策成本后的差额。

根据前述假设2，政府回报会随着FDI的增加而增加，用W表示不同策略下的政府回报：

$$W = b_i Q_i \qquad (6.16)$$

式中$b_i(i = I, R$ 且 $b_I > b_R > 0)$ 是跨国银行业务量与政府回报之间的相关系数，b_I代表政府采取鼓励策略时W与Q_i之间的系数，而b_R为政府采取限制策略时二者之间的系数；跨国银行对应的产量$Q_j(j = G, M)$作为FDI规模的代理变量，绿地投资方式下$Q_G = Q_2 = \dfrac{a - 2C_2 + C_1}{3}$，跨国并购方式下$Q_M = Q_S = \dfrac{a - C_2}{2}$。

同时，根据假设1：政府成本可以分为两个部分：一是制定和施行政策所需要支付的成本C_A；二是用于吸引外资和承担投资失败风险所需要支付的成本C_B。C_A应为一个固定的常数值，此处设置为λ；而C_B与FDI的规模有关，定义$C_B = dQ_j^2$，其中d为成本C_B与FDI规模的代理变量Q_j之间的常量系数。无论政府采取鼓励策略还是限制策略，C_A都是必须支出的成本，而C_B则仅需在选择鼓励策略时支出。因此，政府成本可以用两个表达式进行表示，即采取"鼓励"策略时的政府成本C_I和采取"限制"策略时的政府成本C_R。

$$C_I = C_A + C_B = (\lambda + dQ_j^2) \qquad (6.17)$$

$$C_R = C_A = \lambda \qquad (6.18)$$

根据东道国政府的回报和成本，可以得到政府的效用函数U。当东道国政府采取鼓励策略时，其效用函数：

$$U_I = W - C_I = b_I Q_j - dQ_j^2 - \lambda \qquad (6.19)$$

而当东道国政府采取限制策略时，其效用函数：

$$U_R = W - C_R = b_R Q_j - \lambda \qquad (6.20)$$

（2）跨国银行的支付函数。跨国银行的支付函数可以用跨国银行在不同策略选择下的利润函数来表示。下面的分析中主要考察与产量相关的利润获取，暂时忽略新建成本K和并购价格P_m对跨国银行盈利的影响。

根据市场基本模型，跨国银行以绿地投资方式进入东道国市场后，跨国银行与东道国本土银行进行古诺双寡头模型式的产量竞争，当达到均衡状态时，跨国银行的产量 $Q_2 = \dfrac{a + C_1 - 2C_2}{3}$。此时，跨国银行的利润为：

$$\pi_A = Q_2^2 = \left(\frac{a + 2C_2 - C_1}{3} \right)^2 \tag{6.21}$$

同样根据市场基本模型，跨国银行通过并购方式进入东道国银行业市场后，并购重组的银行 S 在东道国市场上实行垄断经营，其产量为垄断产量 $Q_S = \dfrac{a - C_1}{2}$。此时，垄断银行 S 的利润函数为：

$$\pi_B = Q_S^2 = \left(\frac{a - C_2}{2} \right)^2 \tag{6.22}$$

3. 博弈矩阵

根据前述分析，东道国政府在面对跨国银行 FDI 这一问题时有两种策略可供选择：鼓励政策和限制政策，结合跨国银行在新兴市场国家发展的实际情况，对东道国政府政策变动对跨国银行利润的影响进行分析，可以得出：

（1）政府的鼓励政策能够给进入本国市场的跨国银行带来一定的税收优惠和一些有利条件，将跨国银行从这两个方面获取的利益定义为 δ，因此如果政府采取鼓励政策，无论跨国银行采取绿地投资进入还是跨国并购方式，跨国银行的利润都增加 δ。

（2）政府还有一种策略为限制政策。结合新兴市场国家的实际情况，这种限制政策一方面体现在政府对跨国银行并购后的持股比例进行限制，进而影响其东道国银行业市场的影响力和盈利能力；另一方面体现在这种限制政策会给新建银行或并购银行的经营带来一定的不利条件，定义这种不利条件对利润的影响为 $-\gamma$。

跨国银行是否在新兴市场国家进行跨国直接投资；采用何种 FDI 方式；新兴市场国家的政府将选择哪种应对态度，这些选择取决于跨国银行与东道国政府之间的静态博弈，基于前述分析，可以得到跨国银行与东道国政府的博弈矩阵（见表 6-1）。

表 6 – 1 跨国银行与东道国本土银行博弈矩阵

跨国银行 东道国政府	绿地投资	跨国并购	不进入
鼓励	$(b_I Q_G - d Q_G^2 - \lambda,\ \pi_A + \delta)$	$(b_I Q_M - d Q_M^2 - \lambda,\ \pi_B + \delta)$	$(-\lambda,\ 0)$
限制	$(b_R Q_G - \lambda,\ \pi_A - \gamma)$	$(b_R \theta Q_M - \lambda,\ \theta \pi_B - \gamma)$	$(-\lambda,\ 0)$

4. 局中人策略选择

（1）东道国政府决策分析。

①当跨国银行选择不进入东道国银行业市场时，东道国政府无论采用哪一种策略，其成本均为 $-\lambda$。

②当跨国银行选择以绿地投资方式进入东道国银行业市场时，东道国政府方面的选择"鼓励"策略的效用函数可表示为 $b_I Q_G - d Q_G^2 - \lambda$；而东道国政府方面的选择"限制"策略的效用函数可表示为 $b_R Q_G - \lambda$。当 $d Q_G \leqslant b_I - b_R$ 时，东道国政府会选择鼓励政策。反之，当 $d Q_G \geqslant b_I - b_R$ 时，东道国政府会选择限制政策。

③当跨国银行选择以跨国并购方式进入东道国银行业市场时，东道国政府方面的选择鼓励策略的效用函数可表示为 $b_I Q_M - d Q_M^2 - \lambda$；而东道国政府方面的选择限制策略的效用函数可表示为 $b_R \theta Q_M - \lambda$。当 $d Q_M \leqslant (b_I - \theta b_R)$ 时，东道国政府会选择鼓励政策。反之，当 $d Q_M \geqslant b_I - \theta b_R$ 时，东道国政府会选择限制政策。

（2）跨国银行决策分析。

①当东道国政府选择"鼓励"政策时，跨国银行选择"绿地投资"、"跨国并购"和"不进入"的支付函数分别是 $\pi_A + \delta$、$\pi_B + \delta$ 和 0，当且仅当 $\pi_A + \delta \leqslant 0$ 且 $\pi_B + \delta \leqslant 0$ 时，跨国银行会选择不进入策略；而当 $\pi_A + \delta \geqslant 0$ 或 $\pi_B + \delta > 0$ 时，跨国银行会选择进入东道国银行业市场，并会选择对应的支付函数较大的策略。

②当东道国政府选择"限制"政策时，跨国银行选择"绿地投资"、"跨国并购"和"不进入"的支付函数分别是 $\pi_A - \gamma$、$\theta \pi_B - \gamma$ 和 0，类似于鼓励策略的情况，当且仅当 $\pi_A - \gamma \leqslant 0$ 且 $\theta \pi_B - \gamma \leqslant 0$ 时，跨国银行会选择"不进入"策略；而当 $\pi_A - \gamma \geqslant 0$ 或 $\theta \pi_B - \gamma \geqslant 0$ 时，跨国银行会选择进入东道国市场且倾向于支付函数较大的策略所对应的进入方式。

6.3.3　跨国银行与东道国本土银行间的动态博弈

与静态博弈不同，动态博弈理论中参与人的行动具有先后顺序，先行动者的行动会对后行动者的策略选择构成影响。潜在进入的跨国银行与东道国本土银行间的博弈可以视为对跨国银行进入东道国市场的方式选择进行的完全信息动态博弈。沿用霍特林[1]（Hotelling，1929）的思路，继承刘振宇[2]（2007）和杨建清[3]（2012）等学者的研究方法，构建一个两阶段博弈过程：第一阶段，跨国银行作为先行动者选择占优策略，东道国本土银行对跨国银行的行动做出应对；第二阶段，跨国银行作为后行动者，对东道国本土银行在上一阶段的策略选择做出应对。在此基础上，对已有的一些假设条件进行修正和补充，构建理论模型寻求子博弈精炼纳什均衡（Subgame Perfect Nash Equilibrium）。

在 FDI 方式选择这一问题上，跨国银行与东道国本土银行间博弈的焦点在于双方各自的利润。在主要针对银行利润问题进行研究时，只看单期的情况是不全面的，跨国银行在进入东道国银行业前通常会对一个时间期限内的平均利润进行综合考量。因此，接下来的分析将进一步精确两家银行的收益和成本，并引入投产期的概念，分析多期情况下两种 FDI 方式对双方利润的影响及跨国银行与本土银行之间的博弈过程。

1. 基本假设

结合分析的重点，对前期提出的假设条件进行三点补充和修正：

假设 1：有别于上一节分析中提到可变成本 C_i，跨国银行进行 FDI 时也会投入一部分固定成本。在绿地投资方式下，跨国银行需要投入资金用于新建基础设施和营业网点、招聘工作人员并进行员工培训等；而通过跨国并购方式，跨国银行则需要向东道国本土银行支付并购相关费用，此处假设绿地投资建设成本为 K，而跨国并购的成本为 P_m。[4] 除了这一部分费用外，固定成本中还包含市场适应成本：跨国并购能够有效继承东道国本土银行原有的信息和市场资源，相对而言绿地投资方式下的新建银行就需

① Hotelling H.，1929，"Stability in Competition"，*Economic Journal*，39，41 – 57.
② 刘振宇. 跨国银行对外投资模式选择的博弈分析——一个发展中国家的东道国视角 [J]. 南开经济研究，2007（1）：117 – 124.
③ 杨建清. 银行海外扩张方式选择的博弈分析 [J]. 财经问题研究，2012（12）：71 – 74.
④ 并购成本 P_m 代表收购价格与重组成本之和。

要投入更多资金和技术获取东道国市场的相关信息和客户资源，将绿地投资方式下跨国银行支付的这一部分费用定义为外部适应成本 M；同时，跨国并购的 FDI 进入方式中，两家银行在历史、文化、人员、契约等多方面存在差异，跨国银行需要投入成本进行协调，定义由此导致的跨国银行成本支出为内部适应成本 N。在多期条件下，上述固定成本都是跨国银行一次性投入，在银行整个存续期内按市场利率 r^* 进行摊销并计入单期成本的费用。

假设 2：为使模型更符合现实情况，具备现实意义，对前期关于并购后持股情况的假设进行修正，在跨国并购中，跨国银行出于经济利益的考虑，在实现并购后可能持有全部股权也可能持有部分股权。假设跨国银行选择并购方式进入东道国市场后对银行业的持股份额为 β[①]（当跨国银行持有全部股权时，$\beta = 1$），即在进行利润分配时跨国银行持有银行 S 利润的 β 份额。

假设 3：定义绿地投资方式下的投产期为 t。跨国银行通过并购方式可以迅速获得进行生产经营所需的资源，较快的投入市场竞争，实现盈利；而进行绿地投资的建设期较长，新建机构可能在一段较长的时间内无法实现盈利，导致投入与产出在时间上无法匹配。因此，引入投产期这一概念，将两种不同 FDI 方式获得的利润折算到相同时间点进行比较。

2. 博弈双方的支付函数

结合 5.3.1 节所构建的市场基本模型和修正补充后的假设，对不同 FDI 进入方式下东道国本土银行与跨国银行各自的利润进行分析：

当跨国银行以"绿地投资"方式进入东道国银行业市场时，新建银行 2 与本土银行 1 在既定价格水平下，进行类似古诺双寡头模型的产量竞争。此时，银行 1 与银行 2 采用各自的生产技术，单位可变成本分别为 C_1 和 C_2。根据上面假设，跨国银行在进入东道国市场时需要投入固定成本：新建成本 K 以及外部适应成本 M，两者在银行存续期内按市场利率进行摊销；同时，银行的经营利润应按市场利率和投产期进行折现。

根据式（6.13）和式（6.15），跨国银行通过新建方式进入东道国市场后的利润为：

---

① 虽然 β 与前一节中的 θ 值对并购后跨国银行对银行 S 的利润占有具有相同影响，但此处的 β 值与 θ 值的含义有明显区别，θ 代表的是政府对跨国银行持股比例的限制，而 β 则表示跨国银行基于自身考虑下的持股比例选择。

$$\pi_G^f = \frac{Q_2^2}{(1+r^*)^t} - r^*(K+M) \qquad (6.23)$$

此时，东道国本土银行 1 的利润为：

$$\pi_G^d = Q_1^2 \qquad (6.24)$$

当跨国银行以并购方式进入时，东道国市场上仅存在一家银行 S。银行 S 继承跨国银行的技术水平，单位可变成本为 C_2，同时银行 S 在东道国市场上垄断经营。此时银行 S 的产量为垄断产量 Q_S。与绿地投资类似，并购方式下跨国银行投入的固定成本，并购价格 P_m 和外部适应成本 N，将按照市场利率进行摊销并计入各期成本。根据假设 2，跨国银行并购进入后的持股份额为 β，即跨国银行对银行 S 收益的占有比例为 β。综上，跨国银行通过并购进入东道国市场后的利润为：

$$\pi_M^f = \beta Q_S^2 - r^*(P_m + N) \qquad (6.25)$$

此时，东道国银行的利润为：

$$\pi_M^d = (1-\beta)Q_S^2 + r^* P_m \qquad (6.26)$$

3. 博弈过程

沿用前述学者的思路，采用两阶段的博弈过程。

第一阶段：跨国银行作为先行动者在其策略集中做出选择：若选择绿地投资，则东道国本土银行（银行 1）和跨国新建银行（银行 2）作为寡头厂商在东道国银行业市场中进行非串谋的产量竞争；若选择跨国并购，则向东道国本土银行发出并购要约。东道国本土银行 1 作为后行动方，对跨国银行的选择做出应对：若跨国银行决定以"跨国并购"方式进入东道国市场，东道国本土银行 1 可根据收购价格决定是否接受要约。

第二阶段：东道国本土银行作为先行动方，而跨国银行则作为后行动方对东道国本土银行的策略做出反应：若东道国本土银行 1 接受要约，两家银行会在东道国市场上组建一家银行 S，并购完成后银行 S 作为东道国市场中的垄断厂商，实行垄断产量 Q_S，并采用跨国银行的生产技术，单位可变成本为 C_2；若东道国本土银行拒绝要约，则跨国银行需要再次从"不进入"东道国市场或采用"绿地投资"的方式进入两个策略中做出选择。

根据前述分析，潜在进入的跨国银行与东道国本土银行间针对 FDI 进入方式的博弈过程可以表述为以下三步：

（1）当跨国银行以某种方式进入东道国市场的收益大于成本，即当

$\pi_G^f > 0$ 或 $\pi_M^f > 0$ 时，跨国银行会选择其中利润最优的 FDI 方式进入东道国市场；而当 $\pi_G^f \leqslant 0$ 且 $\pi_M^f \leqslant 0$ 时，跨国银行会选择不进入东道国市场。

（2）如果跨国银行决定以跨国并购方式进入东道国银行业市场，则跨国银行向东道国银行发起收购要约，东道国本土银行可以根据并购报价 P_m 选择是否接受跨国银行的收购要约。当 $\pi_M^d > \pi_G^d$ 时，东道国银行接受并购要约，跨国银行采用并购方式进入东道国市场；而当 $\pi_M^d < \pi_G^d$ 时，东道国银行更倾向于跨国以绿地投资的方式进入东道国市场，因此银行1会拒绝并购要约。

（3）若东道国本土银行拒绝跨国银行的并购要约，则跨国银行需要重新考虑以绿地投资方式进入或放弃进入东道国市场，当 $\pi_G^f > 0$ 时，跨国银行会选择以绿地投资方式进入东道国银行业市场；而当 $\pi_G^f \leqslant 0$ 时，跨国银行会放弃向东道国的经营扩张。

4. 博弈结果的影响因素分析

进一步对博弈双方的支付函数进行分析可以明确：不同 FDI 进入方式下的博弈双方利润大小受到固定成本、单位可变成本、跨国银行持股份额、投产期和市场利率等多方面因素的影响。

（1）固定成本投入对参与者利润的影响。根据前期假设，绿地投资和跨国并购方式下，跨国银行需要投入的固定成本分别为 $K + M$ 和 $P_m + N$。首先，在通常情况下，绿地投资需要跨国银行支出较高的新建成本 K，而并购过程中支出的并购价格 P_m 通常低于资产的实际价值，单从这一角度进行考量跨国银行会倾向于选择跨国并购的 FDI 进入方式；再者，市场适应成本的高低与行业的经营特性有关，具体到银行业部门，由于银行业属于对信息和客户资源的依赖程度较高的服务业部门，跨国银行在进行绿地投资时需要支付较高的外部适应成本以获取东道国业市场的相关信息和客户资源，相对而言，跨国银行进行绿地投资所需支付的外部适应成本 M 要大于进行跨国并购所需支付的内部适应成本 N。综合上述两方面得出结论：从固定成本角度考虑，跨国银行倾向于选择跨国并购方式进入东道国银行市场。

（2）单位可变成本和跨国银行控股份额对参与者利润的影响。对跨国银行与东道国本土银行利润进行分析发现，不同 FDI 进入方式下的利润额大小还取决于银行的单位可变成本和持股份额。在不考虑投产期的情况下，新建投资和跨国并购两种方式下的产量决策主要取决于银行的单位可变成本，而银行的利润则主要由产量和控股份额决定。从定量角度加深对银行单位可变成本的假设，定义 $C_1 = c$；$C_2 = C_1 - x = c - x$。

根据式（6.12）、式（6.13）、式（6.14）可以得出，跨国并购方式下银行 S 的产量为：

$$Q_S = \frac{a - c + x}{2} \tag{6.27}$$

绿地投资方式下东道国本土银行的产量为：

$$Q_1 = \frac{a - c - x}{3} \tag{6.28}$$

跨国新建银行的产量为：

$$Q_2 = \frac{a - c + 2x}{3} \tag{6.29}$$

由式（6.28）、式（6.29），当 $x < a - c$ 时，$Q_S > Q_2$，银行 S 的产量大于跨国新建银行的产量。由于跨国银行仅能持有银行 S 利润的 β 份额，要使跨国银行通过并购方式获得的利润大于新建方式，则需使 $\beta \geqslant \dfrac{Q_2^2}{Q_S^2}$[①]

将 Q_S 和 Q_2 分别代入上式，解得：$\beta \geqslant \dfrac{4}{9} + \dfrac{12x^2 + 8x(a-c)}{9(a-c+x)^2}$。综上，$x <$ $a - c$ 且 $\beta \geqslant \dfrac{4}{9} + \dfrac{12x^2 + 8x(a-c)}{9(a-c+x)^2}$ 时，跨国银行通过并购方式获得的利润大于绿地投资方式。当两国银行间的技术水平差异使其可变成本差异 x 大于 $a - c$ 时，跨国新建银行 2 的产量大于并购后银行 S 的产量，此时跨国银行会选择绿地投资的方式进入东道国市场；当两家银行的可变成本差异 x 小于 $a - c$ 时，跨国银行出于利润考虑会选择跨国并购的 FDI 方式进入东道国市场，并持有银行 S 大于 $\dfrac{4}{9} + \dfrac{12x^2 + 8x(a-c)}{9(a-c+x)^2}$ 股份；若由于其他原因导致跨国银行对并购后银行 S 的持股无法达到这一额度，跨国银行将倾向于选择绿地投资方式进行东道国银行业市场。

同样，由式（6.28）、式（6.29）可以得出，当 $x \geqslant \dfrac{c-a}{5}$ 时，$Q_S > Q_1$，

---

① 由 $Q_S > Q_2$ 且 $Q_S \geqslant 0$；$Q_2 \geqslant 0$ 可以推出 $Q_S^2 \geqslant Q_2^2$，又已知 $0 < \beta \leqslant 1$。要使 $\beta Q_S^2 \geqslant Q_2^2$ 则 $\beta \geqslant \dfrac{Q_2^2}{Q_S^2}$。

由于 $c-a \leqslant 0$，结合变量实际意义可以将 $x \geqslant \dfrac{c-a}{5}$ 简化为 $x > 0$，即跨国银行的单位可变成本小于东道国本土银行的单位可变成本时，跨国并购方式下银行 S 的产量大于绿地投资方式下东道国本土银行 1 的产量。结合前期假设，这一结论可进一步理解为：跨国并购方式下银行 S 的产量必然大于绿地投资方式下东道国本土银行 1 的产量。在东道国本土银行持有银行 S 的利润（$1-\beta$）份额的假设下，要使东道国本土银行通过并购方式获得的利润较多，则需使 $\beta \leqslant 1 - \dfrac{Q_1^2}{Q_S^2}$。① 将 Q_S 和 Q_1 分别代入上式，解得：$\beta \leqslant 1 - \dfrac{4(a-c-x)}{9(a-c+x)}$。综上，当 $\beta \leqslant 1 - \dfrac{4(a-c-x)}{9(a-c+x)}$ 时，东道国银行接受并购获得的利润将大于接受绿地投资方式，东道国本土银行倾向于接受跨国银行的并购要约；当跨国银行选择的持股份额 $\beta > 1 - \dfrac{4(a-c-x)}{9(a-c+x)}$ 时，东道国本土银行应根据跨国银行并购要约中提出的并购价格 P_m 进行衡量，若并购价格不足以弥补损失，东道国银行将会倾向于跨国银行通过绿地投资方式进入，而拒绝跨国银行的并购要约。

（3）投产期和市场利率对参与者利润的影响。在不考虑固定成本的情况下，分析投产期 t 的长短对参与人策略选择的影响。由于投产期仅对跨国银行在绿地投资方式下的利润产生影响，市场利率 r^* 越高，投产期 t 越长，跨国新建银行的利润就越低，跨国银行越倾向于采取跨国并购方式。具体而言，当 $(1+r^*)^t \geqslant \dfrac{Q_2^2}{\beta Q_S^2}$ 时，跨国银行会更倾向于选择跨国并购这种 FDI 方式。

6.4　社会福利考量下的新兴市场国家选择

银行部门 FDI 方式选择不仅可以看做多方之间的博弈，也可以视为单一主体对两种进入方式选择的"单方博弈"，即最优化问题。前面两节分别从跨国银行自身利润最优角度和多方博弈选择角度进行分析，接下来将

---

① $(1-\beta)Q_S^2 \geqslant Q_1^2$，即 $\beta \leqslant 1 - \dfrac{Q_1^2}{Q_S^2}$。

考察 FDI 方式对东道国福利的影响，分析基于社会福利考量下新兴市场国家对跨国银行进入方式的选择。

跨国银行通过 FDI 进入东道国银行部门后，会从市场利率、银行业效率、金融稳定性等各个方面对东道国银行业产生影响。政府的社会职能决定了除自身利益之外，应更多地考虑如何实现社会福利的最大化，因此，跨国银行与东道国政府之间的关系并不能单纯地从政府效用的角度考虑，二者之间存在着更为复杂的利益关系。跨国银行对东道国银行业进行的直接投资可以看做是跨国银行与东道国政府之间的合作；作为跨国银行，其跨国经营的最终目的是获取最大利润，而东道国政府方面除了关注政府效用外，应更多地关注如何通过自身的政策引导或限制，使跨国银行的进入对本国银行业市场产生较大的技术溢出效应和良性竞争效应，提高本国的福利水平，使外国资本最大程度地为本国经济服务。

跨国银行 FDI 对东道国带来的福利大致可以从两个方面进行考量：一是给东道国银行业带来的福利，具体可以表现为跨国银行进入所带来的技术转移和技术溢出；二是给东道国市场及其消费者带来的福利，即跨国银行进入对银行业产品市场价格的影响。东道国政府必然希望跨国银行的进入能为东道国银行业带来较高水平的技术转移同时降低东道国银行业产品的市场价格，产生较多的生产者剩余和消费者剩余，进而提高社会总福利水平。下面分别从技术转移和产品市场价格两个角度来分析跨国银行追求最大利润的行为选择，并在此基础上探究新兴市场国家方面基于社会福利考量下对跨国银行 FDI 方式的选择，提出可行性建议。

为简化分析过程，暂时不考虑固定成本因素，并在前述假设条件的基础上加入技术转移成本，假定跨国银行进入东道国市场后会付出成本 C_x 来实现技术转移，从而使新建银行 2 或并购后的银行 S 能够以 $c-x$ 的可变成本在东道国市场上提供产品。由于 x 随着 C_x 的增大而增大且增速递减，即 $C_x' \geq 0$ 且 $C_x'' \leq 0$，根据函数的性质，假设 $C_x(x) = \dfrac{\omega x^2}{2}$。

6.4.1　FDI 进入方式对跨国银行技术转移投入的影响

在绿地投资方式下，将技术转移成本因素考虑在内，跨国银行所获得的利润为：

$$\pi_G^f - C_x(x) = \left(\frac{a-c+2x}{3}\right)^2 - \frac{\delta x^2}{2} \tag{6.30}$$

根据利润最大化条件，对式（6.30）求一阶偏导$\dfrac{\partial(\pi_G^f - C_x)}{\partial x}$并令其等于0，可以得到绿地投资方式下跨国银行选择的最佳技术投入量：

$$x_G = \frac{4(a-c)}{9\omega - 8} \text{①} \tag{6.31}$$

类似的，在跨国并购方式下，加入技术转移成本支出，跨国银行所能获得的利润为：

$$\pi_M^f - C_x(x) = \beta\left(\frac{a-c+x}{2}\right)^2 - \frac{\omega x^2}{2} \tag{6.32}$$

同理，根据利润最大化条件对式（6.32）求一阶偏导数$\dfrac{\partial(\pi_M^f - C_x)}{\partial x}$并令其等于0，得出跨国并购方式下跨国银行最佳技术投入量：

$$x_M = \frac{\beta(a-c)}{2\omega - \beta} \text{②} \tag{6.33}$$

新兴市场国家在进行选择时，以福利最大化为前提，期望跨国银行的进入能给国内银行业带来较多的技术转移，即跨国银行对国内银行业的技术投入较多。根据前述推导，分别得到了跨国银行通过新建方式进入东道国市场的最佳技术投入量：$x_G = \dfrac{4(a-c)}{9\omega - 8}$，和跨国银行通过并购方式进入东道国市场的最佳技术投入量：$x_M = \dfrac{\beta(a-c)}{2\omega - \beta}$。二者进行对比，求解$x_M \geqslant x_G$得$\beta \geqslant \dfrac{8\omega}{9\omega - 4}$。

由此可以得出：只有当跨国银行通过并购进入东道国市场后的持股比例大于$\dfrac{8\omega}{9\omega - 4}$时，跨国并购方式进入所带来的技术投入才会大于绿地投资

---

① $\dfrac{\partial(\pi_G^f - C_x)}{\partial x} = \left[\left(\dfrac{a-c+2x}{3}\right)^2 - \dfrac{\omega x^2}{2}\right]' = 0;$

$\dfrac{1}{9}[4(a-c+2x)] - \omega x = \left(\dfrac{8}{9} - \omega\right)x + \dfrac{4}{9}(a-c) = 0;$

$(9\omega - 8)x = 4(a-c); \quad x = \dfrac{4(a-c)}{9\omega - 8}。$

② $\dfrac{\partial(\pi_M^f - C_x)}{\partial x} = \left[\beta\left(\dfrac{a-c-x}{2}\right)^2 - \dfrac{\omega x^2}{2}\right]' = 0;$

$\dfrac{\beta}{2}(a-c) + \left(\dfrac{\beta}{2} - \omega\right)x = 0;$

$(2\omega - \beta)x = \beta(a-c); \quad x = \dfrac{\beta(a-c)}{2\omega - \beta}。$

方式。同时，对跨国并购方式的技术投入函数 x_M 求导，可得：$\dfrac{\partial x_M}{\partial \beta} > 0$，即跨国银行持股份额越高，跨国银行投入的技术成本就越多。

通过上述分析可见，对新兴市场国家而言，跨国银行采取新建方式和并购方式进入东道国市场会选择不同的技术投入量。其中采取新建方式的技术投入量为 $x_G = \dfrac{4(a-c)}{9\omega - 8}$，而采取并购方式的技术投入量为 $x_M = \dfrac{\beta(a-c)}{2\omega - \beta}$，且采用并购方式进入市场时，跨国银行对并购银行的技术投入会随着持有股份的增加而增加，当持股比例大于 $\dfrac{8\delta}{9\delta - 4}$ 时，通过跨国并购方式进入后投入的技术转移成本会大于绿地投资方式下的技术转移成本。因此新兴市场国家如果希望境外资本带来较多的技术溢出，就必须合理设定东道国国内关于外资持股份额的限制，出让本国一定的股权，使 θ 值大于 $\dfrac{8\delta}{9\delta - 4}$，以此为条件换取跨国银行的更多的技术转移，提升东道国银行业的生产者剩余水平。

6.4.2　FDI 进入方式对东道国产品市场价格的影响

与普通工商企业类似，银行业竞争程度的增加也会对金融产品的市场价格带来积极影响，从而产生较高的消费者剩余。下面将从产品市场价格高低的角度研究两种 FDI 进入方式对东道国福利的影响。

定义在绿地投资方式下，产品的市场价格为 P_G；而在并购进入方式下，产品的市场价格为 P_M。根据式（6.7），产品市场价格取决于常数 a 减去市场总产量后的差额。将式（6.12）和式（6.13）分别代入式（6.7）得到两种进入方式下产品的市场价格：

$$p_G = \frac{a + 2c - x_G}{3} \tag{6.34}$$

$$p_M = \frac{a + c - x_M}{2} \tag{6.35}$$

对两种 FDI 方式下产品市场价格的比较：

$$p_M - p_G = \frac{a + c - x_M}{2} - \frac{a - 2c - x_G}{3} = \frac{(3\omega - 6\omega + 4)(a - c)}{(2\omega - 1)(9\omega - 8)} > 0$$

比较结果表明，一般而言跨国并购方式下的产品市场价格高于绿地投资方式下的产品市场价格，从市场竞争角度也可以对这一比较结果进行合理解释：相较于跨国并购，绿地投资增加了东道国银行业市场的竞争激烈程度，由此引起产品市场价格的下降。因此，从产品市场价格的角度分析，绿地投资方式会带来更大的消费者剩余，进而提高社会总福利水平。

6.4.3 社会福利考量下的东道国决策

综合技术溢出和产品市场价格两个方面对东道国福利状况进行考虑，绿地投资方式会给产品市场带来较大的积极影响，从降低产品价格，增加消费者剩余角度为东道国带来更高福利水平；而跨国银行的技术投入又与跨国并购中的股权份额呈正相关关系，跨国银行持有较高股权份额的跨国并购行为会产生较大的技术溢出，对减少生产成本具有积极意义，从增加生产者剩余角度为东道国银行业市场带来福利。因此，跨国银行采取绿地投资或跨国并购方式对东道国福利的影响取决于两种进入方式下福利变化的净值大小。新兴市场国家应结合本国的实际情况，考察两种进入方式导致的福利变化净值大小，并结合政策目标制定适当的政策引导外国资本以对东道国有利的方式进入东道国银行业市场。

6.5 小   结

以上从跨国银行单方利润最大、东道国单方福利最优和进入方式选择的多方博弈三个角度研究了不同条件下各个主体的策略选择。近年来，博弈论在 FDI 研究中的应用已经非常广泛，前面博弈分析是基于非合作博弈的基本模型，但各方在无契约条件下依据自身利益所作出的策略选择可能导致典型的"囚徒困境"问题，即博弈双方在非合作的条件下进行的个体利润最大化决策实际上既没有实现博弈双方总体利益的最优化，也没有真正实现个体利益的最大化，相对而言，合作博弈（Cooperative Game）的理论方法应该可以更好地解决这一问题。第 13 章在对银行业的国际监管竞争和监管合作的博弈分析中，就采用了合作博弈方法。

第 *7* 章

外资股权与东道国银行
绩效的实证分析

　　近年来中国对银行业逐步进行开放，吸引了大量境外资金进入到中资商业银行。2003 年 12 月中国银监会颁发的《境外金融机构投资入股中资金融机构管理办法》（以下简称《办法》），允许境外机构股东入股中资金融机构，并进一步放宽了外资持股比例上限，外资股东单独持股和多个外资股东共同持股的比例上限分别提高了 5%，单个外资股东从 15% 提高到了 20%，多个外资股东从 20% 放宽到了 25%。同时修改了以 25% 的外资持股比例为标准划分中资和外资金融机构的办法，即使在中资金融机构中外资持有的股权超过了 25%，依然按照之前对待中资金融机构的办法对待。《办法》还取消了对于上市金融机构和非上市金融机构采取不同的办法进行管理的政策，改为使用统一的管理办法。中国对外资入股商业银行的政策逐步进行放松，为中国的商业银行引入境外资金减少了政策上的障碍，进一步加快了中国银行业对外开放的步伐，为中国的金融业带来新的活力。截止到 2014 年初，中国已经有 34 家商业银行引入了外资股权。[1]2017 年 11 月，中国财政部宣布中国将实施内外一致的银行业股权投资比例规定。

　　外资股权进入中国的商业银行之后，带来了境外商业银行经营管理中先进的经验和理念，对中国商业银行的经营绩效产生了很大的影响，并促进了中国商业银行尤其是国有大型商业银行的改制和上市。但是，也存在一些境外战略投资者在中国商业银行的股权度过锁定期之后进行抛售而从中获利的现象，这提高了中国商业银行所面临的经营风险，针对这种状

---

　　① 中国商业银行引入境外战略投资者的部分数据请见书后附录 C，由锐思金融数据库（RESSET）提供。

况，很多学者提出了中国商业银行对境外投资者的"贱卖论"，对外资股权在中国商业银行中的作用产生质疑。2008 年经济危机期间，境外投资者出现了对在中国商业银行中持有的股权进行抛售的热潮，这更加深了人们对商业银行外资股权的担心忧虑。

针对这种争论，下面将选取包括中国在内的几个有代表性的新兴市场国家为研究对象，考察商业银行外资股权比例与其效率的关系，求解外资入股本国银行业的合适比例。

7.1 既有研究中存在的争议

商业银行引入外资股权会直接对其公司治理产生影响，而公司治理是否完善对于商业银行效率的提高有重要的影响。现有的公司治理理论比如两权分离理论、委托代理理论和利益相关者理论等均可从不同的视角在不同程度上解释股权结构对公司治理和公司经营效率的影响机制。其中，两权分离理论认为，在现代企业制度下，通过所有者对管理者进行激励和监督，可以避免在企业的日常管理中发生的利己行为，促使管理者为企业创造出更好的效益；但是委托代理理论指出，正是由于两权分离制度的应用和信息不对称的存在，使得在企业的内部出现了所有者和管理者之间的委托代理关系，如果委托人不能对代理人进行有效的监督和激励，就会损害委托人的利益，因此必须通过完善公司治理，制定激励相容的制度，对代理人进行激励和监督，才会减轻可能的损失，并且提高公司的经营效率；利益相关者理论认为，所有的利益相关者的利益都是平等的，不应该单纯为了追求股东利益的最大化而忽略了其他利益相关者的利益，因此管理者不仅要考虑股东，还应对所有的利益相关者负责。

既有的实证和经验研究从一般公司的股权结构与经营绩效的相关性，到研究作为特殊企业的商业银行股权结构与经营绩效的关系，以及在此基础上进一步探讨了商业银行外资股权与经营绩效之间的关系，但是在很多方面未能达成共识。

7.1.1 公司股权结构与经营绩效的关系

公司利益的分配主要指的是公司剩余控制权和剩余利润的分配，而公司的股权结构则是这两者形成的基础。由于股权结构的不同，股东和公司的利益也存在着差异，这就在一定程度上影响着公司治理，进而对公司的经营绩效产生影响。下面关注公司股权结构中的股权集中度对公司经营绩效的影响，目前有以下几种主要观点：

1. 股权集中度与经营绩效呈线性关系

（1）股权集中度与经营绩效正相关。詹森和麦克林（Jensen and Meckling，1976）支持内部股东持股，内部股东即是公司的管理者，拥有公司的控制权，增加内部股东的持股比例，可以促使管理者和公司所有者激励相容，以保证管理的有效性，降低代理成本，进而提高公司的经营绩效。[1] 施莱弗和维什尼（Shleifer and Vishny，1997）认为股权结构较为集中的公司有更好的经营绩效，在股权集中的公司中控股股东掌握公司大部分股权，其利益能与公司的利益高度一致，能对公司的管理层进行有效监督，解决了外部股东的信息劣势和小股东的"搭便车"问题，使公司拥有更好的绩效能力。[2] 斯蒂恩和托本（Steen and Torben，2000）也认为公司的股权集中度和公司的经营绩效之间存在着正相关的关系。许小年（1997）对国内的上海、深圳两个城市的300多家上市公司1993~1995年的数据进行了分析，得出了相似的结论，同时他还发现，法人股的比例与公司的经营绩效也存在着正相关的关系。[3]

（2）股权集中度与经营绩效负相关。鉴于股权过度集中容易造成公司内部的"一股独大"的局面，对公司形成控制，尤其是国有控股方出于绩效考核的目的，可能会利用终极股权结构对其他股东利益进行侵占，具有"掠夺之手"效应（徐伟，2016），因此很多学者认为较为分散的股权结构有利于公司经营绩效的提高。拉·波塔（La Porta，1999）认为如果公司内部存在绝对控股股东，它们常常会在与其他小股东的利益存在不一致的情况下，出于自己的利益作出决策，从而牺牲小股东的利益。[4] 莫顿·班纳森和丹尼尔·沃尔芬森（Morten Bennedsen and Daniel Wolfenzon，2000）

---

① Jensen and Meckling, 1976, "Theory of the Firm: Managerial Behaviour, Agency Costs and Ownership Structure", *Journal of Financial Economics*, (3): 83 – 105.

② Shleifer and Vishny. 1994, "A Survey of Corporate Governance" *Journal of Finance*, (52): 737 – 783.

③ 许小年，王燕. 中国上市公司的所有制结构与公司治理 [M]. 北京：中国人民大学出版社，2000. 201 – 205.

④ La Porta et al. 1999, "Corporte Ownership around the World", *Journal of Finance*, (54): 471 – 517.

的研究也证明了在"一股独大"的公司中侵占小股东利益现象的普遍性，而在股权相对分散的公司中，由于公司的控制权分散给了多个相对控股股东，从而避免了大股东损害小股东的问题，相对控股股东之间相互制衡、相互监督，也有利于公司作出合理的决策，促进公司经营绩效的提升。

2. 股权集中度与经营绩效呈非线性关系

默克、施莱弗和维什尼（Randall Morck，Andrei Shleifer and Robert W. Vishny，1988）研究了内部持股对公司经营绩效的关系，他们采用 371 家世界 500 强公司的数据，研究表明公司的托宾 Q 值随着股权集中度的增加呈现"N"型分布，其中拐点分别出现在 5% 和 25%。麦康诺和塞佛瑞斯（McConnell and Sevraes，1990）则认为，托宾 Q 值与内部持股比例之间呈现倒"U"型的关系，其中当内部持股比例在 40%~50% 时，托宾 Q 值达到最大。[1] 孙永祥和黄祖耀（1999）采用 503 家上海、深圳两地的上市公司 1998 年的数据进行分析，他们采用托宾 Q 值和净资产收益率作为代表公司经营绩效的变量，发现了公司第一大股东持股比例对公司经营绩效之间的倒"U"型关系，极值出现在 50%。[2] 吴淑琨（2002）对中国上市公司的研究也表明，国家股和法人股的比例与公司的经营绩效之间也呈现倒"U"型的关系。

3. 股权集中度与经营绩效之间相关性不明显

也有学者并不认为公司的股权集中度与公司的经营绩效之间存在必然的关系。哈罗德·德姆塞茨（Harold Demsetz，1985）研究了美国 511 家大型公司的股权集中度与净资产收益率之间的关系，并没有发现证据表明两者之间存在显著的关系。霍尔德内斯和希恩（Holderness and Sheehan，1988）对集中型和分散型两种类型的公司中股权结构对经营绩效影响的差别进行研究，研究发现其中的差别并不明显，这也说明了公司的股权结构与经营绩效之间并没有明显联系。张宗益和宋增基（2003）也认为公司的股权结构、内部持股比例与其经营绩效之间并没有很大相关性。

---

① McConnell J. and H. Servaes，1990，"Equity Ownership and the Two Faces of Debt"，*Journal of Financial Economics*，(39)：131–157.

② 孙永祥，黄祖耀. 上市公司的股权结构与绩效 [J]. 经济研究，1999 (12)：32–36.

7.1.2　商业银行股权结构与经营绩效的关系

商业银行作为一种特殊的企业，关于其股权结构与经营绩效之间的关系，很多学者都是将其看做一般企业进行研究的。这些研究主要关注于商业银行的股权集中度、国有持股比例以及外资股权比例对经营绩效的影响。

多数研究认为，国有股权不利于商业银行经营绩效的提高，相对于国有银行而言，股权较为分散的商业银行拥有更高的经营绩效。尼克斯（Nicols，1967）认为，股权较为分散的商业银行可以得到股东较为有效的监督，从而拥有更高的经营绩效。莫哈德和卢卡恩（Mohammde and Luccan，2008）的研究证明了股权较为分散的股份制商业银行在经营绩效方面普遍比国有商业银行要高。李维安和曹廷求（2004）对山东省和河南省的商业银行进行研究也表明，商业银行中的国有股权比例与其经营绩效呈现负相关的关系。[①]

还有一种看法认为商业银行的股权结构与其经营绩效无关。比较有代表性的学者是郎咸平（2004），他使用商业银行的股本回报率等指标来衡量商业银行的经营绩效，以研究其是否会受到股权结构的影响，结果表明国有股权比例和外资持股比例对其经营绩效都没有影响，他在对发达国家和发展中国家的研究中得出了相同的结论。

7.1.3　关于商业银行外资股权与经营绩效关系的争论

对于商业银行外资股权与经营绩效的关系，在学术界尚未形成非常一致的观点，围绕该问题的争论很多，目前主要有以下四种研究结论：

1. 商业银行外资股权对经营绩效有积极的影响

在过去的十几年里，一些新兴市场国家对金融部门进行了自由化改革，金融部门尤其是商业银行对境外竞争者开放，引入外资股权。很多观点认为，外资股权可能促进东道国的商业银行经营绩效的改善，这种积极的影响基于以下几方面的原因：

第一，外资股权进入新兴市场国家银行系统，有利于降低成本，引进

---

① 李维安，曹廷求. 股权结构、治理机制与城市银行绩效 [J]. 经济研究，2004（12）：4 – 15.

并应用先进的技术、银行产品、管理经验和公司治理结构。除此之外，外资进入也会通过输入高级人才来提高东道国银行系统的人力资本质量，并对国内的员工产生知识溢出效应。

第二，商业银行引入外资股权会减少"非商业性"贷款和"关联性"贷款的比重，因为外资股东与国内的股东不同，很少与当地的政治有关联，也很少会得到政治上的庇护。

第三，将银行系统向境外投资者开放，会促使国内银行向外资银行学习，鼓励其到海外发展。例如，乔格尔（Tschoegl，2001）对新加坡银行系统的研究表明，自1997年以来，新加坡的银行系统更加开放，其国内银行在巩固当地运营的同时，积极扩展在海外的业务，并积极参与海外的兼并和收购。目前，新加坡银行已经获得了印度、中国香港、泰国、菲律宾和印度尼西亚等地区银行的大量股权。

第四，一个拥有多元化资本基础的银行系统会更加的稳定，且更不容易受到国际金融危机的影响，为银行运营发展提供一个良好的外部环境。耐吉施和恩奴古奇（Negishi and Inoguchi，2006）的调查表明，外资银行的不良贷款率比国内其他银行要低。另外，在金融危机时期，外资银行的国内分支机构可以从它们的母行得到资金。也就是说，需要确保境外投资者不是来自单一的国家，因为那反而会降低金融系统的稳定性。

在实证方面，现有的研究使用了不同的方法对商业银行的绩效进行测量，得出了相似的结论。这方面最有代表性的是克莱森斯等（2001）对1988～1995年80个国家和地区进行的研究，他们发现外资股权的引入提高了东道国银行的非利息收入，进而提高了银行的营利性，降低了管理费用，这说明东道国银行业的经营效率随着外资股权的引入得到了改善。博宁、哈桑和保罗（Bonin，Hasan and Paul，2005）对1996～2000年11个新兴市场国家225家商业银行进行了研究，并使用资产回报率来对商业银行的绩效进行测量。他们的研究表明，外资银行比其他银行拥有更好的绩效，并且会提供更好的服务，特别是当银行拥有战略外资时。另外他们发现，私有化本身并不足以提高商业银行的绩效，因为国有银行的绩效并没有明显低于国内私有银行。利安托等（Yohanes E. Riyanto et al.，2014）对1997年亚洲金融危机后印度尼西亚银行股权类型与效率的研究发现，危机后六种所有权类型银行的效率都有不同程度的提高，其中合资银行和外资银行效率提高最大，而大型私有银行、小型私有银行、地区政府银行、国有银行的效率提高均有所不及。① 霍达·阿罗里（Houda Arouri，2014）则使用托宾 Q 值和市值对海湾地区的 58 家银行的绩效进行了测量，并研究了它们与股权结构尤其是外资股权的关系，结果发现，外资股权、家族股权和机构股权都对商业银行的绩效有着显著的正面影响。②

另外，在对商业银行绩效的测量方面，前沿分析方法得到了广泛使用。格里戈里扬等学者（Grigorian et al.，2002）以俄罗斯等 17 个新兴市场国家银行业 1995 年以来三年的数据为样本，运用数据包络分析法（DEA）测量了这些银行的效率，发现在商业银行中有控制力的外资股权对于银行绩效的提高有着积极的影响，而他们将有控制力的临界值定义在了 30%。③ 尹继红（2006）基于 DEA 方法探讨了中国城市商业银行引入外资股权后经营绩效的变化，发现引入外资股权提高了城市商业银行的经营绩效。张弛（2007）选取光大银行等 6 家股份制银行作为研究对象，运用 DEA 方法分析了 6 家银行引入外资股权前后的经营绩效，研究发现引进外资股权后的银行经营绩效高于引入前。还有很多日本学者（2014）以 DEA 方法测量了日本区域性银行的效率，以及肯特·马修斯（Kent Matthews，2013）、毕功兵等（2015）等均以 DEA 模型分别测量了中国商业银行的效率，所得结果均与现实情况吻合度较好。可见，迄今为止，DEA 方法依然不失为测量商业银行效率的有效方法之一。

2. 商业银行外资股权对经营绩效有消极的影响

很多研究并不认为外资持股会提高东道国银行绩效。比如，克拉克（Clarke，2005）的研究表明，在短期内，拥有外资股权的银行经营绩效低于那些没有外资股权的银行绩效，引入外资股权对商业银行经营绩效提升作用甚微。哈伯斯（Habers，2005）研究了墨西哥银行的外资股权比例和信贷增长率之间的相关关系，发现两者呈负相关，因此认为墨西哥银行境外战略投资者对信贷的改善并不成功。Uiboupin（2005）对 10 个中东欧

① 参见 Rasyad A. Parinduri，Yohanes E. Riyanto，2014，"Bank ownership and Efficiency in the Aftermath of Financial Crises: Evidence from Indonesia"，*Review of Development Economics*，18（1），93 – 106. 在此之前，Bhattacharya et al.（1997）、Bonin et al.（2005）分别对印度外资银行、中东欧新兴市场国家等的研究也得出相似的结论。Berger et al.（2009）对中国银行业的研究亦认为外资持股提高了银行的成本效率。

② Houda Arouri. 2014，"Effect of Board and Ownership Structure on Corporate Performance: Evidence from GCC Countries"，*Journal of Accounting in Emerging Economies*，4（1），117 – 130.

③ 也就是说，外资持股达到 30% 左右的水平时，才会对东道国银行效率产生积极影响。参见 Grigorian D.，Manole V.. Determinants of Commercial Bank Performance in Transition: An Application of Data Envelopment Analysis. *World Bank Policy Research Working Paper*，2002，6，2850.

国家 219 家银行进行了研究，发现这些银行的利息收入、非利息收入、利润均与外资持股比例呈负相关关系，而且外资持股促使本土银行短期总成本上升，加剧了银行业竞争。之后，罗伯特·伦辛克和奥克·纳伯格（Robert Lensink and Ilko Naaborg，2007）又对 105 个国家的商业银行样本进行了随机前沿分析，结果也发现外资股权对商业银行的绩效有着负面的影响，但在一些监管较好的国家，这种负面影响并不显著。卢嘉圆和孔爱国（2009）使用 2002～2007 年在 A 股上市的商业银行的面板数据，研究了中资银行引入外资股权是否能够提升经营绩效，结果并没有发现显著的提升，反而在现行持股比例的制约条件下，外资持股比例越高，入股的商业银行绩效越差。伦辛克、米斯特斯和纳伯格（Lensink，A. Meesters and I. Naaborg，2008）采用随即前沿分析法，利用 1998～2003 年来自 105 个国家的 2095 个样本检验了外资持股和银行效率的关系，发现二者负相关。但是治理水平高的国家，这种副作用较小，负相关的程度取决于机构质量以及母国和东道国机构质量的差异情况：机构质量越高，母国和东道国机构质量越相近，就越能减少银行非效率状况。[1]

3. 商业银行外资股权与经营绩效之间呈非线性关系

还有一些学者认为，商业银行外资股权与经营绩效之间并非简单的线性关系，而是呈非线性关系。比如，赫尔墨斯和伦辛克（Hermes and Lensink，2003）收集 48 个国家 990 家银行 1990～1996 年的数据，研究发现外资股权与东道国银行的利差和管理成本之间并非线性关系，而是呈倒"U"型的非线性。另外，他们还发现外资股权对银行经济绩效的影响，在发展中国家要比在发达国家显著。吴立玉（2008）以 1992～2007 年中国 14 家上市银行的数据为样本，着重分析了引入外资股权对银行业盈利水平的影响，发现引入外资股权之后，随着外资股权比例的提高，银行业的盈利水平呈先下降后上升的"U"型，据此认为中国银行业的外资股权比例上限应再提高 5%。[2]

---

① R. Lensink，A. Meesters，I. Naaborg，2008，"Bank Efficiency and Foreign Ownership：Do Good Institutions Matter?"，*Journal of Banking and Finance*，32（5）：834 – 844.

② 如果我国银行业的外资股权比例上限再提高 5%，那也要达到单个股东不超过 25%、总不超过 30% 的水平了。参见吴玉立. 境外投资者对中国银行业影响的实证分析［J］. 经济评论，2009（1）：93 – 114。

4. 商业银行外资股权与经营绩效之间并没有显著的相关性

朗和雷蒙德（Lang and Raymond，2002）以单位资产市值、净边际利润率、资产回报率和股本回报率作为商业银行绩效指标，研究了78个国家中958家上市银行的经营绩效与股权结构之间的关系，结果发现两者之间并无相关性，引入外资股权并不能改善商业银行的绩效。由此他们认为，单依靠外资股权并不能解决中国商业银行中存在的问题，更应该依靠整体经济环境的改善。吴秀玲（2007）对中国银行业进行的研究也得出了相似的结论。沈中华（2009）也认为，从银行的微观层面来讲，外资股权的渗透既没有影响商业银行的盈利能力也没有影响它们的成本。劳伦斯森和秦（Laurenceson and Qin，2008）研究了2001~2006年中国商业银行中普遍存在的少数外资股权的形式对银行成本效率的影响，结果发现虽然两者之间存在正面影响，但并不显著。史卫和梁少群（2010）研究了中国银行、中国工商银行和中国建设银行3家大型国有商业银行，发现引入外资虽改善了资本充足率，但是在不良贷款方面并没有改善，因此并没有对银行的绩效产生积极的影响。劳拉·阿尔法罗等（Laura Alfaro et al.，2012）对外资股权在危机期间和非危机期间的作用进行了比较，结果表明，与危机期间不同，在非危机期间外资股权对商业银行的影响并不明显。[①]

由上可见，目前国内外学者在进行商业银行外资股权与经营绩效关系的研究时，使用的方法主要有回归分析法、数据包络分析法、随机前沿分析法（SFA）等，选取的变量一般是商业银行的外资持股比例、被入股商业银行层面的变量以及东道国的宏观经济层面的变量。但由于研究目的和所选取的研究范围的限制，目前的研究对于中国商业银行外资股权方面的策略借鉴意义并不大。

现有的文献结论多倾向于支持商业银行外资股权的积极影响，比如提高管理水平，降低运营成本，提高盈利能力，从而改善商业银行的经营绩效；同时也存在相反的观点，认为商业银行引入外资股权会降低其经营绩效，这种观点大多集中于对中国、中东欧等新兴市场国家的研究，他们认为新兴市场国家想要改善本国商业银行的经营绩效，并不能仅仅依靠开放本国的金融市场，在商业银行中引入外资股权，这样的效果或许并不明

---

① Laura Alfaro and Xiaoyang Chen.，2012，"Surviving the Global Financial Crisis: Foreign Ownership and Establishment Performance"，*American Economic Journal: Economic Policy*，4（3）：30 – 55.

显，而是要在开放的同时更多地依靠本国整体金融环境的改善。

7.2 商业银行外资股权对经营绩效影响的传递渠道

企业的股权结构可以通过改变公司治理状况来作用于其经营绩效。企业的股权结构是指在企业的所有股权中，各种类型的股东所占的比重以及它们之间形成的相互关系；公司治理就是对公司的各种权利加以协调的机制，以达到剩余索取权和控制权的最优配置；公司的经营绩效是指在一定的时间段内，公司通过经营所达到的效益。三者之间相互影响，其中，股权结构影响公司治理，公司治理又影响经营绩效。经营绩效体现了一个公司生产经营效果的好坏，它又是通过公司治理实现的，而公司股权的结构又对公司治理结构产生直接影响。同时，一个公司的股权结构和公司治理结构是否合理很大程度上由在其基础上产生的经营绩效来反映。如果一个公司的经营绩效较差，那么就很有可能是公司的股权结构或者是公司治理结构不合理，需要通过调整股权结构来影响公司治理结构，进而达到更高的经营绩效。

公司的股权结构、公司治理和经营绩效的关系也在商业银行中有所体现，其中外资股权作为商业银行股权结构的一个特殊部分，具有一些独有的特点。首先，境外投资机构拥有丰富的管理经验，先进的产品和业务能力，这都会促进商业银行公司治理的完善；其次，境外投资机构具有较为先进的信息获取能力，能够对商业银行的管理层进行更为有效的监督，同时外资股东也具有强烈的监督动机；最后，对一个国家来说，如果外资股权的比例过大，就会控制本国的金融系统，从而对国家的金融安全产生影响，因此国家对外资股权比例一般是比较敏感的，然而如果外资股权比例过小，就会影响境外投资者的积极性，不利于本国金融业的发展。由此，是否应该对外资股权比例进行控制，以及如何控制等问题，在学术界一直存在较大的分歧。

如图 7-1 所示，商业银行外资股权对经营绩效的影响分为两个阶段，第一个阶段是外资股权影响商业银行的公司治理，这种影响是通过内部治理机制和外部治理机制两个渠道完成的；第二个阶段是受到外资股权影响的公司治理对经营绩效产生影响。两个阶段紧密相连、密不可分。

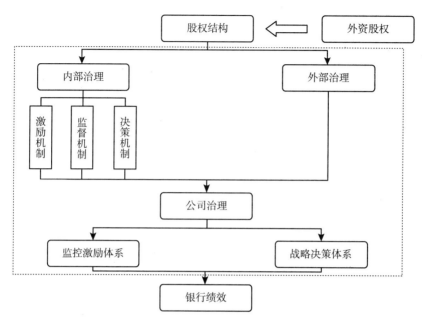

图 7 - 1　商业银行外资股权对经营绩效影响的传递渠道

7.2.1　外资股权对商业银行内部治理的影响

所谓内部治理就是协调企业内部各大利益团体之间相互关系的制度安排，这些利益团体包括所有者、管理者以及职工。剩余收益和权力的分配是内部治理的关键，决定着内部治理是否有效，而这种分配制度在股份制企业就在于持股比例的多少，即股权结构。股权结构就是依靠对权力的分配在对公司管理层在激励、监督和决策机制上施加影响。

在完全市场假设下，即有大量卖者买者、信息完全、交易成本为零、完全理性的状态下，股权结构是没有作用的。[①] 这是由于在完全市场中，市场可以完全反映公司的价值、效率等全部状况，并且信息的获取是免费的，股东就可以通过市场的信息来对自己的投资行为进行决策，从而避免由于信息不对称带来的风险。另外，信息和资本的自由流动，会使资源得到最有效的配置，从而达到社会效益的最大化。由此可知，市场越是有效，资源的配置就越是倾向于外部治理，公司的内部治理就越是无足轻

---

① 该观点详见于东智 . 股权结构、治理效率与公司绩效 [J]. 中国工业经济，2001（5）：55 - 57.

重。然而，完全市场仅仅是一种假设，不可能实现，现实中信息是不完全的、交易是有成本的、人们并不是完全理性的，公司就不能够完全通过外部治理来达到最优的状态，此时内部治理就是必要的，而公司的股权结构对内部治理具有至关重要的作用。公司的股权结构反映了一个公司中不同的股东类型所持股份的大小及比例关系，这种关系就决定了不同类型的股东在参与内部治理时的权力大小，从而对内部治理产生不同的影响。在这个过程中，外资股权作为股权结构的一部分，也发挥着举足轻重的作用。下面从商业银行内部治理当中的激励、监督、决策三个主要的机制来说明商业银行外资股权的影响。

1. 外资股权通过激励机制影响银行内部治理

在公司治理中，激励机制的目的是为了减少所有者和管理者利益效用的差距，使它们趋向一致，从而减少委托代理的成本。在股权高度集中的银行中，银行的所有者也是管理者，所以银行所有者和管理者的利益是高度一致的，激励机制的作用并不是很明显；在股权适度分散的银行中，大股东只有相对控制权，都能够对银行的管理决策产生影响，它们之间相互制衡、相互监督，比较有利于形成有效的激励机制；而在股权高度分散的银行中，股东数量众多且所持比重都比较小，不能对银行的管理决策产生较大的影响，因此不利于对管理者形成有效的激励。

外资股权大部分是来自境外的机构投资者，它们一般都拥有雄厚的资本实力，持有的股权也相对较多，能够对商业银行的管理决策产生较大的影响，同时由于其退出成本较大，因此有更大的动机参与银行的日常治理，给予管理层有效的激励，以能够使自己的利益最大化。但研究发现，虽然较大的外资股权比例能够对公司治理产生积极的影响，但是由于金融业的特殊性，开放较大的外资股权比例限制并不是完善公司治理的最佳途径。

2. 外资股权通过监督机制影响银行内部治理

在商业银行的治理结构中，管理者的根本任务是为银行和股东谋取最大利益，但是有时管理者会为了追求自身的利益从而违背银行和股东的利益，使银行和股东蒙受损失，因此对管理者的监督是必要的。但是因为信息存在不对称，所有者并不能完全掌握和控制管理者的行为，股权结构不同，由此形成的监督机制也不同，进而对管理者监督的有效性也会有所差异。当股权高度集中时，绝对控股股东的利益与银行的利益高度一致，享有银行的大部分剩余收益，因此有很大的动机对银行的管理者进行监督以达到自身的最大利益。同时，绝对控股股东拥有能力对管理者进行强有力的监督，能够直接任命和罢免银行的管理人员。但也正是因为其权力过大，而其他的小股东持股比例较小，并不能对其产生有效的制约和监督，绝对控股股东所作出的决策在追求自身利益的同时也有可能损害其他小股东的利益，造成"内部人控制"的问题，不利于银行的内部治理；在股权适度分散的银行中，拥有相对控股地位的股东为了维护自身的利益既有动机又有能力对银行管理者进行监督，而不会造成小股东的"搭便车"问题，而且由于它们之间相互制衡监督，也会避免造成绝对控股股东的"内部人控制"问题；在股权高度分散的银行中，由于小股东众多，利益分散，容易产生"搭便车"的问题，很难采取一致的行动，不能对管理者进行有效的监督。[1] 在商业银行的股权结构中，外资股东与其他股东相比，可以利用更加先进的信息获取技术获得更多的信息，从而对银行的管理者进行更加有效的监督，降低监管的成本，对银行监管机制的完善有着积极的作用。

3. 外资股权通过决策机制影响银行内部治理

战略决策的正确与否不仅直接影响商业银行绩效的好坏，还关乎整个银行的生存和发展，在整个内部治理体系中至关重要。如果股权高度集中，大部分决策权实际上掌握在绝对控股股东手中，银行的决策机制趋向于绝对控股股东的个人决策，出于个人利益，个人决策难免会带有主观色彩，结果可能会给银行和其他小股东的利益带来损失，造成较大的经营风险；在股权适度分散的银行中，大股东仅仅拥有相对的控股权利，并不能对整个银行进行控制，决策权分散到了多个股东手中，各个股东相互制衡，在决策过程中分析权衡，最终达到兼顾各方利益的相对一致的结果，更加有利于提高决策的正确性；股权高度分散的银行情况与股权高度集中的银行相似，只不过作出个人决策的并不是绝对控股股东，而是公司的管理者，这是因为股权的高度分散也造成了决策权力的高度分散，股东共同决策的成本巨大，而且股东也很难达成一致的意见，加之对管理者缺乏有效的监督，这就会造成管理者对银行的实际控制，其决策就可能会与股东

---

[1]　史建平. 外资入股中资银行：问题与对策 [J]. 中国金融，2005（6）：36–37.

的利益相偏离。商业银行的外资股权大都来自拥有丰富管理经验的境外金融机构，它们在入股当地商业银行的同时一般也会派出专业的管理人才参与商业银行的管理决策，从而将先进的管理经验和管理模式带入当地的商业银行，提高决策的有效性。但是由于部分入股的商业银行与投资机构之间在业务上可能存在关联，这些外资股东在作出决策的时候，可能会为了达到投资机构的利益，而作出对入股银行不利的决策。

7.2.2 外资股权对商业银行外部治理的影响

当银行的所有者对管理者不满时，可以通过资本市场增加持有的股权比例或者代理投票权，对商业银行进行控制，从而对银行的管理决策产生更大的影响，达到更换管理者的目的。这就给银行的管理者带来了外部的压力，从外部对银行的治理施加影响。在这方面，上市银行由于面向更加活跃的资本市场，外部治理的作用要比非上市银行更加明显。另外，外部治理是否有效也受到资本市场的发展程度、政策环境、股权结构等因素的制约。

在股权高度集中的情况下，商业银行存在绝对控股股东。想要通过增加持股比例从而对获取银行的控制权，必然要从绝对控股股东手中获取大量股权，从而对绝对控股股东对银行的控制权产生挑战，影响其利益，这在绝对控股股东不配合的情况下是非常困难的；在股权相对分散的银行中，如果计划接管银行的股东是原已相对控股的股东之一，已经拥有了相对控股的股权份额，而且对银行的经营管理比较熟悉，容易得到其他相对控股股东以及小股东的支持，有利于成功对银行进行控制，从而达到外部治理的目的。但是如果计划接管银行的股东并不是原相对控股股东之一，由于股权较为分散，会大大增加接管的成本，而且也容易受到原相对控股股东的抵触，降低成功接管的机会；在股权高度分散的银行中，拥有少数股权的小股东大部分都是资本市场的投机者，很容易获得他们的股份，因此对于计划接管银行的股东来说比较容易收集足够的股份来对银行进行控制。同时，在股权高度集中和高度分散两种银行中，银行的经营决策权事实上是由绝对控股股东或者管理者实际控制的，作为小股东，其投票权并没有有效的影响。当银行的实际控制者的决策损害了他们的利益时，他们只能使用"用脚投票"的方式，放弃对银行股权的持有，这实际上是给予了计划接管银行的股东更大的成功机会。

对于外资在商业银行的持股比例，由于金融行业的特殊性，各国都比较敏感，对此都有着严格的比例限制和准入壁垒，因此相对于其他类型的股东，想要达到能够对公司施加较大影响的持股比例难度较大，要受到各国的金融市场状况和政策环境的影响。在以英、美为主的股权高度分散的金融体系中，外资股东容易获取股权，而在以德、日为代表的股权高度集中的金融体系中，难度就比较大。各国对外资持股比例的限制不同，也影响了外资股东对本国商业银行进行控制的难易程度。

综上所述，商业银行引入外资股权之后，外资股东由于拥有先进的管理技术和管理经验以及强烈的参与管理的动机，能够通过激励机制、监督机制和决策机制对商业银行的内部治理进行有效的影响。如果对内部治理的影响还不足以达到预期的效果，还可以通过外部的资本市场实现对商业银行的实际控制，直接参与银行的管理决策，实现对商业银行的外部治理。

7.2.3　商业银行内外部治理对经营绩效的影响

商业银行的经营绩效是在市场机制下，充分合理利用自身的资源提供金融产品和金融服务，在这个过程中表现出来的运营效率、经营业绩以及风险控制能力。商业银行的公司治理对经营绩效的影响在机制上与一般企业是相似的，都是通过对公司的战略管理来实现的，即通过决策层和管理层的战略管理，影响资源的分配，资源分配的合理程度就决定了公司的经营绩效。具体的途径主要有两个：

第一个途径是通过银行公司治理中宏观上的战略管控来影响银行的经营绩效，这里主要指的是决策层的战略参与以及对管理层的监控。首先，决策层的战略决策决定了一家商业银行的经营方向和战略部署，对银行的生存和发展起着至关重要的作用，会对银行的经营绩效产生直接的决定性的影响。由于决策层在公司治理中的特殊作用，决策层并不会将所有的管理权力交给银行的管理层，而是不断提高自身的管理能力，加强战略参与，实际上形成了一个高级的管理团队，对银行的重大事项进行决策，从而从战略上决定了银行资源的配置，继而影响银行的经营绩效；其次是对银行管理层的监控，公司治理的很大一部分内容是为了解决公司内部的委托代理关系，由于两权的分离，公司的剩余控制权给予了作为代理人的银行管理层。这种制度一方面由于管理层专业的管理能力，有利于银行经营绩效的提高；另一方面由于信息不对称的存在，管理者可能会出于自身的利益而与银行及所有者的利益相背离，对银行的经营绩效产生不利的影响。这就需要对管理层的行为进行监督管理，通过激励和约束促使其利益与银行的利益趋于一致，作出对银行和委托人有利的决策。

第二个途径是从微观上对银行的资源进行直接的配置。银行经营绩效的好坏直接就在于银行的资源配置是否合理，而资源的配置是要受到公司治理的影响。首先，对于人力资源，银行的高级管理人员一般是由董事会直接任命，应当代表董事会的意志。然而高级管理人员的权力由于制度体系的不同也有所不同，在相对集权的管理模式中，由于绝对控股股东的存在，银行的所有者较多地参与银行的治理，管理者所拥有的权力也就相对较小，而在股权相对分散的银行中，管理者对银行的管理决策就会有更高的自主权，能够对银行的资源分配产生较大的影响。其次在资金的获取和分配上，银行的规模和实力在很大程度上影响着银行的资金获取能力，重大的资金问题一般由董事会作出决策，而日常的资金分配则取决于银行的财务总监，财务总监也由董事会直接任命，代表董事会的意志，其资金的使用风格也就决定了银行对资金的分配战略。最后是信息资源，银行所有者和管理者的信息获取能力和社会关系资源决定了信息资源的供给，而信息资源的传达和分配则取决于银行制度体系的设置，丰富的信息供给渠道、合理的信息资源分配以及通畅的信息传达体制，均有利于提高银行经营绩效。[1]

综上，公司治理对商业银行经营绩效的影响是通过改善银行的资源配置方式来实现的。这要通过宏观和微观两种途径来实现，宏观上是通过决策层的战略参与和对管理层的监管对银行的经营绩效产生间接的影响；微观上是通过参与银行资源的直接分配从而对其经营绩效产生直接的影响。外资股权的引入影响了商业银行的公司治理，从而也参与到影响商业银行经营绩效的两个过程中来。如果外资股东能在董事会中占有一席之地，那就可以通过宏观途径参与到银行的决策管理，进而影响银行经营绩效；如果外资股东派出自己专业的管理人员直接参与入股商业银行的日常管理，那就从微观上直接影响银行的资源分配，直接影响银行的经营绩效。现有的研究大多认为，外资股权的加入有利于促进商业银行资源的合理分配，提高商业银行的经营绩效，但具体的实际效果，还要受到所在国家的宏观

---

[1] 参见于东智. 股权结构、治理效率与公司绩效 [J]. 中国工业经济, 2001 (5): 55 – 57.

经济环境以及入股银行的具体特征的影响。

7.3　商业银行经营绩效的测量

7.3.1　银行绩效测量的 DEA 方法

银行绩效是银行在运营中的投入产出比率，在测量时一般选用产出最大化、成本最小化或者利润最大化三个方法。银行经营绩效能够反映一家银行的投入产出能力、市场竞争能力、资源配置能力和持续经营的能力，在商业银行研究中十分重要的意义。在 20 世纪 90 年代之前，对银行经营绩效的测量以财务指标为主，侧重于规模经济和范围经济角度；而 90 年代以后，前沿分析方法出现并不断发展，被广泛用于测量银行经营绩效。

前沿分析方法就是选取效率前沿银行（Efficient Frontier Bank）来构建一个效率前沿面，其他无效率的样本银行必然会偏离效率前沿面，偏离程度便反映了样本银行的效率，偏离越多，效率越低。这里所说的效率前沿银行并不一定是真实存在的，而是在理论上给定外部技术和市场条件下，能够达到最佳效率的银行。这是一个相对的概念，会随着所选取的样本和采用模型的不同而有所差异。

前沿分析方法分为参数方法和非参数方法，这是根据在确定效率前沿函数时是否要估计其中的参数来分类的。这里的效率前沿函数是指处在效率前沿的商业银行的生产函数（成本或利润函数），在测量银行效率时首先要确定效率前沿函数。在现有研究中，非参数法中的数据包络分析法（DEA）被认为是相对有效因而得到广泛使用的商业银行绩效测量方法。

数据包络分析方法是由查恩斯、库珀和罗兹（Charnes，Cooper and Rhodes）在 1978 年创建的一种计量分析方法。它是利用数学规划模型对拥有多个投入和产出指标的决策单位（Decision Making Unit，DMU）进行评价，确定它们之间的相对有效性，如有效，就称其为 DEA 有效。

1. CCR 模型与技术效率

CCR 模型是由查恩斯、库珀和罗兹最早提出的最基本的 DEA 模型。如图 7-2 所示，此模型假设有 A、B、C、D、E 五家不同的商业银行，所有银行都只投入两种变量，产出一种变量。此时，效率的前沿面是由 A、B、C、D 四家有效率的银行组成的。其他所有的商业银行只能在生产前沿面 $ABCD$ 之上或者其右上方的区域运营，其中 E 就是一个无效率的商业银行。

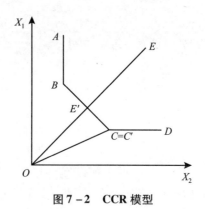

图 7-2　CCR 模型

设线段 OE 与 $ABCD$ 的交点为 E'，线段 OC 与 $ABCD$ 的交点为 C'，则 E 的效率值为：

$$TE_E = OE'/OE < 1$$

而 C 银行处于前沿面 $ABCD$ 上，它的效率值为：

$$TE_C = OC'/OC = 1$$

由此可见，由有效率的银行组成的效率前沿面上的点效率都等于 1，而脱离效率前沿面上的点效率都小于 1，即它们是无效率的。商业银行的 DEA 效率被认为是商业银行的产出指标加权总额与投入指标加权总额的比值，即：

$$DEA\ 效率 = 产出总额/投入总额$$

可以使用 CCR 模型来对利用上式表示的商业银行的效率进行计算。

假设有 n 家商业银行，同时面临 k 种投入要素和 m 种产出要素。第 i 家商业银行的投入要素可以用列向量 $X_i = [X_{1i},\ X_{2i},\ \cdots,\ X_{ki}]^T$ 来表示，产出变量用列向量 $Y_i = [Y_{1i},\ Y_{2i},\ \cdots,\ Y_{ki}]^T$ 来表示。总体样本数据方面，可以用 $k \times n$ 阶矩阵 X 代表投入要素，$m \times n$ 阶矩阵 Y 代表产出要素。建立以下模型计算第 i 家银行的技术效率：

$$\min_{\theta, \lambda} \theta_i ,$$
$$s.\,t.\,:\quad -y + Yy \geqslant 0, \tag{7.1}$$
$$\theta_i x_i - X\lambda \geqslant 0,$$
$$\lambda_i \geqslant 0$$

其中 $\lambda = [\lambda_1, \lambda_2, \cdots, \lambda_n]^T$ 是一个列向量，θ_i 是一个标量，表示第 i 家银行与前沿面银行之间的差距，即技术效率，θ_i 介于 0 和 1 之间。$\theta_i = 1$ 时表示该银行就处在前沿面上，称为有效率的银行；$\theta_i \leqslant 1$ 则代表是无效率的。如 $\theta_i = 0.9$，小于 1，则该银行是无效率的，若想要达到有效率的水平，就要在保持产出不变的前提下减少 10% 的投入，或者保持投入不变的前提下增加 10% 的产出。换言之，CCR 模型得出的效率值实际上是在固定投入的条件下，一个企业的产出值与假设中最大产出值的比值，称为技术效率。

2. VRS 模型与纯技术效率和规模效率

在 CCR 模型的假设中，商业银行可以在保持投入要素比例不变的条件下改变其规模的大小，然而这种规模的改变却不会对其效率产生影响。这个假设在现实中往往是不成立的。

VRS 模型由班克、查恩斯和库珀（Banker, Charnes and Cooper, 1984）提出，旨在通过考虑规模因素来对 CCR 模型进行改进，从技术效率中剔除了规模因素的影响，得出的效率称为纯技术效率。技术效率、纯技术效率和规模效率三者之间的关系可以从图 7-3 的 VRS 模型示意图中看出。

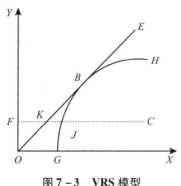

图 7-3　VRS 模型

图中，直线 OE 为规模报酬不变的生产前沿面，其他的银行都应该在直线上或者以下部分进行运营，它代表的是在当前既定的投入下能够得到的最大的产量。其中，无效率银行 C 的效率值可以表示为：

$$TE = FK/FC$$

下面将假设改变为规模报酬可变，则生产前沿面就从直线 OE 变为曲线 HBG，此时银行 C 的纯技术效率为：

$$PTE = FJ/FC$$

技术效率和纯技术效率的比值称为规模效率，代表将规模因素剔除前后所测量的效率之间的差距。规模报酬等于 1 时银行为规模有效，规模报酬小于 1 时银行为规模无效。C 银行的规模效率为：

$$SE = TE/PTE = FK/FJ < 1$$

VRS 模型具体表达为：

$$
\begin{aligned}
&\min_{\theta,\lambda} \theta_i, \\
&s.\,t.\,: \ -y + Y\lambda \geqslant 0, \\
&\quad \theta_i x_i - X\lambda \geqslant 0, \\
&\quad n1 \cdot \lambda = 1, \\
&\quad \lambda_i \geqslant 0
\end{aligned}
\tag{7.2}
$$

其中，$n1$ 是一个由 1 组成的 $n \times 1$ 阶向量，θ_i、λ 与在 CCR 模型中相同，由这个模型计算出来的 θ_i 是银行的纯技术效率。

总之，可先以 CCR 模型计算银行技术效率，再用 VRS 模型算出纯技术效率，最后由二者比值可得出规模效率。

3. NIRS 模型

通过以上模型计算出的规模效率忽略了一个问题，即不能判断一个规模无效的银行是处于规模递增阶段还是规模递减阶段。NIRS 模型，即规模报酬非增的 DEA 模型就是为了解决这个问题，它仅仅是对 VRS 模型进行了修改。

$$
\begin{aligned}
&\min_{\theta,\lambda} \theta_i, \\
&s.\,t.\,: \ -y + Y\lambda \geqslant 0, \\
&\quad \theta_i x_i - X\lambda \geqslant 0, \\
&\quad n1 \cdot \lambda \leqslant 1, \\
&\quad \lambda_i \geqslant 0
\end{aligned}
\tag{7.3}
$$

假设由 VRS 模型得到的纯技术效率为 PTE，NIRS 模型得到的效率值为 PTE^*，比较两个效率值的大小，如果不相等就说明是规模报酬递增的，是由于规模过小而导致的规模无效；如果两者相等说明是规模效率递减的，规模可能存在过大的问题。

4. 超效率模型

当使用 CCR 模型估计商业银行的效率时，往往会有多个效率值等于 1 的银行，它们之间的效率高低就无法有效地进行比较。为了能对这些银行的效率进行有效的评估，安德森和彼得森（Andersen and Petersen，1993）提出了一种超效率模型（Super - Efficiency），其基本的思路是将待评估的银行排除在集合之外，如图 7 - 4 所示。

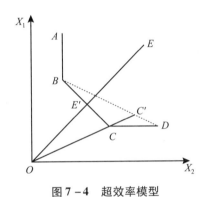

图 7 - 4 超效率模型

由图 7 - 4 可以看出，银行 C 处在生产前沿面上，是有效率的，用 CCR 模型计算的技术效率为 1。但是，如果以超效率模型来计算 C 银行的效率，那么就不应把 C 放在生产前沿面上，这样去除 C 之后生产前沿面就变成了虚线 ABD，银行 C 的效率值就随之变成 $TEc = OC'/OC < 1$。而对于无效率的商业银行 E，则无须改变 CCR 模型的估计过程，生产前沿面依然是 ABCD，E 的效率值还是 $TEx = OE'/OE < 1$。

$$\min_{\theta,\lambda} \theta_i,$$
$$s.t. : \quad -y + Y\lambda \geq 0,$$
$$\theta_i x_i - X\lambda \geq 0, \tag{7.4}$$
$$\lambda_i \geq 0$$

这里 λ 是一个 $(n-1) \times 1$ 阶的向量，θ_i 表示第 i 个银行的效率，X 和 Y 是除 i 在外的一个 $(n-1) \times 1$ 阶的向量。

超效率模型与 CCR 模型对无效率银行的效率估计过程是相同的，其差别在于，超效率模型在估计一家有效率银行的效率时，将这家银行排除在所参考的决策单元集合之外，测量的结果是有可能大于 1 的。例如一家银行的效率值为 1.10，那么这家银行的投入即使再增加 10%，它依然是保持相对有效率的。

用 DEA 方法来测度银行效率，就是要测度银行当前生产点与处于有效率的银行构成的生产前沿面之间效率的差距。首先要根据样本银行得到各项数据，再利用线性规划方法找出这些银行投入—产出组合点的包络面，然后通过比较待考察银行与效率前沿银行的投入—产出水平（给定的投入—产出水平）的差异，以测度样本银行的相对效率。DEA 方法在测度金融机构的效率方面被广为应用。

7.3.2　指标的选取

在使用 DEA 方法的过程中，首要的也是最关键的是确定投入指标和产出指标。尤其是，使用 DEA 方法对商业银行的效率进行测量时，与对一般企业效率的测量不同，因为银行是非常特殊的企业，它的生产过程并不明确，投入指标和产出指标也就不能进行准确界定。所以在这方面一直存在着很大的争议，学术界一般将投入和产出指标的选取方法分为三类。

1. 生产法

这个方法是由本斯顿（Benston，1965）提出的，它把商业银行作为生产者，生产金融产品，而对银行的评估也主要关注其生产活动。在生产法中，投入一般是商业银行的经营成本，其中并不包括利息支出。[①] 在使用生产法时，作为产出指标的一般是银行存款账户的数量以及贷款的业务数量。但是在其产出指标中，业务的次数是比较难以得到的数据，所以操作起来较为复杂。

2. 中介法

本斯顿、汉威科和哈姆佛雷（Benston，Hanweck and Humphrey，1982）首先提出了中介法的概念。中介法将银行看做是资金供给者和资金需求者之间的媒介，而银行也是在资金的转移中获取利润的企业，所以它

---

① Benston G. J.. Economies of Scale and Marginal Costs in Banking Operations ［J］. *National Banking Review*，1965，（2），507 – 554.

是使用货币的价值来衡量银行的效率的。在中介法中，通常选取商业银行的固定资产、利息或非利息支出、员工数量等作为投入指标，而产出指标一般是银行的各类贷款余额，有时也考虑银行的各类成本，包括经营成本和利息成本。中介法的优点是数据比较容易获得，因而在实证中应用得比较广泛。但是在中介法的使用过程中，关于存款是应该作为投入指标还是产出指标的问题始终未能达成一致的观点，因为存款既有投入指标的特点，也有产出指标的特点。

3. 资产法

资产法的特点是完全以资产负债表中的科目作为银行的投入、产出指标，投入一般是存款总额和其他负债，产出则是证券投资总额和贷款总额。资产法很少在研究中单独使用，因为它虽然考察了资金的运动，但没有考察资金的使用效益。除此之外，资产法与中介法一样，将贷款总额作为银行的产出指标，但是并没有考虑不同银行在贷款质量上的差异。

虽然以上三种方法是在选择投入、产出指标时的基本方法，但其各有利弊，在进行实际研究时，都要根据具体的研究目的和不同的数据来做出相应的调整，综合利用多种方法来进行研究。表7-1中列出了一些代表性的文献中所选用的投入和产出指标。

表7-1 现有研究中采用的部分投入产出指标

研究者及年份	投入指标	产出指标
Sherman and Gold（1985）	劳动力、费用、空间	交易数量
Oral and Yolalan（1990）	劳动力、分支数量、账户数量信用申请	交易数量
Al-Faraj, Alidi and Bu-Bshait（1993）	员工数量、空间、装修支出、平均月工资、其他营业费用	净利润、经常账户余额、储蓄账户余额、其他账户余额、抵押贷款价值、经常账户的数量
Cook, Hababou and Tuenter（2000）	员工数量、服务、销售额资金支持	柜面存款数额、转账数额、退休计划缺口数额、开出的抵押贷款账户数量
Rasoul Rezvanian and Seyed Mehdian（2002）	借入资金以及其他投入（包括固定资产和劳动力）	总贷款、证券和其他盈利资产
张健华（2003）	股本、固定资产和各项支出	存款、贷款和税前利润总额

续表

研究者及年份	投入指标	产出指标
Cook, Seiford and Zhu (2004)	全职等效人数（FTE）* 营业费用	销售额和服务
Camanho and Dyson (2005)	分支和财务人员数量、管理人员和营业人员数量、出纳员的数量、营业成本	日常服务交易的数量
郑录军、曹廷求 (2005)	固定资产净值和运营费用	存款、贷款和利税
Avkiran (2006)	存款、债券、其他负债、股东权益、FTE、有形资产、其他非利息支出	贷款、证券、同业存款（除央行）、非利息收入
Sherman and Zhu (2006)	前台 FTE、出纳 FTE、管理人员 FTE；邮资、供应商、电话、差旅费用	存款、取款、支票兑现；银行支票；债券交易；隔夜存款；保险箱访问量；新开账户；抵押贷款和消费贷款；自动柜员机
Begoña, Carlos and Cecilio (2007)	信贷人员、营业费用	利息和费用收入、总投资组合、未偿还的贷款数量
黄炎龙 (2007)	营业费用、利息支出、固定资产以及前一年的核心资本（包括普通股、资本公积、盈余公积、未分配利润、少数股东权益）	税前利润、利息收入流动资产
Camanho and Dyson (2008)	分支和财务人员数量、管理人员和营业人员数量、出纳员数量、营业成本	存款总额、贷款总额、表外业务总额、一般性服务交易数量
Lin, Lee and Chiu (2009)	员工数量、利息支出、存款业务量、货期存款业务量	贷款业务量、工资、营业收入、利息收入
Yan Luo, Gongbing Bi and Liang Liang (2012)	交易性金融资产、卖出回购金融资产款	在央行的现金余额、其他资产、客户存款、股东权益（包括股本、资本公积、超额供给和留存收益）
叶斌、秦超 (2015)	劳动力成本、营运资产成本、债务资本成本	存款总额、贷款总额营业收入

注：* 全职等效人数（Full Time Equivalent, FTE）是指全职员工总人数再加上兼职员工人数，然后按照一周 40 小时的全职员工标准工作时长进行折算得出的员工数。

下面将综合应用中介法和生产法，并根据所选样本银行的特点和数据的可得性，采用存款总额、营业费用和固定资产总额作为投入指标，选取利息收入和其他营业收入作为产出指标，对样本银行的效率进行 DEA 分析。

7.3.3 样本银行的选取

以下选取了有代表性的新兴市场国家中的大国，研究其商业银行的经营绩效，将研究的范围定在"金砖国家"，即俄罗斯、印度、巴西、南非和中国。在这 5 个国家中，根据其资产规模大小和是否拥有外资股权，兼顾数据的可得性，分别在每个国家选取 10 家银行作为样本银行，采用 DEA 方法对这 50 家商业银行的绩效进行测量，并研究其绩效与外资股权的关系。研究的时间跨度为 2004～2013 年 10 个年度。其中所使用的数据来自 Bankscope 数据库、锐思金融数据库（RESSET）以及各个银行的年报。

7.3.4 样本银行绩效的测量

采用所选取样本银行的投入产出指标数据，使用 DEAP2.1 软件对样本银行的经营绩效进行测量。首先，用 CCR 模型测量样本银行的技术效率，由于 CCR 模型是基于规模不变的假设，这与事实有一定差距，因为各个国家的银行规模不仅在国别上有明显的差异，在每个国家内部，大银行与小银行的规模也存在巨大的差异。由此，进一步使用基于可变规模假设的 VRS 模型，计算了样本银行的纯技术效率，再根据公式技术效率＝纯技术效率×规模效率，得到了它们的规模效率值，这就将规模因素考虑进来，在一定程度上解决了由于规模差异造成的偏差。最后再根据 NIRS 模型，确定了它们效率值的变动区间，即处于规模递减区域还是规模递增区域。表 7-2 给出了各个国家不同年份的效率均值。

表 7-2 样本商业银行的 DEA 结果

		巴西	俄罗斯	南非	印度	中国	规模报酬递增区银行数	规模报酬递减区银行数	规模报酬不变银行数
2004年	TE	0.71 (0.31)	0.32 (0.27)	0.57 (0.34)	0.53 (0.27)	0.31 (0.27)	21	22	7
	PTE	0.76 (0.3)	0.41 (0.34)	0.8 (0.27)	0.66 (0.32)	0.51 (0.32)			
	SE	0.91 (0.1)	0.87 (0.21)	0.71 (0.29)	0.84 (0.21)	0.66 (0.31)			

		巴西	俄罗斯	南非	印度	中国	规模报酬递增区银行数	规模报酬递减区银行数	规模报酬不变银行数
2005年	TE	0.41 (0.43)	0.39 (0.36)	0.46 (0.38)	0.32 (0.2)	0.38 (0.4)	25	17	8
	PTE	0.45 (0.42)	0.55 (0.42)	0.67 (0.28)	0.43 (0.25)	0.52 (0.42)			
	SE	0.74 (0.26)	0.64 (0.28)	0.65 (0.39)	0.74 (0.19)	0.59 (0.41)			
2006年	TE	0.63 (0.33)	0.33 (0.22)	0.47 (0.35)	0.4 (0.24)	0.53 (0.39)	30	12	8
	PTE	0.8 (0.28)	0.63 (0.32)	0.63 (0.27)	0.51 (0.35)	0.66 (0.35)			
	SE	0.75 (0.29)	0.59 (0.34)	0.7 (0.28)	0.86 (0.19)	0.66 (0.34)			
2007年	TE	0.63 (0.33)	0.27 (0.15)	0.41 (0.4)	0.26 (0.32)	0.65 (0.37)	33	8	9
	PTE	0.86 (0.24)	0.52 (0.35)	0.74 (0.3)	0.37 (0.38)	0.71 (0.31)			
	SE	0.73 (0.29)	0.63 (0.25)	0.56 (0.4)	0.69 (0.36)	0.88 (0.28)			
2008年	TE	0.75 (0.28)	0.28 (0.27)	0.4 (0.34)	0.29 (0.3)	0.55 (0.33)	29	12	9
	PTE	0.92 (0.17)	0.58 (0.38)	0.72 (0.29)	0.37 (0.34)	0.71 (0.35)			
	SE	0.82 (0.26)	0.52 (0.26)	0.58 (0.36)	0.7 (0.27)	0.78 (0.24)			
2009年	TE	0.83 (0.28)	0.42 (0.27)	0.38 (0.34)	0.3 (0.36)	0.48 (0.39)	27	13	10
	PTE	0.87 (0.29)	0.7 (0.25)	0.73 (0.34)	0.44 (0.39)	0.58 (0.36)			
	SE	0.95 (0.06)	0.62 (0.31)	0.48 (0.3)	0.62 (0.33)	0.64 (0.27)			

续表

		巴西	俄罗斯	南非	印度	中国	规模报酬递增区银行数	规模报酬递减区银行数	规模报酬不变银行数
2010年	TE	0.77 (0.18)	0.45 (0.18)	0.37 (0.33)	0.36 (0.26)	0.44 (0.25)	31	10	9
	PTE	0.87 (0.16)	0.68 (0.20)	0.69 (0.33)	0.50 (0.35)	0.55 (024)			
	SE	0.88 (0.11)	0.69 (0.23)	0.48 (0.31)	0.64 (0.15)	0.70 (0.11)			
2011年	TE	0.72 (0.26)	0.48 (0.31)	0.35 (0.37)	0.43 (0.42)	0.39 (0.3)	28	12	10
	PTE	0.87 (0.18)	0.66 (0.35)	0.65 (0.37)	0.55 (0.43)	0.51 (0.32)			
	SE	0.81 (0.21)	0.77 (0.25)	0.49 (0.38)	0.67 (0.36)	0.75 (0.21)			
2012年	TE	0.51 (0.35)	0.42 (0.41)	0.52 (0.4)	0.35 (0.38)	0.54 (0.3)	30	10	10
	PTE	0.68 (0.35)	0.54 (0.39)	0.7 (0.4)	0.45 (0.42)	0.59 (0.32)			
	SE	0.73 (0.22)	0.73 (0.28)	0.73 (0.29)	0.68 (0.33)	0.85 (0.25)			
2013年	TE	0.31 (0.22)	0.44 (0.37)	0.34 (0.33)	0.22 (0.29)	0.46 (0.23)	18	14	18
	PTE	0.59 (0.34)	0.51 (0.38)	0.61 (0.44)	0.28 (0.3)	0.58 (0.33)			
	SE	0.46 (0.28)	0.78 (0.18)	0.53 (0.28)	0.63 (0.28)	0.84 (0.18)			

7.4 商业银行外资股权与经营绩效相关性的实证分析

7.4.1 变量的选取

下面以表7-2中基于 DEA 方法测量出来的商业银行的经营绩效作为被解释变量，以上述各个银行的外资股权比例为解释变量。在控制变量方

面，选取 GDP 增长率和一年期加权平均存贷利差作为国家宏观经济层面
的变量，同时选取总资产、权益负债比例和日常开支作为银行层面的控制
变量（见表 7－3）。数据来源上，银行层面变量的数据来自 BvD 的 Bank-
scope 数据库和锐思金融研究数据库（RESSET），国家宏观经济层面的数
据来自 BvD 的 EUI Countrydata 数据库。

表 7－3   对变量的进一步说明

	变量名		缩写	变量定义
被解释变量	技术效率		TE	用 CCR 模型计算出的银行效率值
	纯技术效率		PTE	用 VRS 模型计算出的银行效率值
	规模效率		SE	技术效率与纯技术效率的比值
解释变量	外资股权比例		FOR	境外投资者持有的股份占银行总股份的比值
	银行层面控制变量	总资产	lnTA	商业银行总资产的自然对数
		权益负债比例	EL	股东权益总额与负债总额的比值
		间接费用	OH	
	宏观经济控制变量	GDP 增长率	GDP	
		利差	IM	一年期加权平均存贷款利息差

1. 总资产

选取总资产作为银行层面的控制变量是由于银行业可能存在的规模经
济效应，银行拥有较大的规模可能会降低其平均成本，从而拥有较高的经
营绩效。选取总资产作为衡量银行规模的一个指标，由于总资产在数值上
与其他变量相比有很大差距，考虑到各个变量数值上的平稳性，在实证过
程中采用的是商业银行总资产的自然对数作为控制变量。

2. 权益负债比率

商业银行的权益负债比率指的是商业银行的所有者权益总额与负债总
额的比值，它说明了商业银行的偿债能力。这个比值过小，说明银行的负
债过大，一旦出现经济危机，银行就有可能会面临巨大的偿债压力，甚至
会出现资不抵债甚至破产的风险。相反，这个比值越大，说明银行的资本
雄厚，有较强的偿债能力，能够给债权人更有力的保障。

3. 间接费用

商业银行的间接费用指的是为组织和管理日常经营活动所发生的共同费用，且不直接计入产品成本的费用，包括管理费用、财务费用等。将间接费用作为银行层面的一个控制变量，来考察商业银行持续经营的成本。

4. GDP 增长率

国内生产总值是衡量一个国家在一个时期内经济增长的主要指标，GDP 增长率较高说明经济发展较为繁荣，全社会对资金的需求就会得到全面的带动，商业银行的业务量也会得到提升，资产质量改善，从而提高银行的经营绩效。

5. 存贷款利差

存贷利差收入是商业银行利润的主要来源之一，尤其在中国，该项收入占到了商业银行利润的绝大部分。存贷利差较大，在一定程度上代表了较高的经营绩效。所以选取一年期加权平均存贷款利率差作为国家宏观层面的控制变量来代表各个国家商业银行的盈利空间。

7.4.2　模型设定及回归分析

面板数据具有两个维度，即截面维度和时间维度。首先对样本银行的面板数据进行线性回归分析，考察商业银行外资股权与经营绩效之间是否存在线性关系，然后构造了两个非线性回归模型，第一个用来判断是否存在最优的外资股权比例能够使商业银行的经营绩效达到最大；另外一个用于考察外资股权对银行经营绩效的影响是否与银行自身的规模有关。在构建模型时借鉴了克莱森斯（Claessens，2001）所提出的计量模型，[①] 这个模型的具体形式为：

$$R_{i,t} = \alpha_0 + \beta_1 S_{i,t} + \beta_2 X_{i,t} + \beta_3 Y_{i,t} + \omega_{i,t} \tag{7.5}$$

其中 $i=1, 2, \cdots, N$，$t=1, 2, \cdots, T$，$R_{i,t}$ 表示第 i 家银行在时间 t 的经营绩效，$S_{i,t}$ 代表外资股权的进入程度，用商业银行的外资股权比例

---

① 在这方面的研究就最为公认的是克莱森斯等的研究，所以变量选择主要基于 Claessens S., Demitgue A., Huizinga H. (2001). "How does Foreign Entry Affect Domestic Banking Market?" *Journal of Banking and Finance*, 25, 891–911.

来表示，$X_{i,t}$ 表示反映第 i 家商业银行具体情况的银行层面的控制变量，而 $Y_{i,t}$ 则表示商业银行所在国家的宏观层面控制变量。根据研究选取的变量将模型构造如下：

首先，对商业银行的总体面板数据进行线性回归分析，以估计商业银行的外资股权对经营绩效影响的总体趋势，由于使用 DEA 的不同模型测量出了商业银行三种不同的效率值，所以设定了如下三个模型：

模型 1：$TE_{i,t} = \alpha_0 + \beta_1 FOR_{i,t} + \beta_2 \ln TA_{i,t} + \beta_3 EL_{i,t} + \beta_4 OH_{i,t} + \beta_5 GDP_{i,t} + \beta_6 IM_{i,t} + \omega_{i,t}$

模型 2：$PTE_{i,t} = \alpha_0 + \beta_1 FOR_{i,t} + \beta_2 \ln TA_{i,t} + \beta_3 EL_{i,t} + \beta_4 OH_{i,t} + \beta_5 GDP_{i,t} + \beta_6 IM_{i,t} + \omega_{i,t}$

模型 3：$SE_{i,t} = \alpha_0 + \beta_1 FOR_{i,t} + \beta_2 \ln TA_{i,t} + \beta_3 EL_{i,t} + \beta_4 OH_{i,t} + \beta_5 GDP_{i,t} + \beta_6 IM_{i,t} + \omega_{i,t}$

其次，为了考察是否存在一个最优的外资股权比例可以使商业银行的经营绩效达到最优，在以上的线性回归模型中，引入一个平方项变量，即外资股权比例的平方 FOR^2，构建非线性的回归模型。建立的模型如下：

模型 4：$TE_{i,t} = \alpha_0 + \beta_1 FOR_{i,t} + \beta_2 FOR_{i,t}^2 + \beta_3 \ln TA_{i,t} + \beta_4 EL_{i,t} + \beta_5 OH_{i,t} + \beta_6 GDP_{i,t} + \beta_7 IM_{i,t} + \omega_{i,t}$

模型 5：$PTE_{i,t} = \alpha_0 + \beta_1 FOR_{i,t} + \beta_2 FOR_{i,t}^2 + \beta_3 \ln TA_{i,t} + \beta_4 EL_{i,t} + \beta_5 OH_{i,t} + \beta_6 GDP_{i,t} + \beta_7 IM_{i,t} + \omega_{i,t}$

模型 6：$SE_{i,t} = \alpha_0 + \beta_1 FOR_{i,t} + \beta_2 FOR_{i,t}^2 + \beta_3 \ln TA_{i,t} + \beta_4 EL_{i,t} + \beta_5 OH_{i,t} + \beta_6 GDP_{i,t} + \beta_7 IM_{i,t} + \omega_{i,t}$

以上模型如果成立，就能通过求导得出方程的极值，然后通过观察方程的极值以及取得极值点时的 FOR 值，来判断此时的 FOR 值是否是能够使商业银行的经营绩效达到最佳的外资持股比例，并由此得出商业银行的外资股权对经营绩效影响的非线性趋势。

最后，在线性回归模型中加入一个交互项来构造另外一个非线性回归模型。交互项的意义是用来分析解释变量对被解释变量的作用大小是否会受到其他因素的影响，为了研究商业银行的规模是否会影响外资股权对经营绩效的作用，在线性回归模型中加入一个乘积项 $FOR \cdot \ln TA$，即外资持股比例与代表银行规模的总资产对数的乘积。由于这个模型中主要考虑的是商业银行的规模因素，所以只针对将银行规模考虑在内的纯技术效率 PTE 来构造模型。

模型 7：$PTE_{i,t} = \alpha_0 + \beta_1 FOR_{i,t} + \beta_2 \ln TA_{i,t} + \beta_3 FOR_{i,t} \cdot \ln TA_{i,t} + \beta_4 EL_{i,t} +$

$$\beta_5 OH_{i,t} + \beta_6 GDP_{i,t} + \beta_7 IM_{i,t} + \omega_{i,t}$$

7.4.3 回归结果分析与最优外资持股比例

1. 线性回归结果分析

针对以上建立的回归模型,我们使用固定效应模型来对面板数据进行回归分析,表7-4给出的是前三个线性回归模型的回归结果。

表7-4 线性回归结果

	模型1	模型2	模型3
常数项	-0.5219* (0.3260)	0.0445 (0.3366)	0.0991 (0.2886)
FOR	0.0028** (0.0012)	0.0028** (0.0012)	0.0019* (0.0011)
lnTA	0.0716** (0.0286)	0.0433* (0.0295)	0.0311 (0.0253)
EL	0.0006 (0.0013)	0.0011 (0.0014)	0.0001 (0.0012)
OH	-0.0001** (0.0000)	-0.0001* (0.0000)	0.0001 (0.0000)
GDP	0.0041 (0.0050)	0.0018 (0.0052)	0.0060* (0.0045)
IM	0.0196*** (0.0057)	0.0087* (0.0059)	0.0203*** (0.0051)
F值	3.66	1.95	4.04
P值	0.0015	0.0008	0.0006

注: * 、** 和 *** 的含义同上,括号内为标准差。

由表7-4可知,三个模型的F值都通过了显著性检验,每个模型都拥有较好的拟合性。作为解释变量的外资股权比例 FOR 在模型一、模型二中都在5%的显著性水平上通过了显著性检验,在模型三中也在10%的显著性水平上通过了显著性检验,这说明该模型较为合理地反映了商业银行外资股权比例与银行经营绩效之间的关系。

线性回归模型的回归结果表明,商业银行外资持股比例对经营绩效存在正面作用，即商业银行引入外资股权会对其经营绩效的改善有积极的作用。该结论与目前的大部分相关研究是一致的，如克莱森斯（Claessens，2001）、博宁（Bonin，2005）等，这些研究从不同的角度来反映商业银行的经营绩效，得出了相似的结论。与我们结论不同的是莱文（Levine，2001）、Uiboupin（2005）的研究，他们认为外资股权与商业银行的经营绩效之间存在负相关。然而他们的研究选取的指标主要关注的是商业银行的盈利能力，与之不同，我们在绩效测量方法综合考虑了商业银行的盈利和成本，而不是单独从某一方面对商业银行的经营绩效进行分析。

在新兴市场国家，商业银行业引入外资股权一方面带来了资金、技术、人才等资源，从资产质量、金融产品等方面给予了经营绩效直接的促进；另一方面，新兴市场国家的银行业在公司治理方面普遍落后于发达国家。尤其是在"金砖国家"，它们在经济快速发展的过程中越来越注意到金融业的重要地位，面对激烈的竞争压力，急切地期望加快商业银行公司治理的发展完善。新兴市场国家在对银行业进行开放之后，引进境外股权，随之而来的就是商业银行股权结构的改变，境外投资者以其所持股权参与到商业银行的内外部治理，由于外资股权一般都是来自境外的大型金融机构，因此在新兴市场国家的商业银行中可以凭借其雄厚的资金、丰富的管理经验和信息获取技术获得优势，它们将这种优势运用于商业银行的内外部治理，通过影响商业银行内部的激励机制、监督机制和决策机制来促使管理层作出有利的决策来提高商业银行的经营绩效，或者它们也可以从外部资本市场对商业银行的股东和管理层造成压力，迫使其公司治理的完善和经营绩效的提高。同时，新兴市场国家的商业银行在引入外资股权时，会与外资股东签订协议，在银行的管理、产品研发、风险管理、人力资源等方面进行合作，将外资股东的优势带入到新兴市场国家的商业银行，在提高其资产质量的同时也提高了商业银行的盈利能力和服务质量，从而对商业银行的经营绩效产生积极的影响。另外，外资股权的进入会对新兴市场国家原本相对单一的股权结构形成挑战，促使原来的股东积极提高银行的经营绩效来维护自身的股东地位。

在控制变量方面，银行层面的总资产自然对数 $\ln TA$ 和间接费用 OH 在模型一和模型二中通过了显著性检验。$\ln TA$ 的系数为正，说明总资产与商业银行的经营绩效有正相关的关系，银行的经营绩效会随着总资产的增加而提高了，这验证了银行业是一个存在规模效应的行业，规模大的银行在吸收存贷款、风险管理、人力资源、产品服务、政策倾向性等方面都具有优势，都有助于其经营绩效的提高。*OH* 的系数为负，说明间接费用与商业银行的经营绩效是负相关的关系，这个结果与事实是相符的，较高的间接费用就意味着商业银行较高的经营成本，自然就会造成经营绩效的下降。GDP 增长率仅在模型三中在 10% 的显著性水平上通过了检验，表明经济总量的增长虽然在一定程度上提高了整个社会对资金的需求，会对商业银行的资本结构和业务量有所促进，但对商业银行经营绩效的影响很有限。存贷利差 *IM* 在三个模型中都对商业银行经营绩效表现出显著的正面影响，在新兴市场国家，商业银行的利润主要还是来自存贷款的利息差，因而存贷利差很大程度上决定了商业银行的盈利空间，而银行的盈利能力是商业银行经营绩效的重要表现。

2. 非线性回归结果分析

下面设定的非线性回归模型分为两种，一种是带平方项 FOR^2 的非线性回归模型，用于考察商业银行经营绩效随外资股权比例变化的非线性趋势，另一种是带交互项 $FOR \cdot \ln TA$ 的非线性回归模型，用来考察商业银行外资股权对经营绩效的影响是否与商业银行的规模有关。两种非线性回归模型的回归结果见表 7 – 5。

表 7 – 5　　　　　　　　　　　　非线性回归结果

	模型 4	模型 5	模型 6	模型 7
常数项	– 0. 5102 (0. 3260)	0. 0650 (0. 3357)	0. 1046 (0. 2889)	0. 0504 (0. 3791)
FOR	0. 0056 ** (0. 0027)	0. 0077 *** (0. 0027)	0. 0032 (0. 0023)	0. 0187 ** (0. 0083)
FOR^2	– 0. 0000651 (0. 0000298)	– 0. 0001016 ** (0. 0000307)	– 0. 0000265 (0. 0000264)	
$\ln TA$	0. 0683 ** (0. 0287)	0. 0375 (0. 0296)	0. 0296 (0. 0255)	0. 0451 (0. 0342)
$FOR \cdot \ln TA$				– 0. 0017 ** (0. 0009)
EL	0. 0005 (0. 0014)	0. 0009 (0. 0014)	0. 0001 (0. 0012)	0. 0010 (0. 0014)

	模型 4	模型 5	模型 6	模型 7
OH	−0. 0001 ** (0. 0000)	−0. 0001 ** (0. 0000)	0. 0001 (0. 0000)	−0. 0001 * (0. 0000)
GDP	0. 0042 (0. 0050)	0. 0020 (0. 0052)	0. 0061 (0. 0045)	−0. 0040 (0. 0053)
IM	0. 0195 *** (0. 0057)	0. 0085 (0. 0059)	0. 0202 *** (0. 0051)	0. 0088 (0. 0061)
F 值	3. 34	2. 26	3. 51	2. 15
P 值	0. 0018	0. 0028	0. 0011	0. 0037

注：*、** 和 *** 的含义同上，括号内为标准差。

由表 7 – 5 可知，在模型 5 中，FOR^2 在 5% 的显著性水平上是显著的，其系数为负数，这说明商业银行的纯技术效率是随着外资股权比例的不断增长，呈现出一个先上升后下降的倒 "U" 型趋势。对回归方程进行求导，得出极值出现在 37.89%，表明当外资股权比例小于 37.89% 时，商业银行的纯技术效率是随着外资股权比例的不断提高而不断改善的，在 37.89% 时达到最大值，但是如果外资股权比例继续提高的话，商业银行的纯技术效率不但不会得到改善，反而会因外资股权比例的增加而不断下降，由此得出外资股权的最佳比例为 37.89%。这与格里戈里扬（Grigorian，2002）对俄罗斯商业银行得出的结论相似，他的研究也是利用 DEA 方法，得出了商业银行外资股权在 30% 时可以对经营绩效产生较大的积极作用。[1] 另外，吴立玉（2009）也曾提出将中国的外资股权比例上限提高 5% 的建议。[2]

外资股权在进入新兴市场国家的商业银行后，在其比例相对较小的情况下，能够充分地利用自身在资金、技术、管理、人力资源等方面的优势，积极地参与商业银行的管理决策中，对原有的股东和管理层形成监督，有助于商业银行降低成本，提高经营绩效。但在外资股权的比例达到一定的限度后，这种积极作用就有可能会逐渐减弱。第一，外资股权比例过大会造成外资股东的权力过于集中，直接对商业银行的生产经营进行控

[1]　Grigorian D., Manole V., 2002, "Determinants of Commercial Bank Performance in Transition: An Application of Data Envelopment Analysis", *World Bank Policy Research Working Paper*, 6, 2850.

[2]　吴玉立. 境外投资者对中国银行业影响的实证分析 [J]. 经济评论，2009 (1)：93 – 114.

制，从而失去了由于权力的制衡带来的正面效应，由于外资股东一般来自境外的大型金融机构，与入股的商业银行在业务和利益上普遍存在交叉，外资股权在对商业银行进行控制之后，出于自身机构的利益，就会作出一些关联性的决策，可能会以牺牲入股银行利益为代价追求母行的利益；第二，随着外资股权比例的不断增加，外资入股初期带来的资金、技术已经得到了充分的消化吸收，失去了对经营绩效的提升作用；第三，在外资股权较少时，外资股东可能会利用有限的资金与入股的商业银行在产品创新以及中间业务上进行合作，而当外资股权比例较高时，商业银行就会将大量的资金重新运用到传统的借贷业务中，这虽然也能够提高商业银行的运营收入，但非利息收入相对减少，也会影响商业银行的经营绩效。

表 7 - 5 的最后一列展示的是模型 7 的回归结果，它其中包含了一个交互项 $FOR \cdot lnTA$，用以考察规模因素在样本商业银行外资股权对经营绩效影响中的作用。由表中的结果可知，单独项 FOR 和交互项 $FOR \cdot lnTA$ 在 5% 的显著性水平上都是显著的，这说明规模因素在外资股权对经营绩效的影响过程中存在着显著的作用。进一步来说，此模型中单独项 FOR 的系数为正，以及根据线性回归的结果可知，外资股权对商业银行的经营绩效有正面的影响。然而交互项 $FOR \cdot lnTA$ 的系数为负，在 FOR 固定的条件下，$lnTA$ 越大就会对被解释变量 PTE 产生越大的负面影响。这说明，随着银行规模的增大，外资股权对经营绩效的正面作用就会越来越小，最终会转变成负面影响。换句话说就是，在规模越大的商业银行中，外资股权对其经营绩效的正面影响就会越小，甚至会降低经营绩效。

得出这个结论可能的原因有以下几个方面：

第一，相对于规模较小的商业银行，规模较大的银行往往在公司治理方法和结构上都比较成熟，在资金、技术、管理和人力资源方面也存在较大的优势，从而引进外资股权之后所带来的这些方面的提高并不会像规模较小的银行一样显著，规模小的银行可以通过引入外资股权在这些方面缩小与规模较大银行的差距，从而带来经营绩效的大幅提升。

第二，新兴市场国家中，规模较大的商业银行有很大一部分依然由国家控制，外资股权无法撼动政府的控股地位，从而就无法从外部治理的渠道来影响银行的经营绩效，又由于股权较为集中，商业银行的内部治理很大程度上控制在政府手中，小规模的外资股权进入之后并不能从根本上改善银行的公司治理，无法有效改善国有商业银行的经营绩效。

第三，由于新兴市场国家的金融系统并不完善，脆弱性比较强，各国都越来越关注本国的金融安全，尤其是规模较大的商业银行成为各国监管机构的关注重点，其股权结构和生产经营都在监管机构的严格管控之下，这使得外资股权进驻之后并不能完全发挥其对经营绩效的促进作用。

第四，规模较大的商业银行往往也承担着本国主要的海外金融业务，与境外的金融机构往来比较密切，而商业银行引入的外资股权一般都来自境外的大型金融机构，它们入股新兴市场国家的商业银行之后，有时会出于母行利益的考虑，作出一些对母行有利的关联性决策，这些决策可能会损害被入股商业银行的利益，造成其经营绩效的损失。而规模较小的商业银行由于其主要业务都是在国内开展，与境外金融机构的往来相对较少，所以这方面并没有太大的影响。

7.5 小　　结

以上在借鉴吸收国内外有关成果的基础上，结合公司治理理论、股权结构理论、商业银行经营绩效理论，对商业银行外资股权与经营绩效的相关性进行了分析论证，得出如下结论：

1. 商业银行的外资股权是通过公司治理这个中间环节对经营绩效产生影响的

商业银行的外资股权对经营绩效产生影响需要通过两个阶段，第一个阶段是外资股权通过改变商业银行的股权结构来影响公司治理，第二个阶段是被外资股权影响的公司治理通过对银行内部资源的配置来影响银行的经营绩效。在第一个阶段中，外资股权主要是通过商业银行内部的激励机制、监督机制、决策机制来参与银行的公司治理，外资股东是商业银行股权结构的重要组成部分，与其他类型的股东相比在管理和监督职能上比较有优势。外资股东也可以通过外部的资本市场对商业银行的管理层形成压力，促使其作出更好的绩效成果。第二个阶段中，被外资股权影响的公司治理通过影响商业银行内部的资源配置来最终对经营绩效产生影响，这个过程可以通过宏观和微观两种途径进行，宏观上是通过决策层的战略参与和对管理层的监管对公司的经营绩效产生间接的影响，微观上是通过参与公司资源的直接分配从而对公司的经营绩效产生直接的影响。

2. 在新兴市场国家中，外资股权对商业银行的经营绩效有着显著的正面影响

通过选取最具代表性的"金砖五国"的 50 家商业银行为 2004～2013 年的数据，在采用 DEA 方法对样本银行的绩效进行测量的基础上，以此绩效值作为被解释变量，商业银行的外资股权比例为解释变量，并另外选取了银行层面和国家宏观经济层面的一系列控制变量进行回归分析。线性回归的结论表明，外资股权对商业银行的经营绩效有着显著的正面作用，这表明商业银行引进外资股权有利于经营绩效的改善，这与大部分的研究观点是一致的。另外，非线性回归的结论显示，商业银行的外资股权与其纯技术效率呈现一个倒"U"型的分布，即随着商业银行外资股权比例的不断提升，纯技术效率呈现先上升后下降的趋势，其最高点出现在当外资股权比例为 37.89% 时。这说明商业银行引入外资股权对经营绩效的正面效应是有限的，不能完全依靠提高外资股权的比例来改善商业银行的经营绩效。

3. 引入外资股权的商业银行规模越大，外资股权对经营绩效的积极作用越不显著

考虑到新兴市场国家众多，国内银行业的发展程度不同，因此国家间的商业银行规模也有很大差距，即使在一个国家内部，大银行和小银行的规模差距也是巨大的，因此进一步研究了规模因素的作用。结果表明，随着规模变量的不断增大，商业银行外资股权对经营绩效的正面影响越来越小，最终甚至会降低经营绩效。所以，在商业银行引入外资股权问题上，要具体根据其规模作出有差别的决策。

第 *8* 章

开放经济下新兴市场
国家银行体系的脆弱性

在金融自由化、国际化进程不断推进过程中频发的金融危机，促使各界开始从金融制度和金融机构本身寻找缘由，他们发现了金融脆弱性（Financial Fragility），其中包括金融市场脆弱性和金融机构脆弱性，而后者主要是指银行体系的脆弱性，即由于银行负债率高，资产和负债存在利率错配与期限结构错配，加上借贷双方信息不对称以及委托—代理问题产生的内在不稳定性。银行体系具有内生的脆弱性，这种脆弱性自银行体系诞生便已存在。当脆弱性不显著时，可以说银行体系是相对稳定的；当银行体系脆弱性达到严重程度时，就会危及稳定性，甚至爆发危机。

由于新兴市场国家金融制度和金融初始条件不佳，银行体系就更为脆弱。所以，银行部门 FDI 的流入对这些东道国银行体系脆弱性究竟有何影响，如何保证引进银行部门 FDI 既能提高国内银行效率，又能维持本国银行体系的稳定性，是银行业和监管部门共同关心的重大问题。

8.1　研究银行体系脆弱性的三个维度

目前对银行体系脆弱性的基本理论主要包括三个维度的研究：

一是基于企业视角的金融不稳定假说（Financial Instability Hypothesis）。海曼·明斯基（Hyman P. Minsky, 1982）从经济周期的长期波动中发现，"恰恰是经济的繁荣埋下了金融动荡的种子"。[①] 因为繁荣时期银行

---

① 前美联储主席艾伦·格林斯潘（Alan Greenspan）也曾指出，"最坏的贷款总是在经济周期的顶峰做出的"（2001 年 5 月 10 日芝加哥银行会议）。

和企业都对未来有乐观的预期，银行贷款条件会不由自主地放松，无论是抵补型融资、投机型融资还是庞氏融资企业，都极易获得银行贷款，这样一方面融资企业负债比率一再提高；另一方面银行贷款规模过度扩张。但当繁荣过后，企业违约导致银行体系更加脆弱，甚至陷入危机。

　　二是基于银行视角的"安全边界"（Margins of Safety）说。克瑞格（J. A. Kregel，1997）提出安全边界是银行收取的一种风险报酬，旨在发生不测事件时为银行提供保护。银行家的信贷决策遵守"摩根规则"（JP Morgan Rule），对信用风险的评价主要依据借款人的信贷记录，而对贷款项目未来的风险和预期却不太重视[1]。但是，在经济繁荣时期，收入的增长使得企业大都容易保持较好的信用记录，即使是那些原本信用不佳的企业和风险极高的项目，银行家们也难以识别出来，银行体系的脆弱性正是在这种安全边界不知不觉降低中显现出来。当安全边界减弱到最低程度时，如果出现经济波动，借款企业要么拖延支付，要么另寻贷款，甚至被迫推迟或改变投资计划，直至变卖资产，以保证还款。随后，便会出现费雪债务—紧缩过程（见图 8 - 1[2]）。而克瑞格认为，这种金融脆弱性无论如何努力都不可避免，为此付出的努力也便是非理性的。

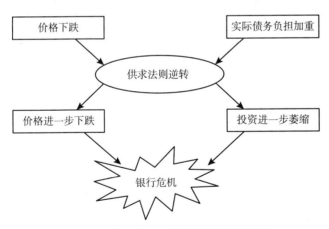

图 8 - 1　费雪债务—紧缩过程与银行危机

　　三是从信息不对称视角解释了银行体系脆弱性。斯蒂格利茨和韦斯

---

　　[1]　这种"向后看"而不是"向前看"的思想，实际上是暗含着一个假定条件的，即"未来将是过去的重复"。
　　[2]　供求法则逆转是指价格降低时供给增加、需求减少的状况。

（Stiglitz and Weiss，1981）等认为，金融市场上的信息不对称比产品市场和要素市场更为严重。在信贷市场上，借款人对其借款所投资项目的风险和回报拥有更多的信息，而贷款人具有信息劣势。信息不对称导致的逆向选择使得信用越差的借款人越有可能取得信贷资金，而信用越好的借款人反而较难获得信贷资金。因此，逆向选择是导致银行体系脆弱性的关键原因。

在借鉴以上三个研究维度的基础上，对开放条件下银行部门 FDI 与新兴市场国家银行体系脆弱性关系问题的研究，可从以下几方面展开：竞争机制与东道国银行体系脆弱性的关系、跨国银行信贷行为与东道国银行体系脆弱性以及跨国银行与东道国系统性银行危机之间的关系等。

8.2 竞争机制与东道国银行体系脆弱性

银行业竞争与银行体系脆弱性的关系是分析跨国银行进入对东道国银行体系脆弱性影响的基础。一方面，竞争机制的引入可能促使东道国银行体系更为高效、监管更为规范有力，因而降低脆弱性；但另一方面，激烈的竞争也可能导致东道国银行市场份额被分割，效率相对较差的东道国银行可能无法抵御竞争压力，导致利润空间被挤占，不良贷款率升高，资本金不足，良好客户被抢走，甚至有些银行会在竞争中被淘汰，这又会加剧银行体系的脆弱性。

因此，竞争与银行体系的脆弱性之间往往存在着难以选择的权衡（Trade-off），必须从跨国银行进入的竞争机制出发来进行探讨。

一方面，跨国银行拥有的先天的相对优势可能将东道国银行置于竞争劣势。比如，跨国银行在东道国不受政府干预，进入初期还可能享受"超国民待遇"，因而具有体制优势；资金充足，机构和业务遍布全球，具有规模优势；研发创新能力强，具有技术优势；公司治理结构科学，具有管理优势；待遇较高，具有人力资源优势等。而相对而言，新兴市场国家商业银行资产质量普遍较低，不良贷款率高，资本金不足，盈利能力差，人才短缺，效率低下等。再者，竞争压力迫使银行降低利率，进而降低银行监督客户的动力（Aizenman，1998；Gehrig，1998）。这样，东道国银行在与跨国银行竞争中劣势局面必然会增加本国银行体系的脆弱性。

另一方面，跨国银行进入降低了使东道国银行特许权价值。如果一国对银行部门的市场准入限制越多，门槛越高，那么银行特许权价值及其所获的垄断利润就越高。具体而言，从贷款业务看，在对外开放之前，国内银行依靠特许权价值可获得巨额垄断利润，这些利润可使其维持较高比率的不良贷款却不容易陷入危机，而跨国银行进入带来的竞争将使其失去多年习惯的垄断地位，银行体系内在的脆弱性随着风险的骤然暴露而更加凸显；从存款业务看，市场竞争的激烈难免促使银行高息揽储，资金成本的增加侵蚀了银行的利润，自然降低了其特许权价值，银行特许权价值的降低反过来又会促使银行提高风险偏好……如此循环，必将使银行体系更加脆弱不堪。

但是，近年很多研究对竞争与脆弱性之间存在权衡的结论提出了质疑。例如，卡梅纳等（Caminal et al.，1997）、克苏克拉等（Ksokela et al.，2000）、艾伦等（Allen et al.，2003）学者研究认为，在贷款业务中引入更多竞争有助于降低银行资产风险，提高银行间市场应对流动性冲击的能力，因此竞争有利于降低银行体系脆弱性；更多学者逐渐达成一致的看法是，无论银行体系竞争与脆弱性之间是否存在权衡取舍，只要健全监管制度，并利用这些制度加强风险监管和控制，那么，引入竞争机制可能带来的东道国银行体系的不稳定就能得到有效控制，甚至有利于银行体系的稳定，这些制度包括资本充足率制度、存款保险制度、信息披露制度等。换言之，只要政策制定者加强必要的制度建设，便可解决竞争与脆弱性的矛盾：既能通过竞争提高银行业效率，又可有效降低银行体系脆弱性。

8.3 跨国银行信贷行为与东道国银行体系脆弱性

跨国银行进入对本国信贷市场的效应是研究其对本国银行体系脆弱性影响的基本路径之一，该问题可以从跨国银行进入对东道国信贷规模、信贷配置结构等方面的效应进行分析。

8.3.1 跨国银行进入与东道国信贷规模

如前所述，跨国银行进入能够弥补新兴市场国家在发展中的资金缺口。跨国银行能利用广泛的国际融资渠道进行融资，并为外资进一步流入东道国提供新的渠道，吸引外商直接投资，在客观上对东道国形成引资效应，提高东道国的资金积累水平，增加储蓄，改善国际收支平衡，进而增加东道国信贷资金供给，因此，伴随跨国银行进入而流入的外国资本是企业外部资金的主要来源。跨国银行进入有助于改善各种规模企业的融资条件，能够提高需要资金但无紧密银企关系的企业的资金获取能力，有助于减少企业在银行信贷方面的问题。在外资进入程度较高的国家，所有企业融资障碍都有所降低。

而在跨国银行带来直接信贷增加的同时，整个国内信贷规模是否随之增加，还要取决于东道国银行国内信贷的紧缩或者扩张。一般认为，跨国银行的进入给国内信贷市场引入了竞争机制，会迫使东道国商业银行不断改革，以尽量保住市场份额，间接促使东道国银行增加对所有企业的信贷供给规模。[1]

与此同时，由于信贷市场存在信息不对称现象，而跨国银行与东道国银行相比处于信息劣势，为了避免借款人的逆向选择和道德风险，跨国银行比东道国银行更容易产生信贷约束（Credit Constraint）激励，存在有资金而惜贷的现象。但是从长期来看，跨国银行的进入对东道国信贷供给会有促进作用。因为以上所提到的信贷约束现象大多出现在跨国银行进入东道国市场之初，随着跨国银行对东道国情况的逐渐熟悉，信息劣势日益缩小，其在东道国的信贷业务量会越来越大。[2] 同时，如前文所述，在跨国银行的竞争压力下，东道国银行为了维护市场份额，会不惜向部分高风险的项目发放贷款，因此，东道国也可能会出现信贷扩张。因此，跨国银行的直接信贷的增加对东道国国内信贷的影响一般是正向的，即使短期内可能存在信贷约束现象，但长期是促进信贷规模增长的。

8.3.2 跨国银行信贷偏好与中小企业信贷

在新兴市场国家中，资本市场不发达，中小企业获得直接融资难度较大；而商业银行是主要的金融中介机构，尽管中小企业的资本实力和自身

---

① 在对山东省内外的部分中小企业和商业银行的调研中发现，近年来国内银行也日益重视对中小微企业的信贷支持，这种情况的原因是多方面的，其中，来自外资银行的既有竞争和未来可能出现的潜在竞争压力也是重要的原因，而后者起到了一种"信号"作用。

② Giannetti, Mariassunta 和 Ongena, Steven （2012）对新兴市场国家跨国银行和多数非上市公司的研究结果显示，这些公司在跨国银行和其他银行那里具有同样的信贷便利，同时，跨国银行还间接地促进了所有公司的信贷可得性。来源：Giannetti, Mariassunta. Ongena, Steven, 2012, "Lending by Example": Direct and Indirect Effects of Foreign Banks in Emerging Markets, *Journal of International Economics*, Vol. 86 Issue 1，167–180.

经营特点与金融体系不匹配，使得金融体系先天排斥中小企业，导致其陷入融资难的困境（邢乐成，2015），但是，银行信贷依然是中小企业的主要资金来源。因此，关于跨国银行的进入与东道国企业的信贷可得性（Access to Credit）之间关系的研究要看在跨国银行信贷投资组合中，中小企业贷款所占的比例有多少，这一点也可以从直接和间接效应两方面进行考察。

首先，从直接效应来看，跨国银行对中小企业的信贷有先降后升的趋势。在跨国银行进入东道国初期，由于信息不对称问题的严重性（包括跨国银行与本土银行之间和银企之间的信息不对称）、企业"软"信息的难获取性、跨国银行文化差异性和缺乏组织灵活性以及出于规模经济考虑等因素，迫使跨国银行产生所谓的"摘樱桃"（Cherry-picking）行为，也即选择给高盈利的大企业提供贷款，而放弃那些信息披露不够透明的中小企业。已有大量的实证研究支持跨国银行的这种"摘樱桃"行为（Stiglitz，2000；Satta，2004；Mian，2006；Berger et al.，2008；Gormley，2010；Pennathur and Vishwasrao，2014）。比如佩纳图尔和魏施沃斯劳（Pennathur and Vishwasrao，2014）通过运用银行和企业匹配的独特数据集研究发展中国家跨国银行和本土银行信贷配置行为的不同，结果发现跨国银行更加注重和外资企业、上市公司和大企业的关系，跨国银行更可能向较大的和信息透明的企业提供贷款。

关系贷款理论中的"投资合成假说"（The Portfolio Composition Hypothesis，Dell'Ariccia，Marquez，2004；Degryse et al.，2009）对以上观点提供了理论支持。该假说认为，外资银行拥有较高的风险识别和评估技术，对基于"硬信息"（Hard Information）的信贷具有比较优势，因此它们的信贷资金主要投向那些信贷历史较长、财务报表资料详细和信息透明度较高的大企业，特别是来自母国的跨国公司（DeYoung et al.，2008）。相反，东道国银行熟悉本国的风土人情，它们在收集和利用"软信息"（Soft Information）方面具有比较优势，因此主要向以中小企业为主的、信息不透明的企业提供"关系型贷款"。后来，德格里斯等（Degryse et al.，2012）利用波兰银行业的数据证实了"投资合成假说"。

但是，跨国银行进入东道国后，经过一段时间，"软信息"方面的劣势逐渐克服。随着东道国银行业对大企业的争夺日益激烈和跨国银行对中小企业信用甄别能力的提高，跨国银行并不会对大型跨国公司产生持久的信贷供给偏好，而是开始重视中小企业的贷款方面的业务，因此对中小企业和零售市场发放的贷款会逐步地增加。外资银行利用先进信贷技术，例如信用评分技术，会克服收集"软"信息方面的劣势，进而贷款给中小企业。因此，从长期来看，跨国银行对新兴市场国家各种规模企业的贷款都有促进作用，只是对较大规模企业信贷的促进更加明显而已。跨国银行的市场参与增加了信贷供给，对所有企业都降低了贷款难度，或许大企业比小企业受益更多，特别是在风险管理体系和 IT 平台建设方面，通过标准化评估方法和评级系统，大大提高了跨国银行对东道国中小企业提供贷款的能力。近 10 年来的实践表明，在中国的外资银行也不断重视为中小企业提供信贷支持。[①]

其次，从间接效应来看，跨国银行进入的竞争也会迫使东道国本土银行增加对中小企业的贷款。Taboada（2011）认为，外资银行进入后会提高东道国的资本配置效率。此外，竞争还会迫使本土银行降低成本以保持市场份额（Claessens et al.，2001；Manlagnit，2011）。詹内蒂和欧格娜（Giannetti and Ongena，2012）通过实证分析 13 个东欧国家的非上市企业后发现，外资银行的进入会间接地促使东道国本土银行增加对所有类型企业的信贷供给，其进入并不会损害实体经济，在收购本土银行后并不会终止与原有企业已经建立的信贷关系。另外，跨国银行主导的贷款制度和技术的进步，以及由此而产生的溢出效应，使得东道国银行部门有能力对中小企业贷款进行有效的管理和监控，成为促进东道国中小企业贷款的主要原因。

由上可见，跨国银行进入对中小企业的信贷歧视即使可能存在，但也是短期的，随着跨国银行经营本土化程度的提高，一方面其获取"软信息"方面的劣势得以克服；另一方面依然拥有信用甄别等方面的优势。当然，初期跨国银行对国内优质客户的争夺，会降低东道国银行的利润，使得东道国银行将不得不面对风险性更高的顾客，从而提高了银行投资组合的整体风险水平，增大了东道国银行体系的脆弱性。

---

① 比如花旗银行早在 2004 年就专门为服务中小企业单独设立了商业银行部，在中国启动中小企业金融服务，2012 年推出了"优智商务"成长企业服务；2006 年，渣打在中国率先推出了"中小企业无抵押小额贷款"，其针对小微企业的信用贷款无须抵押物或质押物，2010 年研发出满足企业短、中、长等不同期限的融资需求的创新信贷解决方案"一贷全"；2008 年，汇丰中国也正式推出中小企业业务，2012 年，汇丰新推"中小企业资产贷款"这一专门量身定制的营运资金融资方案，为大批小微企业缓解了资金之困。但法国兴业银行中国区（"法兴中国"，2014）认为，由于成本投入较大以及信息不对称等原因，外资银行在中国做中小企业贷款的风险很大。不过，该行在中国有另外一家融资租赁公司——法兴融资租赁有限公司，专门做中小企业融资。

8.4　跨国银行进入与东道国银行危机

由于银行体系具有内生的脆弱性，因此，银行危机也是金融危机中最典型的一种，它是当银行体系脆弱性累积到一定程度为本系统所不能承受时破坏性的能量释放。

对于新兴市场国家而言，在分析银行部门 FDI 与系统性银行危机之间的关系时，关键要关注以下两个问题：一是跨国银行进入与东道国系统性银行危机发生的概率；二是跨国银行在东道国发生银行危机时的行为是有利于危机的平复，还是会对危机起到推波助澜的作用。

8.4.1　银行危机的国际传导

新兴市场国家对外开放金融体系、吸引银行部门 FDI 的同时，也将其与国际金融风险紧密地联系了起来。相对于发达国家而言，这些国家的银行体系长期监管不善，在一定的外部冲击下，最容易发生资本流动突然逆转，而银行之间联系的天然的紧密性和银行与存款人之间信息不对称现象的存在使得银行风险产生溢出效应和"传染效应"（Contagion Effect），危及银行体系的稳定，甚至发生系统性银行危机。

银行危机在国际间的传导主要通过以下方式：

1. 资产负债表传导

2007 年次贷危机引发的一系列国际金融危机和经济危机使得银行危机在国际间的传导问题备受关注。斯蒂芬·莫里斯和申炫松（Stephen Morris and Hyun Song Shin，2008）构建模型描述了危机在国际银行间的传导：假设银行 Y 从银行 X 获得一笔借款，在银行 X 的其他资产受到损失的情况下，出于微观审慎要求会降低风险敞口，减少总体借出金额，由此，银行 X 实现了其微观审慎监管目标；而此时，银行 Y 因为 X 的撤出需要找到补充借款或减少自身的借出款项，若银行 X 撤回的借款金额足够大而且银行 Y 无法及时实现适当的补充，则此时银行 X 出于微观审慎要求做出的行为就会造成相关联银行 Y 的重大危机。同样的情况可以扩展到多家银行，模型表明一家银行在遭遇危机时的微观审慎行为会造成其他关联银行的危机，若假定这些关联银行分处于不同国家，则银行危机就出现了从国内向国际的传递（如图 8-2 所示）。

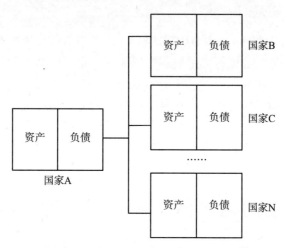

图 8-2　银行危机在国际间的横向传导

布伦纳迈尔（Brunnermeier，2009）等对上述模型进行了扩展，多家存在借贷关系的银行形成一个链条，若有一家银行出现款项拖欠行为，则借贷链条上方的银行都将遭受损失，形成典型的"多米诺效应"，同样，若这些处于借贷链条上的银行分属于不同国家，这一模型也就可以延伸至国际层面（如图 8-3 所示）。

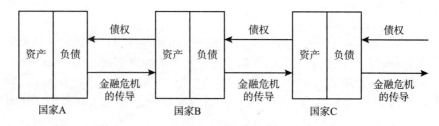

图 8-3　银行危机在国际间的链条传导

2. 币种传导

跨国银行业务涉及多个币种，因而存在很大的汇率风险，这种风险可以通过借贷业务以及国际贸易融资等方式在货币发行国以及持有国之间进行传递。如果外资银行贷款是东道国货币，那么全球信贷紧缩的影响就会明显的减弱。在拉美和加勒比海地区，贷款业务计价单位为东道国货币，资金来源以当地存款为主，在金融危机和信贷紧缩的时候，受打击的程度远低于其他新兴市场国家。

3. 制度传导

巴斯和莱文（Barth and Levine，2001）发现对外资银行进入和其产权结构的限制与银行业危机的可能性相关，银行业危机发生的概率与外资银行受到的限制程度呈正相关关系。蒙哥莫利（Montgomery，2003）考察了限制外资银行进入的法规，外资银行贷款业务稳定性与准入法规有较大的关系。外资银行如果有跨国的业务，那么贷款业务波动最大。如果是外资银行的子公司，而且是在东道国积累的资本，那么它的贷款业务就比内资银行稳定，或者是在危机的时候继续提供资金。

4. 空间依赖效应传导

银行部门 FDI 的空间依赖效应[①]也使得危机期间从事跨国借贷的银行系统可能成为危机传播的渠道。正如福托普洛斯和劳瑞（Fotopoulos and Louri，2011）所解释的，如果跨国银行发放贷款的国家陷入了危机，不良贷款的增加将会给跨国银行带来信用风险，为了满足具有约束力的资本充足性要求，跨国银行将不得不从其他国家撤资。由于受到地理距离的限制，这种撤资行为往往发生在陷入危机的邻近国家，所以，邻近国家可能也会发生资金短缺，从而导致危机在各个国家之间的传播。这也说明，如果一国的银行体系中跨国银行的源属国集中程度愈高，意味着风险集中度也越高，"传染效应"发生的可能性越大。因此，新兴市场国家在引进跨国银行的时候，还要考虑原属国的适当多元化，以分散风险。

5. 母国经济波动对东道国的传导

由于新兴市场国家东道国允许外国金融机构自由进入，这就使本国经济极易受跨国银行母国经济波动的连带影响。而跨国银行对母国的经济波动比对东道国的波动更为敏感，当母国发生经济动荡甚至危机，就有可能通过其应对行为传播到东道国。因为对处于东道国的跨国银行分支机构而

---

① 参见第 3 章第 3.4 节。

言，母国的危机尽管是一种外部事件，但是其贷款业务的发展受到其母银行经营情况的影响，如果其母银行处于危机之中，自然会根据需要调节在国外分支机构的业务规模和结构，比如降低东道国信贷总量、减少跨境贷款等。拉尔夫（Ralph，2012）使用银行贷款数据，以国家、企业和银行三个层面的变量取固定效应分析贷款的供给和需求，研究了雷曼兄弟投行倒闭后大型跨国银行是如何减少跨境贷款数量的。因此，跨国银行有可能成为国际金融风险输入、传导的主要载体，甚至可能成为东道国资本外逃的便利通道，从而增加东道国危机的可能性。

8.4.2 跨国银行进入与东道国银行危机发生的概率

1. 短期和长期概率呈现倒"U"型关系

短期内跨国银行与东道国系统性银行危机发生的概率是正相关的。前文提到，在短期内竞争效应将导致东道国银行的盈利能力和平均利润率大幅度下降，国内银行被迫从事高收益高风险的金融业务，银行体系将会更加脆弱，进而提高危机发生的可能性。但是从长期来看，竞争效应是否导致银行体系危机，取决于东道国银行在竞争中的结果。如果东道国银行不能尽快适应跨国银行的竞争并完成调整，不仅不能实现更高的经营效率，反而也可能增加系统性银行危机的可能性。

德莫格·康特以及德特拉加凯（Demirgüç – Kunt, A. and E. Detragiache, 1998）运用53个国家1980～1995年的数据研究了金融自由化与金融脆弱性之间的经验关系，认为金融自由化带来的较低的市场集中程度和更多的跨国银行参与意味着更激烈的竞争，由此增加了系统性银行危机发生的可能性。帕克（Park, 2002）[1] 等学者对东亚地区金融自由化与金融危机的研究结果也认为，一国的跨国银行比重与该国系统性银行危机发生的概率正相关。罗伯特·库尔和莫利亚·索莱戴德·马汀尼兹·珀莉雅（Robert Cull and María Soledad Martínez Pería, 2007）[2] 利用100多个有跨国银行参与的发展中国家1995～2002年的相关数据，对系统性银行危机

---

[1] Park, Y. C. 2002, "Financial liberalization and Economic Integration in East Asia", Asian Development Bank Institute.

[2] Robert Cull, María Soledad Martínez Pería, 2007, "Foreign Bank Participation and Crises in Developing Countries", *World Bank Policy Research Working Paper* 4128.

与跨国银行参与之间的关系进行了考察，结果发现，经历系统性银行危机的国家比其他国家有更多的跨国银行参与，从某种程度上说明跨国银行增加了东道国系统性银行危机的可能性。

但是一些专门针对新兴市场国家的研究表明，跨国银行进入总体上有利于东道国银行体系的稳定，降低了东道国出现系统性银行危机的可能性（Demirgüc – Kunt et al. , 1998；Dages et al. , 2000；Barth et al. , 2001；O'Sullivan, Roisin E. et al. , 2010；Kladova et al. , 2012）。莱文（Levine, 1999）在德莫格·康特和德特拉加凯（1997，1998）对银行体系危机研究的基础上，运用多元 Logist 模型对部分新兴市场国家数据进行经验分析，结果发现，银行业危机发生的概率与跨国银行业务受到的限制程度呈正相关关系，也即对跨国银行限制越严格，反而越容易发生银行业危机。而跨国银行进入程度与银行危机发生概率呈负相关关系，说明引进跨国银行有助于减少东道国系统性银行危机发生的可能性。中国学者叶欣和冯宗宪（2004）对 50 个国家（包括 30 个新兴市场国家和发展中国家）1988 ~ 1997 年的年度数据，通过建立逻辑回归模型，检验了外资银行进入与本国银行体系稳定性之间的关系。结果表明，外资银行进入增加将显著降低东道国银行发生危机的可能性。[1]

另外，有学者将跨国银行进入东道国的时间与银行体系危机发生的概率进行了量化分析。韦勒·克里斯蒂安和谢尔·马克（Weller Christian E. and Scher Mark J. , 1999）[2] 对 1985 ~ 1996 年发展中国家的研究得出的结论是，跨国银行进入与发展中国家银行体系危机爆发之间的关联性非常低。

表 8 – 1　　　跨国银行进入时间与东道国银行体系危机发生的概率

跨国银行信贷情况	跨国银行进入时间		
	第一个 5 年	第二个 5 年	第三个 5 年
信贷市场份额极小	0.037	0.061	0.032
至少有 1% 的市场份额	0.043	0.058	0.051
至少有 2% 的市场份额	0.040	0.062	0.046

---

　　① 叶欣，冯宗宪. 外资银行进入对本国银行体系稳定性的影响 [J]. 世界经济，2004（1）：29 – 36.
　　② Weller, Christian E. and Scher, Mark J. , 1999, "The Impact of Multinational Banks on Development Finance", Center for European Integration Studies, *ZEI Working Paper*, B99 – 16.

续表

跨国银行信贷情况	跨国银行进入时间		
	第一个 5 年	第二个 5 年	第三个 5 年
至少有 3% 的市场份额	0.042	0.054	0.051
平均概率	0.041	0.059	0.045

数据来源：根据 Weller, Christian E. and Scher, Mark J., 1999 整理。

如表 8 - 1 所示，如果以 5 年为一个时间段，连续考察三个 5 年，跨国银行进入引起东道国银行体系危机的平均概率只有 0.048，最大也不过 0.062。跨国银行进入的第一个 5 年，该平均概率仅为 0.041，第二个 5 年为 0.059，从第三个 5 年开始为 0.045，也即跨国银行进入的时间与东道国银行危机发生的概率与竞争对稳定的短期和长期效应是一致的，呈现一种倒"U"型关系。

2. 基于资产组合调整的顺周期贷款行为对银行危机有一定推动作用

如果跨国银行仅仅将其在新兴市场国家的投资作为多元化资产组合的一种，会基于不同市场上的风险和收益状况及时调整其资产组合。那么当新兴市场国家经济出现波动或其他不利事件时，这些银行会降低在东道国市场上的资产规模，减少对东道国企业的信贷供应，到其他市场上寻求更高的收益。跨国银行的这种"顺周期贷款"（Procyclical Lending）行为，会使东道国的金融状况更加恶化。阿热诺尔（Agenor, 2001），卡巴莱罗（Caballero, 2002），加多林、米科与鲍威尔（Galindo, Micco and Powell, 2003）以及卡巴莱罗、科万和卡恩斯（Caballero, Cowan and Kearns, 2004），赛欧等（Seo et al., 2013）关于跨国银行顺周期贷款行为的研究均支持以上结论。所以，在新兴市场国家银行业有危机预兆时，跨国银行就可能停止在东道国的业务或者是仅仅为偿债能力高的部门提供服务。而且，这些跨国银行还会借助于它们的国际网络来为自身降低风险，这就加剧了银行体系的不稳定状况。

但是，基于资产组合调整的这种顺周期贷款行为也不是必然发生的。因为通过提高监管水平和一系列的政策配合，顺周期贷款行为是有可能被控制的，对此加多林、米科与鲍威尔（Galindo, Micco and Powell, 2003）进行了详细的论证。在此基础上，米科与潘尼萨（Micco and Panizza, 2004）的进一步研究认为，跨国银行能否减少贷款的顺周期性，维持贷款

的稳定，取决于国内存款的波动幅度。而此前高德伯格、戴格思与金尼
（Goldberg，Dages and Kinney，2000）对阿根廷与墨西哥1994～1998年间
的外资银行与国内银行的贷款行为的研究发现，由于跨国银行的风险管理
和控制水平高于东道国银行，那么在较低关联度的易变量影响下，其贷款
增长甚至要好于东道国银行，因而成为稳定市场的力量。

3. 跨国银行优良特质对东道国银行体系有稳定和优化作用

跨国银行母国多为工业化国家，其在海外的分支机构都受到母国的严
格监管，并且受"巴塞尔协议"的制约，因此，这些跨国银行的进入会优
化东道国的银行体系，从而有助于整个金融体系的稳定；跨国银行先进的
内部管理和风险控制技术产生的溢出效应，也有助于东道国银行体系的稳
定性。米哈杰克等（Mihaljek et al.，2005）根据国际清算银行的调查问卷
整理的数据显示，银行业开放后，新兴市场国家的不良资产率呈现下降趋
势；另外，为了规避系统性风险，跨国银行有很强的激励去维护东道国金
融体系的稳定。因此长期来看，跨国银行进入能增强东道国金融体系抵御
外部冲击的能力，进而使东道国的银行体系更加稳定。

综上所述，跨国银行进入对新兴市场国家系统性银行危机发生概率的
影响是双重的。这一方面说明了系统性银行危机爆发原因的复杂性；另一
方面也体现出跨国银行对东道国银行体系产生的影响在不同的国家、环境
和不同的时间是不同的。

8.4.3 跨国银行在东道国发生银行危机时的行为

跨国银行往往有国际化的资金来源，有更多途径进行多元化业务，增
加流动性，稀释资产价格。即使在外部资金枯竭的情况下，它们仍能有办
法从其总行获得金融支持或是利用其在国际市场上的信誉融通资金。可
见，在东道国发生银行危机时，跨国银行对当地经济还可能起到稳定器的
作用。这一点可以从跨国银行在东道国发生银行危机时的行为表现出来。

1. 多数跨国银行贷款体现出较高的稳定性

通过对近年来发生的多次金融危机的考证发现，东道国发生危机时，
多数跨国银行贷款的稳定性较高。比如1994年，墨西哥爆发金融危机，
并波及其他拉美国家，从墨西哥金融危机前后各拉美国家外资银行所占市

场份额的变化来看，金融危机并没有导致外资银行减少信贷供应，甚至抽逃资金（见表8-2、表8-3）。

表8-2　　　　　金融危机期间跨国银行在阿根廷的信贷情况

（跨国银行各种贷款占相应种类总贷款的比重）　　　单位：%

贷款种类	1994 年	1997 年	1999 年
个人贷款	25.4	48.5	45.8
抵押贷款	10.3	20.4	31.9
商业、政府和其他贷款	19.0	37.4	53.2
总贷款	18.0	35.0	48.1

数据来源：转引自 B. Gerard Dages，Linda S Goldberg and Daniel Kinney（2000），根据阿根廷中央银行的信息计算所得数据。

由表8-2可见，在1994~1999年拉美金融危机期间，阿根廷的外资银行给当地企业的贷款都有所增长，墨西哥的情况也基本相似（见表8-3）。

表8-3　　　墨西哥金融危机前后跨国银行在拉美地区经营总体情况

国家	1994 年底		1999 年底		
	总资产（10 亿美元）	控制率（%）	总资产（10 亿美元）	参与率（%）	控制率（%）
墨西哥	210.2	1	204.5	18.6	18.8
阿根廷	73.2	17.9	157	41.7	48.6
巴西	487	8.4	732.2	18.2	16.8
智利	41.4	16.3	112.3	48.4	53.6
哥伦比亚	28.3	6.2	45.3	16.2	17.8
秘鲁	12.3	6.7	26.3	33.2	33.4
委内瑞拉	16.3	0.3	24.7	34.7	41.9

数据来源：http://www.imf.org。

此后，哈塔克（Khattak，2011）系统地总结了2003~2009年南亚新兴市场国家银行受外资银行的影响程度，发现外资银行对东道国危机的发生敏感度较低，在本土银行信贷萎缩的形势下，反而提供了较高的信贷支持，对东道国银行体系的稳定作用较大。

欧洲主权债务危机发生之后，部分银行收紧了信贷。科雷亚·李嘉图、赛浦瑞萨·霍瑞修等（Correa Ricardo，Sapriza Horacio et al.，2012）

调研了在欧洲的美国商业银行分支机构的跨境银行信贷渠道及其辛迪加贷款情况，发现由于长期存款的减少，这些银行面临流动性冲击，因此不得不减少了对在那里的美国公司的信贷规模。而美国的银行总部则向这些银行注入了额外的资金，尽管弥补不了存款的流失，但是也在某种程度上说明，当东道国发生危机时，外资银行并不热衷于短期行为，而是依然着眼于长期稳定的投资。[1] 范加科娃、赫若拉和劳伦特（Fungáčová Zuzana，Herrala Risto and Weill Laurent，2013）考察了俄罗斯金融危机中不同所有制银行的信贷供给，通过随机前沿分析，发现危机时国内私有银行、国有银行和外资银行均有不同程度的信贷减少，但是外资银行相对而言信贷减少更多。因此认为外资银行还是存在一定的"忠诚缺失"（Lack of Loyalty）。[2]

总的来讲，即使金融危机时所有内外资银行都有紧缩信贷的现象，但是符合以下条件的市场，外资银行缩减贷款规模的幅度较小：地理位置上较为靠近；在该市场的经验较为丰富；有分支机构；已形成社会关系，有贷款业务合作银行。另外，如果外资银行在东道国占主导地位，那么危机发生时，外资银行贷款数量的降低会少于内资银行，从而成为稳定市场的力量。

2. 不同进入方式的跨国银行稳定性有所差异

从跨国银行的进入方式看，以绿地投资方式在东道国建立分支机构，因为其经营策略会更有进取性和长期性，而且迅速融入东道国市场，因此在危机时比那些以兼并收购方式设立的分支机构的稳定性要有保证。哈斯与范莱利维尔德（Haas and Van Lelyveld，2006）对 10 个中东欧转轨国家1993～2000 年经济周期与银行危机的关系进行了研究，认为在大量引进跨国银行的背景下，跨国银行的进入方式非常关键，如果是通过兼并方式设立的分支机构以及本国银行，则会在此时刻紧缩银根，对信贷的稳定是不利的，离岸银行和跨国银行支行的贷款业务比在本地积累资本的跨国银行的子公司要更加不稳定；而如果是以绿地投资方式建立分支机构的跨国银行，在东道国内爆发危机时可以起到信贷稳定的作用。

---

[1]　Correa, Ricardo, Sapriza, Horacio, Zlate, Andrei, 2012, "Liquidity Shocks, Dollar Funding Costs, and the Bank Lending Channel during the European Sovereign Crisis", U. S. Federal Reserve Board's International Finance Discussion Papers, Issue 1058/1065, preceding, 1 – 56.

[2]　Fungáčová, Zuzana, Herrala, Risto, Weill, Laurent, 2013, "The Influence of Bank Ownership on Credit Supply: Evidence from the Recent Financial Crisis", *Emerging Markets Review*, 15, 136 – 147.

不仅如此，皮克和罗森格伦（Peek and Rosengreen，2000）的研究表明，根据墨西哥经济危机后的情形，如果不允许大型外资银行进入，那么该国的经济复苏政策的有效性就会大打折扣。在墨西哥、巴西和阿根廷的外资银行甚至把 1994～1999 年金融危机的"龙舌兰酒效应"（Tequila Effect）① 看作是它们低成本拓展业务的良机，因而参与更多并购活动。

同时，在亚洲金融危机期间，印度尼西亚、韩国、马来西亚和泰国国内银行的贷款余额变化不大，而同期跨国银行的贷款余额还有所上升，贷款增长的波动性也比国内银行小。根据米科、潘尼萨等（Micco，Panizza et al.，2006）对新兴市场国家银行危机后跨国银行的跟踪调研结果，危机当年到危机后 1～5 年，其进入状况总体依然比较平稳，如图 8－4 所示。因此可以说，当东道国发生危机后，跨国银行甚至可以帮助东道国恢复经济和持续稳定发展。

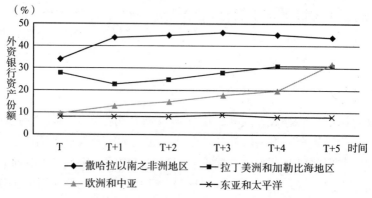

图 8－4　银行危机后跨国银行在各地区的进入情况

数据来源：Micco，Panizza（2006）。

3. 跨国银行撤资和进一步渗透现象同时存在

从资本外逃（Capital Flight）的角度看，东道国发生金融危机后，跨国银行从东道国撤资和向其进一步渗透的现象都有所存在，但后者多于前者。因为随着危机的加剧，居民对本国银行的信心会发生动摇，只能向海

----

① 从 20 世纪 90 年代以来，随着金融全球化的不断发展，某一个国家或者某一个地区的金融形势出现动荡甚至是陷入金融危机以后，会产生一种传染效应，西方媒体就从这个国家或地区找能够象征这个国家的一种东西来命名，在墨西哥有一种酒叫作龙舌兰酒，所以人们就把 1994 年墨西哥金融危机产生的效应叫作龙舌兰酒效应。

外转移存款。而信誉卓著的跨国银行进入后，对本国居民的存款产生更大的吸引力（Clarke et al.，2000），即"安全投资转移"效应，东道国居民会优先考虑将存款由濒临破产的本国银行转存这些境内的跨国银行，把跨国银行看作是"安全天堂"（Safe Haven），减少了东道国经常账户所面临的压力，对控制资本外逃及其对东道国国际收支平衡和汇率稳定的冲击、抑制危机的进一步升级有重要意义。从阿根廷和泰国发生危机的情况看，外资银行从这些国家的内资银行吸收了大量存款，在 1996 年 12 月到 1997 年 12 月间，泰国外资银行存款市场占有率从 2% 升至 5%，翻了一番还多。但是，当两国公众对内资银行质量表示严重担忧时，外资银行不仅没有引致大量资本外逃，反而减少了资本外流。

当然，某些外资银行在东道国发生金融危机时可能会撤资避险，甚至由于个体的理性行为导致集体的非理性，使得撤资范围扩大。即使是发达国家有时也会面临同样状况。比如，尼古拉（Nicola，2012）发现在美国发生金融危机时，外资银行将大批资金从它们在美国的支行抽走。据估计，中等规模支行被母银行抽走的资金为 12%，大规模支行被抽走的资金更多。这种内部冲击改变来了美国外资银行的资产负债表，大大影响了它们的贷款业务。平均来说，母银行每转走 1 美元，其支行的贷款就会减少40~50 美分。但是，新兴市场国家资本的撤出更多的是由于其他方面的原因，如经济环境较差、经济和政治政策不连续、社会局势动荡等。国内学者赵征、黄宪（2009）① 全面研究了跨国银行在新兴市场风险环境中的行为选择问题，建立模型探讨了不同背景条件下跨国银行 FDI 对东道国金融稳定性的边际影响，认为给定跨国银行 FDI 的规模，东道国金融稳定性是国内银行竞争力、银行业市场规则及安全度、跨国银行进入积累实践的增函数，是东道国国家风险的减函数。

综上所述，银行部门 FDI 可以从正、负两个方面对本国银行体系的脆弱性产生影响，至于正面效应和负面效应孰强孰弱，依然缺乏定论。这种影响更多地取决于东道国银行经营的宏观经济环境、政府监管能力以及国家风险状况等。如果新兴市场国家没有解决好原有体制的问题就大力推行金融自由化，没有建立健全市场监管体系，那么，随着金融自由化程度的加深，金融危机的发生概率会增加。反之，则可以通过金融开放建立起竞争性和稳定性协调的银行体系。

---

① 赵征，黄宪. 跨国银行在新兴市场风险环境中的行为选择与综合影响［J］. 世界经济研究，2009（5）：29 - 34.

第 9 章

银行部门 FDI 与中小企业
信贷：博弈与实证

9.1 基于信息内生视角的博弈分析

新兴市场国家数量众多的中小企业是扩大社会就业的主要载体和推动技术创新的生力军，也是支撑经济增长不容忽视的力量。因此，研究跨国银行进入对新兴市场国家中小企业信贷获取的影响，对推动这些国家经济的强劲复苏具有重要意义。

9.1.1 对已有研究假设的放松

已有的理论研究通过假设跨国银行和本土银行之间信息不对称程度的不同，构建模型分析跨国银行进入后东道国信贷市场均衡情况。一般假设跨国银行和本土银行之间存在严重的信息不对称，即本土银行完美掌握所有企业的信用类型信息，具有信息优势，而跨国银行只具有资金成本优势。在严重的信息不对称假设下，跨国银行进入将导致一个细分的信贷市场，并只对信息透明企业和盈利企业提供贷款。

德特扎克等（Detragiache et al.，2008）[①] 放松了以上假设，假设本土银行不能无成本地获得企业的信用类型信息，而跨国银行可以通过投资筛选技术获得。在模型中，本土银行在筛选信息不透明企业方面具有信息优

① Detragiache E, Tressel T, Gupta P. Foreign Banks in Poor Countries: Theory and Evidence [J]. *Journal of Finance*, 2008, 63 (5): 2123–2160.

势，而跨国银行在筛选信息透明企业时具有技术优势。[①] 跨国银行进入后会使信息透明企业受益，但是会恶化其他类型企业的境况并且降低整个社会的福利水平。

戈姆利（Gormley，2014）在模型中加入了跨国银行具有资金成本优势的假定，结果发现，在占据绝大多数市场份额以至于本土银行退出市场的情况下，跨国银行会贷款给中小企业。[②] 邦斯坦尼法（Boustanifar，2014）[③] 构建了一个两期理论模型，研究跨国银行进入对不同规模企业信贷获取和贷款价格的影响，结果发现，本土银行依赖之前的贷款关系会逆转跨国银行筛选信息透明企业的比较优势，即跨国银行进入东道国后会贷款给中小企业。

综上所述，跨国银行进入东道国后会贷款给中小企业在理论上并没有得到充分验证。现有的理论研究并没有充分考虑跨国银行和东道国本土银行对不同规模企业具有的各种优势。

下面在邦斯坦尼法（2014）两期理论模型的基础上，假设跨国银行进入后本土银行的企业信息是内生的，即本土银行依赖之前的筛选和贷款关系，在与跨国银行竞争识别同类型企业时不必再花费筛选成本；同时，在邦斯坦尼法的模型中增加了一个新的假定条件：跨国银行筛选信息透明企业具有技术优势，即以下全面考虑了跨国银行的资金成本优势、技术优势和本土银行的信息优势。[④]

9.1.2 模型建立

1. 假设前提

（1）主体。假设模型由两个主体组成：企业和银行。主体是风险中

---

① 由于距离、文化或制度障碍，外资银行在收集和处理"软信息"方面具有劣势，即外资银行筛选信息不透明企业时具有信息劣势，这就对应于本土银行的信息优势；由于先进的技术和经验，使得外资银行筛选基于"硬信息"的信息透明企业时具有技术优势。

② 大多数国家不会出现本土银行全部退出的情况，因此 Gormley 的研究结果并不符合一般现实。因为如果市场上只剩下外资银行的话，他们自然会给所有企业贷款。Gormley 的研究请参见 Gormley T A. 2014，"Costly Information, Foreign Entry, and Credit Access", *Journal of Economic Theory*，154（11）：633 – 667.

③ Boustanifar H. 2014，"Information Acquisition, Foreign Bank Entry, and Credit Allocation", *The Quarterly Review of Economics and Finance*，54（3）：324 – 336.

④ 由于是在放松严重的信息不对称这一假设下的研究，因此，本土银行的信息优势只指筛选信息不透明企业的信息优势。

性并且假设企业是有限责任。银行市场是完全竞争，企业没有自有资本只能通过银行获得资金，银行资金供给具有完全弹性。企业性质只有信息不透明和信息透明两种，比例分别假定为 λ 和 $1-\lambda$。所有信息透明企业都是盈利的，信息不透明企业包括两种：盈利企业和亏损企业，比例分别为 λ_{po} 和 λ_b，$\lambda_{po}+\lambda_b=\lambda$，并且假设 λ 是不变的，改变的只是两种企业的比例①。因此，企业共分为三种类型：信息透明企业 T、盈利的信息不透明企业 PO 和亏损企业 B。企业进行风险项目投资时需要初始投资 I，$I=1$。T 类和 PO 类企业的投资回报 $R\geq1$，且概率为 1。为了分析的简便，假设 B 类企业投资回报也为 R，概率为 p。B 类企业投资净值为负，因此 $pR<1$。

（2）筛选成本。企业的类型信息是私有信息，银行只有投资昂贵的筛选技术才能识别企业的类型。假设第一期的均衡结果只有本土银行知道。如果没有这一假设，跨国银行可以通过"搭便车"获得本土银行收集的信息。银行筛选技术有两种：一是能够识别出 T 类企业的 T 技术；二是能够识别出 PO 类企业更昂贵的 O 技术。本土银行资金成本标准化为 1 个单位，由于跨国银行具有资金成本优势，其资金成本 $v<1$。本土银行分别需要花费成本 c_T 和 c_o 识别出 T 类企业和 PO 类企业，并且 $c_o>c_T$。

不同于邦斯坦尼法（2014）的研究，此处在模型中增加了跨国银行具有技术优势这一假定，因此，跨国银行筛选信息透明企业的成本为 θc_T，而跨国银行的信息劣势使得其筛选信息不透明企业的成本为 c_o/θ，$0<\theta<1$。θ 被解释为东道国的制度质量，θ 越大，东道国制度质量越高，跨国银行筛选 T 类企业的成本越大而筛选 PO 类企业的成本越小。②

（3）筛选契约。建立一个两期模型，企业在每一期都有一个项目，第一期信贷市场上只有本土银行，第二期本土银行和跨国银行展开竞争。采用逆向归纳法得出均衡结果，首先，假定本土银行和企业在第一期的战略，基于信息内生视角，得出第二期跨国银行进入后的均衡结果，其次，再回到第一期进行分析，最后，得出整个博弈的均衡结果。均衡采用的是子博弈完美均衡，在均衡状态下，银行的预期利润为零。③

---

① 由于大多数信息透明企业是大型企业并且盈利能力较强，所以此处作出这一假设。

② 东道国法律和制度环境越完善，外资银行筛选信息透明企业的技术优势越小，信息透明企业的筛选成本越大。同样地，外资银行筛选信息不透明企业的信息劣势也会越小，信息不透明企业的筛选成本越小。

③ 子博弈完美均衡是指假如每一家银行和企业都能考虑到所有其他主体的战略，最大化预期利润，战略配置将会是竞争均衡。

　　每一时期，银行提出希望的筛选契约，企业向银行申请贷款，选择一种可能的契约或减少贷款。银行提出的筛选契约由一种或多种利率组合而成：没有任何筛选的混合利率、筛选出信息透明企业的 T 技术利率和筛选出盈利的信息不透明企业的 O 技术利率。

2. 跨国银行进入后的均衡结果

　　在第一期，可能有四种均衡结果：混合均衡、半混合均衡、分离均衡和信贷约束均衡。在混合均衡，所有类型的企业混合在一起获得贷款；在半混合均衡，只有那些信息透明的企业被筛选出来且得到贷款，而信息不透明的企业混合在一起获得贷款；在分离均衡，信息透明企业和盈利的信息不透明企业被筛选出来并获得贷款，亏损企业不会获得任何银行贷款；在信贷约束均衡，只有信息透明的企业被筛选出来，并得到银行贷款，而信息不透明企业则不会获得任何银行贷款。

　　如果第一期是混合均衡，这表明本土银行没有花费任何筛选成本，因此本土银行在第二期不能无成本地筛选任何类型的企业。由于跨国银行资金成本比本土银行低，跨国银行提供的混合利率会较本土银行提供的混合利率低，这样，跨国银行将占据整个东道国信贷市场，迫使本土银行退出。[①] 下面研究的重点是第二期信贷市场上跨国银行和本土银行并存时的均衡结果，即除了混合均衡以外的均衡结果。[②]

　　（1）跨国银行进入半混合均衡。第一期的半混合均衡表明本土银行在第二期能够无成本地识别信息透明企业并提供利率 $r_t = 1$ 的贷款。由于跨国银行具有资金成本优势，跨国银行对信息不透明企业提供的混合利率低于本土银行，即：$\lambda v/[\lambda - (1-p)\lambda_b] < \lambda/[\lambda - (1-p)\lambda_b]$。[③] 因此，信息不透明企业由跨国银行提供贷款。此处只研究信贷市场上本土银行和跨国银行并存的情形，跨国银行对信息透明企业提供的筛选利率需要满足 $v +$

---

　　① 银行提供的各种利率都是基于盈亏平衡的考虑。外资银行对所有类型企业提供的混合利率推导过程为：$[p\lambda_b + \lambda_{po} + \lambda_t]r_p = v \Rightarrow r_p = \dfrac{v}{p\lambda_b + \lambda_{po} + \lambda_t} = \dfrac{v}{1 - (1-p)\lambda_b}$，同样可得本土银行的混合利率。

　　② 目前，外资银行进入东道国后与本土银行并存的情形是最常见的模式，几乎不存在外资银行将本土银行完全驱逐出市场的情况。

　　③ 外资银行对信息不透明企业提供的混合利率推导过称为：$\left[\dfrac{\lambda_{po}}{\lambda_b + \lambda_{po}} + \dfrac{p\lambda_b}{\lambda_b + \lambda_{po}}\right]r_{sp} = v \Rightarrow$ $r_{sp} = \dfrac{\lambda v}{\lambda - (1-p)\lambda_b}$。

$\theta c_T > 1$，即 $\theta > (1-v)/c_T$，否则，跨国银行对所有类型企业提供的利率都低于本土银行，本土银行将退出信贷市场。现在可能有两种情况：一是跨国银行向信息不透明企业提供一个混合契约；二是跨国银行向信息不透明企业提供一个分离契约。当跨国银行提供的混合利率 r_{sp} 低于筛选利率 $v + c_o/\theta$ 时，即 $\theta < c_o/(r_{sp}-v)$，所有的信息不透明企业将申请混合契约，这就给出了第二期半混合均衡 θ 的上限。

假设第一期是半混合均衡，①如果 $(1-v)/c_T < \theta < c_o/(r_{sp}-v)$，跨国银行进入后的均衡结果也是半混合均衡：信息透明企业由本土银行提供贷款，而信息不透明企业混合在一起并由跨国银行提供贷款；②如果 $\theta > \max\{(1-v)/c_T, c_o/(r_{sp}-v)\}$，跨国银行进入后的均衡结果是分离均衡：信息透明企业由本土银行提供贷款，而盈利的信息不透明企业由跨国银行提供贷款，亏损企业不会获得任何银行贷款。

通过第一期的筛选，本土银行的信息优势使其继续向信息透明企业提供贷款，而跨国银行依靠资金成本优势对信息不透明企业提供一个更具有吸引力的混合契约。此外，当东道国制度质量足够高时，跨国银行对信息不透明企业的筛选成本较低，盈利的信息不透明企业被筛选出来而不是与亏损企业混合在一起。

（2）跨国银行进入分离均衡。第一期的分离均衡表明本土银行运用 T 技术和 O 技术筛选出信息透明企业和盈利的信息不透明企业。因此，当与跨国银行竞争时，本土银行能够完美地识别出所有类型的企业，并对信息透明企业以及信息不透明但有盈利的企业提供利率为 $r_t = r_{po} = 1$ 的贷款。这里只研究信贷市场上本土银行和跨国银行并存的情形，跨国银行对信息透明企业和盈利的信息不透明企业提供的利率分别需要满足 $v + \theta c_T < 1$ 和 $v + c_o/\theta > 1$，即 $1 - c_o/\theta < v < 1 - \theta c_T$。由于 $v + \theta c_T < 1$，筛选成本较低，跨国银行会选择向信息透明企业提供贷款。然而，由于 $v + c_o/\theta > 1$，本土银行的信息优势使其选择向盈利的信息不透明企业提供贷款。

假设第一期是分离均衡，如果 $1 - c_o/\theta < v < 1 - \theta c_T$，跨国银行进入后的均衡结果是分离均衡：信息透明企业由跨国银行提供贷款，而盈利的信息不透明企业由本土银行提供贷款，亏损企业不会获得任何银行贷款。

适度的资金成本优势使跨国银行能够筛选信息透明企业并提供利率小于 1 的贷款，而本土银行的信息优势使其能够筛选盈利的信息不透明企业并提供利率 $r_{po} = 1$ 的贷款。

（3）跨国银行进入信贷约束均衡。第一期的信贷约束均衡表明本土银行在第二期只能无成本地识别信息透明企业并提供利率 $r_t = 1$ 的贷款。由于只研究本土银行和跨国银行并存的情形，跨国银行对信息透明企业提供的筛选利率需要满足 $v + \theta c_T > 1$，即 $v > 1 - \theta c_T$。当跨国银行向信息不透明企业提供的筛选利率 $v + c_o/\theta$ 小于本土银行 $1 + c_o$ 时，即 $v < 1 - (1/\theta - 1)c_o$，跨国银行将克服信息劣势吸引盈利的信息不透明企业。因此，当 $1 - \theta c_T < v < 1 - [1/\theta - 1]c_o$ 时，跨国银行进入后信贷市场会达到分离均衡。此时，$\theta > \max\{(1-v)/c_T, c_o/(1+c_o-v)\}$，即跨国银行的比较优势将依赖于 θ，当 θ 的值较高时，跨国银行在筛选和对信息不透明企业提供贷款方面具有比较优势。因此，对于所有 $R \geqslant v + c_o/\theta$ 的项目，存在本土银行贷款给信息透明企业而跨国银行筛选和贷款给盈利的信息不透明企业的分离均衡。

假设第一期是信贷约束均衡，如果 $\theta > \max\{(1-v)/c_T, c_o/(1+c_o-v)\}$，跨国银行进入后的均衡结果是分离均衡：信息透明企业由本土银行提供贷款，而盈利的信息不透明企业由跨国银行提供贷款，亏损企业不会获得任何银行贷款。在这一均衡里，$R \geqslant v + c_o/\theta$。

本土银行对信息透明企业具有完美信息优势，跨国银行吸引信息透明企业的劣势将大于其筛选信息不透明企业的劣势，因此，跨国银行筛选并向盈利的信息不透明企业提供更低利率的贷款。

3. 整个博弈的均衡结果

上一部分在假定第一期均衡结果的前提下，此处得出第二期的均衡结果和企业承担的利率。根据经济中亏损企业比例和项目结果，下面将推导第一期的均衡结果，均衡中企业选择的契约就是使两个时期利润最大化的契约。这有可能出现四种情况：

（1）第一种情况。当亏损企业比例较低时，逆向选择成本低于筛选成本，信息透明企业不会有动力接受第二期标明其企业类型的筛选契约，所有类型企业在一、二期申请并接受一个混合契约。本土银行和跨国银行能提供的混合利率分别是 $1/[1-(1-p)\lambda_b]$ 和 $v/[1-(1-p)\lambda_b]$。[①] 因此，两种混合利率的和应该小于第一期筛选利率（$r_T = 1 + c_T$）加上第二期本土银行对信息透明企业的筛选利率（$r_T = 1$），即：

---

① 银行为维持盈亏平衡，当亏损企业比例增加时，混合利率会提高，因此混合利率依赖于亏损企业的比例。

$$\frac{1}{1-(1-p)\lambda_b}+\frac{v}{1-(1-p)\lambda_b}\leqslant 1+c_T+1\Rightarrow\lambda_b\leqslant\frac{(2+c_T)-(1+v)}{(2+c_T)(1-v)}=\underline{\lambda_b}$$

$$(9.1)$$

对这一均衡的描述如下：

如果 $\lambda_b < \underline{\lambda_b} = \dfrac{(2+c_T)-(1+v)}{(2+c_T)(1-v)}$，第一、二期均衡结果都是混合均衡。所有类型企业在跨国银行进入后享受一个较低的利率，$r_p = v/[1-(1-p)\lambda_b]$。

当部门中企业质量相当好时，盈利企业没有动力揭示其企业类型，即盈利企业支付的交叉补贴成本低于其支付的筛选契约成本 c_T。在这种情况下，本土银行不会进行任何筛选，它们对企业类型信息掌握的最少。

（2）第二种情况。当亏损企业比例较高时，即 $\lambda_b > \underline{\lambda_b}$，本土银行会面临较高的逆向选择成本，混合利率将超过信息透明企业的筛选利率，因此，信息透明企业偏好筛选契约。如果坏企业比例不是太高，并且盈利的信息不透明企业的筛选成本 c_o 高于逆向选择成本，盈利的信息不透明企业不想承担在第二期能标明其企业类型并享受低利率的筛选成本，更偏好一个混合契约。因此，如果信息不透明企业第一期和第二期承担的混合利率之和低于它们承担的筛选利率，信息不透明企业将接受混合契约，即：

$$\frac{\lambda}{\lambda-(1-p)\lambda_b}+\frac{\lambda v}{\lambda-(1-p)\lambda_b}\leqslant 1+c_o+1\Rightarrow\lambda_b\leqslant\frac{(2+c_o)-\lambda(1+v)}{(2+c_o)(1-v)}=\overline{\lambda_b}$$

$$(9.2)$$

同时，信息不透明企业的参与约束需要被满足才能达到半混合均衡，即银行为维持盈亏平衡提供的混合利率应该不超过项目回报，否则，盈利的信息透明企业不会申请混合契约，因为这会产生负利润，即：

$$\frac{\lambda}{\lambda-(1-p)\lambda_b}\leqslant R\Rightarrow\lambda_b\leqslant\frac{\lambda(R-1)}{(1-p)R}=\lambda_b^p$$

$$(9.3)$$

如果亏损企业的比例小于 $\overline{\lambda_b}$，信息不透明企业不会申请筛选契约；如果亏损企业的比例小于 λ_b^p，信息不透明企业的混合利率小于项目回报，即信息不透明企业的参与约束并不会被违背。因此，对这一均衡的描述如下：

如果 $\underline{\lambda_b} < \lambda_b < \min\{\overline{\lambda_b}, \lambda_b^p\}$，并且 $v > 1-\theta c_T$，第一、二期的均衡结果都是半混合均衡。跨国银行进入后，本土银行将选择向信息透明企业贷

款，贷款利率 $r_t = 1$，而跨国银行会向信息不透明企业提供更低利率的贷款，利率 $r_{sp} = \lambda v / [\lambda - (1-p)\lambda_b]$。

跨国银行进入半混合均衡后，信息透明企业没有受到影响（信息透明企业享受较低的利率是由于本土银行之前的筛选），信息不透明企业以更低的利率获得贷款。同时，总信贷没有受到影响，所有企业包括亏损企业都获得贷款。本土银行信贷组合中贷款违约比例减小，跨国银行的贷款组合比本土银行的更具有风险[①]。克莱森斯等（Claessens et al.，2001）、哈兹尔曼和瓦赫特尔（Haselmann and Wachtel，2010）发现，越发达国家跨国银行的客户风险越高，利润越低。在此得出的结论进一步验证了这一证据的合理性。

（3）第三种情况。当坏企业的比例太高时，信息不透明企业的混合利率高于盈利的信息不透明企业的筛选利率。由第二种情况可知，当 $\lambda_b > \overline{\lambda_b}$，混合契约逆向选择成本太高，盈利的信息不透明企业偏好分离契约。同时，为了企业的参与约束不被违反，筛选成本不应该太高，因此，项目回报需要满足 $R > 1 + c_o$。因此，对这一均衡的描述如下：

如果 $\lambda_b > \overline{\lambda_b}$，$1 - c_o/\theta < v < 1 - \theta c_T$，并且 $R > 1 + c_o$，第一、二期的均衡结果都是分离均衡。跨国银行进入后会选择向信息透明企业提供更低利率的贷款，利率 $r_t = v + \theta c_T$，而本土银行将信贷组合转向盈利的信息不透明企业，利率 $r_{po} = 1$。

跨国银行进入分离均衡后，信息不透明企业没有受到影响（信息不透明企业享受较低的利率是由于本土银行之前的筛选），信息透明企业以更低的利率获得贷款。分离均衡解释了现有文献跨国银行的"摘樱桃"行为，跨国银行贷款给大型和信息透明的企业，而本土银行没有选择只能贷款给盈利的信息不透明企业，这就导致了市场细分。

（4）第四种情况。由第二种情况可知，如果逆向选择严重，$\lambda_b > \lambda_b^p$，银行盈亏平衡下不会是半混合均衡；由命题 3 可知，如果信息不透明企业筛选成本较高，$R < 1 + c_o$，银行盈亏平衡下不会是分离均衡；由命题 1 可知，如果 $\lambda_b > \overline{\lambda_b}$，并且满足上述两种情况，只有信息透明企业申请分离契约并获得贷款，而信息不透明企业不会获得贷款，第一期的均衡结果将会是信贷约束均衡。在第二期，如第四种情况所示，如果 $\theta > \max\{(1-v)/c_T, c_o/(1 + c_o - v)\}$，达到分离均衡，盈利的信息不透明企业从跨国银行

[①]　这是由于亏损企业转变为从外资银行获得贷款。

获得贷款，并且项目回报要满足 $R \geqslant v + c_o / \theta$。

如果 $\lambda_b \geqslant \max\{\lambda_b, \lambda_b^p\}$，并且 $v + c_o / \theta \leqslant R < 1 + c_o$，第一期的均衡结果是信贷约束均衡，而第二期存在一个分离均衡。跨国银行进入后会选择向盈利的信息不透明企业提供贷款，利率 $r_{po} = v + c_o / \theta$，而本土银行继续向信息透明企业提供贷款，利率 $r_t = 1$。为了达到这一均衡，需要使 $\theta > \max\{(1-v)/c_T, c_o/(1 + c_o - v)\}$。在这种情况下，信息不透明企业在跨国银行进入后增加了信贷可得性。

在企业质量和项目回报都较低的部门，第一期只有信息透明企业被筛选出来并获得贷款，较大的逆向选择成本和筛选成本使东道国银行不可能向信息不透明企业提供贷款。在第二期，对于较高的 θ，即东道国制度较完善，跨国银行更容易获得筛选信息不透明企业的"软信息"，筛选信息不透明企业的劣势将小于信息透明企业，信息不透明企业在跨国银行进入后受益。

基于信息内生视角，通过以上的模型推导，发现不同的企业质量和盈利能力在跨国银行进入后会导致不同的信贷配置结果。部门中亏损企业的比例越高，东道国银行越会进行筛选，获得更多的企业信息，盈利企业更可能被分离出来并获得贷款，即部门中企业质量与东道国银行的信息之间存在负相关关系。

9.1.3 初步结论

以上基于信息内生视角，在邦斯坦尼法模型基础上进行改进，建立一个两期理论模型，通过逆向归纳法进行分析，得出了四个结论：（1）当市场上有适度比例的亏损企业时，跨国银行进入后会贷款给中小企业并提供较低的利率；（2）当市场上有较高比例的亏损企业时，跨国银行进入后只贷款给大型企业；（3）当市场上有较高比例的亏损企业并且中小企业筛选成本较大时，如果东道国法律制度完善，跨国银行进入后会贷款给盈利的中小企业；（4）企业质量与东道国银行企业信息优势之间存在负相关关系。研究结论表明，东道国银行依赖之前的贷款关系会逆转跨国银行在筛选信息透明企业方面的比较优势，促使跨国银行贷款给中小企业。

9.2 跨国银行进入与新兴市场国家中小企业信贷困境：实证分析

由于大多数新兴市场国家金融发展落后，国内缺乏有深度的信贷市场，而狭窄的金融制度边界导致的金融资源错配影响了中小企业融资（邢乐成，2015），所以中小企业很难从国内金融机构获得足够的信用资金支持。那么，跨国银行的进入是否与以上博弈分析结论一致，有效缓解了新兴市场国家中小企业普遍面临的信贷困境问题呢？参照艾瑞克·德特扎克等（Enrica Detragiache，2008）的研究成果，下面依然以第 3 章中选取的 43 个新兴市场国家为样本，设定如下模型来进一步分析跨国银行的进入与新兴市场国家中小企业的信贷困境问题：

$$y_{it} = \gamma_0 + \gamma_1 foreign_{it} + \gamma_2 (M_2/gdp)_{it} + \gamma_3 information_{it} + u_{it} \qquad (9.4)$$

其中，y_{it} 表示 t 期第 i 个新兴市场国家的银行部门向本国中小企业发放的信用额度，它由中小企业获得的信用额度对 GDP 的比率来度量，数据通过国际货币基金组织国际金融统计数据库计算整理。$foreign_{it}$ 表示跨国银行所持有的银行总资产的比例，代表了跨国银行的总体进入状况，相关数据来源于世界银行统计数据库和锐思金融数据库（RESSET）。

模型（9.4）中，$foreign_{it}$ 的估计系数 γ_1 即为衡量跨国银行进入对新兴市场国家中小企业信贷状况影响的基本参数，它可以分为三种情况：（1）如果 γ_1 显著为正，则表示随着跨国银行进入程度的加深，新兴市场国家中小企业可获得的信用额度将显著增加；（2）如果 γ_1 显著为负，则表示跨国银行的进入使新兴市场国家中小企业可获得的信用额度显著下降，也就是说，新兴市场国家中小企业面临的信贷困境问题不但没有缓解，反而有所加重；（3）如果 γ_1 为 0 或参数估计结果不显著，则表示跨国银行的进入对新兴市场国家中小企业可获得的信用额度没有影响。此外，在模型（9.4）中，此处还引入了新兴市场国家的金融深化程度 $(M_2/gdp)_{it}$ 和这些国家中小企业信息的可获得性 $information_{it}$ 这两个指标作为模型的解释变量。一般来说，新兴市场国家的金融深化程度越高，有关这些国家中小企业经营状况的信息更易于获取，则银行部门就会向这些国家的中小企业发放更多的贷款。这些变量的数据来源于世界银行统计数据库。

对于跨国银行来说，它们可能倾向于进入金融发展水平更低的新兴市场国家，因为在这些国家从事经营活动可以获得更快的增长速度。但另一方面，跨国银行也可能倾向于进入金融发展水平更高的新兴市场国家，因为金融发展水平落后的国家往往具有相对糟糕的银行发展环境，这不利于跨国银行的长期经营发展。因此，在这种情况下，模型（9.4）中跨国银行持有的银行总资产的比例可能是内生的。在模型具有内生性时，无法得到无偏的参数估计结果。此外，考虑到银行部门向中小企业发放的信用额度所可能表现出的持续性，此处将在模型（9.4）中引入因变量的一期滞后值作为进一步的解释变量。所以，下面将采用动态面板数据模型的一阶差分 GMM 估计量（Arellano and Bond，1991）和表现更为全面的系统 GMM 估计量（Richard Blundell and Stephen Bond，1998）来对模型进行估计。

采用 2007 ~ 2012 年面板数据的模型估计结果参见表 9 - 1。从表 9 - 1 中模型滞后因变量的回归结果来看，系统 GMM 估计量的回归系数为 0.6385，在 1% 的显著性水平下显著，这说明银行部门向中小企业发放的信用额度确实表现出了一定的持续性。值得注意的是，跨国银行进入状况的估计系数 γ_1 显著为正，一阶差分 GMM 估计量和系统 GMM 估计量的估计结果分别为 0.1391 和 0.1034，说明跨国银行的进入很好地缓解了新兴市场国家中小企业的信贷困境问题。显然，跨国银行在进入新兴市场国家之后，并没有凭借自己的竞争优势把所有的贷款都发放给跨国公司、新兴市场国家的政府及其大型企业，从而形成对这些国家优质客户进行挑选的"摘樱桃效应"，相反，它们向新兴市场国家的中小企业提供了大量贷款，这在一定程度上缓解了新兴市场国家中小企业的融资困境问题。

表 9 - 1　　跨国银行进入与新兴市场国家中小企业信贷困境的模型估计结果

变量	Panel A： 一阶差分 GMM 估计量	Panel B： 系统 GMM 估计量
$y_{i,t-1}$	0.1834 ** （1.9776）	0.6385 *** （513.596）
$foreign_{it}$	0.1391 ** （2.4015）	0.1034 *** （248.572）

续表

变量	Panel A：一阶差分 GMM 估计量	Panel B：系统 GMM 估计量
$(M_2/gdp)_{it}$	0.5972 *** (5.8429)	0.2585 *** (330.177)
$information_{it}$	−0.4663 (−0.7185)	0.2580 *** (31.834)

金融深化程度的估计系数为正，且在 1% 的显著性水平下显著，这说明随着新兴市场国家金融深化程度的提高，银行部门将会向这些国家的中小企业提供更多的信用额度。信息可获得性的估计系数和预期符号是一致的，实际上，由于新兴市场国家中小企业缺乏可靠的会计信息和有用的抵押品，跨国银行很难对合格的借款申请者进行识别，所以，它们会避免向这些国家的中小企业发放贷款。如果新兴市场国家的中小企业具有更为完善的会计信息，跨国银行就可以很好地对这些企业进行区分，从而向经营状况良好的中小企业提供更多的资金支持。因此，为了更为有效地解决新兴市场国家中小企业的信贷困境问题，尽快建立较为完善的信息披露制度也是一种重要的途径。

9.3 小 结

以上从理论和实证两方面探讨了跨国银行进入与东道国信贷结构问题，即跨国银行进入是否增加了对中小企业的信贷。

首先，基于信息内生视角，通过逆向归纳法进行博弈分析，发现东道国银行依赖之前的贷款关系会逆转跨国银行筛选信息透明企业具有的比较优势，从而使跨国银行进入东道国后贷款给中小企业。

其次，从对 43 个新兴市场国家样本的实证检验结果来看，跨国银行在进入新兴市场国家以后，并没有把主要的贷款都发放给跨国公司、新兴市场国家的政府和大型企业，从而形成对这些国家优质客户进行挑选的"摘樱桃效应"，而是向这些国家的中小企业提供了大量贷款，满足了这些企业的融资需求，这在一定程度上缓解了新兴市场国家中小企业普遍面临的信贷困境问题。

理论和实证结论为跨国银行进入提高中小企业信贷可得性提供了另一

个视角的理论支持。因此，面对普遍存在的中小企业融资难问题，新兴经济体适度开放金融市场是缓解这一难题的有效途径。当然，要解决这些国家中小企业的信贷困境问题，还需要新兴市场国家进一步完善国内的金融体系，完善信息披露制度，特别是要大力发展中小金融机构（Guiso et al.，2004，2009），因为对这些金融机构来说，它们具有获取本地中小企业充分信息的内在比较优势，可以选择向基本面良好的借款者发放贷款并获得利润。与此同时，信息通讯技术和互联网金融的发展也会有效扩大新兴市场国家的金融制度边界，通过提升金融包容性来缓解中小企业融资约束（邢乐成，2015）。

第 *10* 章

外资银行进入与中国银行业
风险实证研究

随着中国改革开放的深入，越来越多的外资银行开始进入中国，外资银行对东道国银行系统的稳定性或风险的影响很值得关注。学者们试图探索外资银行进入新兴市场国家对长期受到保护的东道国银行业意味着收益还是风险？这是每个东道国都要面临的重要问题。对于投资的资产，外资银行追求的就是收益最大化，风险最小化；东道国引进银行部门 FDI 的目标也是如此：使外资银行给本国带来最大化的收益和最小化的风险。以下基于 OLS 模型对外资银行进入与中国银行业风险进行实证研究。

10.1 数据的来源

实证研究数据的来源为《中国金融统计年鉴》和《万德数据库》。由于研究对象涉及整个银行业，所以数据并未使用各个银行的微观数据，而是使用了行业数据。鉴于银监会 2003 年成立，因此 2000 年之前的数据中，有些是未整理的，所以 2000 年之前的银行业不良贷款率来自施华强（2005）的研究。银行业总资产根据《中国金融年鉴》及其测算金融业总资产的标准整理计算得出，其他数据源于锐思金融数据库（RESSET）。数据时间跨度为 1993 ~ 2013 年，样本数为 120 个。

10.2 变量的选择和假设的提出

为了研究外资银行进入对银行业风险的影响，选取了以下六个指标：

1. 不良贷款率（NPL）

不良贷款率（Non – Performing Loans，NPL）是《巴塞尔协议》规定的进行风险控制的重要指标。一般认为，一家银行的不良贷款率如果低于1%，那么该银行就是稳健的。对整个银行业而言，此指标同样适用。我们通过这个指标获得银行系统风险相对准确的度量。资本充足率也是银行业风险度量的一个重要指标，但是因为银行可以通过多种市场和非市场渠道提高资本充足率，所以这里选取了不良贷款率作为银行业风险测度的指标。

2. 外资银行占银行业总资产的比重（FBR）

由于考察的是外资银行进入对于东道国银行系统风险的影响，所以选取的自变量之一为外资银行资产占银行业总资产的比重（The Ratio of Foreign Banks to Total Assets，FBR），以这一变量替代外资银行对于东道国渗透的程度和东道国金融自由化的程度。比如，在玛利亚（Maria，2011）的研究中就使用了此指标作为外资银行对于东道国渗透的程度的替代指标。

假设1：外资银行资产占银行业总资产的比重对银行业风险有显著性负面作用。

3. 净资产利润率（ROE）

由于银行业的收益和风险互相依存，因此需要将二者结合起来同时加以考虑。选用银行业的净资产收益率（Return on Equity，ROE）作为银行业收益的变量，因为银行业净资产收益率提高意味着银行有充裕的资金可以作为不良贷款准备金，降低不良贷款率；反之，银行业净资产收益率提高也表示银行的不良贷款率不会太高。

假设2：银行业ROE对银行业不良贷款率有显著的负面影响。

4. 国内生产总值（GDP）

由于银行业的发展是顺周期的，即在宏观经济上行时，银行业发展也是上行的，不良贷款率自然下降；而宏观经济不景气时，银行业的发展也会步入低谷，不良贷款率上升。因此，衡量银行业风险时，必须考虑宏观经济因素。

假设 3：GDP 对银行业不良贷款率存在显著的正面效应。

5. 资本结构（CS）

根据资本结构（Capital Structure）理论，如果资产负债率较高，管理层有动机去投资风险较高的项目，这样，公司的经营风险提高。银行的呆坏账也会随之提高，金融风险加大。

假设 4：资本结构对银行业不良贷款率有显著的正面影响。

6. 总资产周转率（TAT）

总资产周转率（Total Assets Turnover，TAT）是资产运转的效率。一般来说，总资产周转率越高，效率越高，产生的利润越高。但是如果风险管理工作滞后，总资产周转率越高，不良贷款率反而有可能会越高。鉴于中国银行业风险管理水平相对不高，所以认为总资产周转率越高，不良贷款率越高。

假设 5：总资产周转率对银行业不良贷款率有显著的正面效应。

10.3 描述性统计及分析

对银行业不良贷款率与相关经济指标进行描述性统计分析，以此来观察银行业不良贷款率与各项经济指标之间的关系（见表 10－1）。

表 10－1　　　　　　银行业不良贷款率与相关经济指标统计

	NPL	FBR	ROE	CS	TAT	GDP
平均值	15.7990	2.1800	19.4470	93.5805	3.6000	9.8400
中间值	16.6000	2.0950	19.0450	93.6950	3.0000	9.4650
最大值	39.0000	4.0200	35.0800	97.0200	6.0000	14.160

续表

	NPL	FBR	ROE	CS	TAT	GDP
最小值	0.9000	1.2200	12.3100	89.2800	2.0000	7.6200
标准差	12.8626	0.6524	5.7310	2.4454	1.3534	1.8535
偏度	0.2060	1.2934	1.0708	−0.2143	1.0247	0.8115
峰度	1.6412	4.6586	3.9779	2.1951	2.4994	2.9280

从图10－1可见，在趋势上有较大相关性的是商业银行系统不良贷款率与商业银行净资产收益率。其余变量难以体现出显著的相关性。

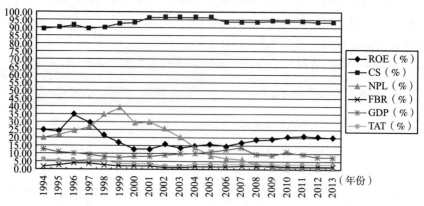

图 10 − 1　1994～2003 年中国银行业相关指标变化图

图10－1的情况可从以下几方面来分析：

第一，从不良贷款率来看，中国商业银行不良贷款率均值为15.8，最高为39%，最低为0.9%。从1994年开始，中国商业银行不良贷款率一直偏高，并呈现上升趋势。主要原因是中国银行业处在改革的过程中，承担了国有企业贷款的任务，内控机制也不健全。直到2004～2005年，才开始大幅下降，降至8%左右。在此期间，国家成立四大国有资产管理公司，从商业银行系统转出大量不良贷款。1999年，为了降低国有商业银行的不良资产，信达、华融、东方、长城四大资产管理公司宣告成立，并以账面价格收购了建、工、中、农四大银行的1.4万亿元不良资产。2004～2005年对三家大行不良贷款进行再剥离。2004年建设银行、中国银行共剥离不良贷款超过2000亿元，不良贷款双双降至5%以下。2005年，工商银行处理不良贷款超过7000亿元，由此推动当年商业银行不良贷款率下降了 4.6%。2008 年开始了对农业银行不良贷款的剥离。农业银行在股改前夕处置不良贷款 8157 亿元，使其当年不良贷款率下降 19.3%，这也是商业银行不良贷款率从 2007 年底的 6.17% 猛降至 2008 年底的 2.42% 的最主要原因之一。此外，商业银行自身也核销了一部分不良贷款。不过，这种以行政手段将不良贷款强行排出商业银行体系的做法，虽然减轻了银行的经营包袱，美化了银行的财务报表，但多年来企业的生存环境和银行的金融生态也未发生根本性的变化，不良贷款还是留在整个经济金融体系之内。对于政府而言，不良贷款就像是从左手挪到了右手；对银行而言，滋生不良贷款的土壤仍然存在。这段历史说明中国商业银行体系的不良贷款率的主要影响因素并非是外资银行进入和利润率，而是政府主导的金融改革。

第二，从外资银行占中国银行业总资产比重来看，均值为 2.18%，最小值为 1.22%，最大值为 1994 年的 2.10%。这说明外资银行资产占中国银行业总资产比重一直偏低，甚至出现逐年下降的趋势。即使在 2005 年以后，即中国政府遵守 WTO 承诺，进一步开放银行业，外资银行资产占中国银行业总资产的比重也一直维持在 2% 左右。因此，外资银行对于中国银行业不良贷款率的影响很小。

第三，从资本结构（资产负债率）来看，银行业是比较特殊的行业，根据《巴塞尔协议》规定商业银行的风险资本核心充足率为 8%，也就是说，银行的资产负债率在 92% 以下是一个正常的水平。根据表 10 - 1，中国商业银行资产负债率均值为 93.58%，已超出了《巴塞尔协议》规定的标准。

第四，从净资产收益率来看，均值为 19.45%，最小值为 19.05%，最大值为 35.08%。净资产收益率呈先高后低再高的趋势，与不良贷款率的趋势相近。中国银监会《商业银行风险监管核心指标》要求，商业银行净资产收益率不应低于 11%，中国银行业已经达到甚至超过了标准。

第五，资产周转率越高，说明资产利用效率越高，中国银行业的资产周转率呈先高后低的状态，说明资产利用效率仍然有待提高。这主要是因为国有银行由于受到行政干预相对较多，使得长期贷款和不良贷款均居高不下，资产周转率低，盈利能力相对不足。

第六，国内生产总值增长率的趋势是呈先高后低、再高再低的走势。尤其是 2012 年以来，因为出口降低，投资效率降低，消费启动不力，导致 GDP 增速放缓，国民经济进入新常态。

10.4 模型的设定

根据需要验证的假设，建立 OLS 模型，包含 6 个变量。因变量为银行不良贷款率，自变量为外资银行总资产占银行业总资产的比重、银行净资产利润率、银行资本结构、银行资产周转率和 GDP。

$$NPL_{i,t} = \alpha + \beta_1 FBR_{i,t} + \beta_2 ROE_{i,t} + \beta_3 CS_{i,t} + \beta_4 TAT_{i,t} + \beta_5 GDP_{i,t} + \xi$$

$$(10.1)$$

其中，NPL 为银行不良贷款率；FBR 为外资银行总资产占银行业总资产的比重；ROE 为银行净资产利润；CS 为银行资本结构；TAT 为银行资产周转率；GDP 为国内生产总值。

在宏观经济计量模型中，模型（10.1）可以表达为

$$Y = \sum_{i=1}^{n} \alpha_i X_i + \varepsilon \qquad (10.2)$$

其中，X_i 代表由上述变量组成的变量矩阵，最后一个矩阵代表扰动项。利用 OLS 模型进行估计。内生变量包括银行不良贷款率、外资银行总资产占银行业总资产的比重、银行净资产利润率、银行资本结构、银行资产周转率和 GDP。

10.5 回归分析

1. 对不良贷款率的回归分析

在以上基础上进行回归分析，得出的回归结果如表 10-2 所示。

银行业净资产收益率对不良贷款率有负面影响，相关系数为 -1.93，通过显著性检验。中国银行业的风险控制情况与收益情况成反比。银行收益越高，越能降低不良贷款。一方面银行利用利润弥补贷款损失；另一方面银行较好地控制了风险，达到了提高收益降低风险的目的。

银行业总资产周转率对不良贷款率有正面影响，相关系数为 8，通过显著性检验。银行业资本结构对不良贷款率有正面效应，相关系数为 0.33，通过显著性检验。外资银行占银行业总资产比重对不良贷款率有负

面效应，相关系数为 8.13，未通过显著性检验。GDP 与银行业不良贷款率正面相关，相关系数为 1.25，通过边缘显著性检验。

表 10 - 2　　　　　　　　　对不良贷款率的回归分析结果

	系数估计值	T 检验值
FBR	8.1274	1.4262
ROE	-1.9296 **	-2.8947
TAT	8.0005 **	2.4214
CS	0.3364 **	2.2526
GDP	-2.5081 *	-2.0334
R^2	0.5352	
Ad. R^2	0.4113	
DW	1.9663	

注：*、** 和 *** 的含义同上。

为考察所做回归分析的科学性，对公式（10.1）进行异方差检验、序列相关性检验和多重共线性检验。异方差检验的方法是 Breusch – Pagan – Godfrey 方法；序列相关性检验使用的方法是 Breusch – Godfrey LM Test 方法；多重共线性检验使用的方法是方差膨胀因子方法。检验结果发现公式（10.1）的回归方程不包含异方差，没有多重共线性。OLS 的回归结果如表 10 - 3 所示，$R^2 = 0.5352$，方差膨胀因子 $VIF = 1/(1 - R^2) = 2.151$。模型不存在多重共线性。

表 10 - 3　　　　　　　　　调整后对不良贷款率的回归结果

	系数估计值	T 检验值
ROE	-1.7279 **	-2.5707
TAT	10.4608 ***	3.5977
CS	0.3929 **	2.6445
GDP	-2.5432 *	-1.9987
R^2	0.4722	
Ad. R^2	0.3732	
DW	1.9672	

注：*、** 和 *** 的含义同上。

但是，公式（10.1）中的外资银行占银行业总资产比重（FBR）未能通过相关性显著性检验。所以，重构公式（10.1），去掉公式中的外资银行占银行业总资产比重，保留其他变量，得到式（10.3）。

$$NPL_{i,t} = \alpha + \beta_1 ROE_{i,t} + \beta_2 CS_{i,t} + \beta_3 TAT_{i,t} + \beta_4 GDP_{i,t} + \xi \qquad (10.3)$$

由表 10-3 可见，所有变量都通过相关性显著性检验。接着进行异方差检验、序列相关性检验和多重共线性检验。公式（10.3）都通过了这些检验。

从表 10-3 的内容发现，银行业净资产收益率对不良贷款率有负面影响，相关系数为 -1.728，通过显著性检验。中国银行业的风险控制情况与收益情况成反比。银行收益越高，不良贷款率越低。银行利用利润弥补贷款损失，有利于较好地控制风险，达到了提高收益降低风险的目的。

银行业总资产周转率对不良贷款率正面相关，相关系数为 10，通过显著性检验。资产周转率测度资产的利用效率。虽然利用效率提高了，但是发放贷款的不良贷款也提高了。如果一个周期资产周转一次的话，不良贷款率为一个比值，如果一个周期资产周转率提高一倍，那么不良贷款率增加一倍。

银行业资本结构对不良贷款率有正面效应，相关系数为 0.33，通过显著性检验。银行业资本结构数值越高，说明银行业借债越多。当这一数值超过一定数值时，会加大银行的风险。根据历史数据，一般银行资产负债率为 92%，而中国银行的资产负债率经常在这一数值以上。所以资本结构（资产负债率）与不良贷款率呈正相关关系。

GDP 对银行业不良贷款率有负面影响，相关系数为 -2.54，通过边缘显著性检验。GDP 增长率上升，企业发展的机会增多，违约的概率降低。所以银行业不良贷款率与 GDP 呈负相关关系。

2. 对净资产收益率（ROE）的回归分析

一般而言，对投资的考察涉及风险和收益两个层面。在研究外资银行对银行业风险的影响时也要研究外资银行对银行业收益的影响。因此，重构模型，因变量为净资产收益率，自变量 NPL 为银行不良贷款率；FBR 为外资银行总资产占银行业总资产的比重；ROE 为银行净资产利润；CS 为银行资本结构；TAT 为银行资产周转率；GDP 为国内生产总值。

$$ROE_{i,t} = \alpha + \beta_1 FBR_{i,t} + \beta_2 NPL_{i,t} + \beta_3 CS_{i,t} + \beta_4 TAT_{i,t} + \beta_5 GDP_{i,t} + \xi$$

$$(10.4)$$

对式（10.4）进行回归分析，结果如表 10 - 4 所示。

表 10 - 4　　　　　　　　　　对净资产收益率的回归结果

	系数估计值	T 检验值
FBR	2.6735	1.5251
CS	0.1085 **	2.3730
TAT	3.3018 ***	3.8518
GDP	− 0.5577	− 1.3684
NPL	− 0.1857 **	− 2.8947
R^2	0.7746	
Ad. R^2	0.7145	
DW	2.0078	

注：*、** 和 *** 的含义同上。

根据表 10 - 4，进行异方差检验、序列相关性检验和多重共线性检验。发现以上回归未通过多重共线性检验。利用 WLS（权重最小二乘法），得到表 10 - 5。

表 10 - 5　　　　　　　　利用权重最小二乘法的检验结果

	系数估计值	T 检验值
FBR	1.0108	0.5146
CS	0.1247 **	2.6044
TAT	3.6762 ***	4.0543
GDP	− 0.5359	− 1.2892
NPL	− 0.1761 **	− 2.7416
R^2	0.7129	
Ad. R^2	0.6363	
DW	2.0189	

注：*、** 和 *** 的含义同上。

根据表 10 - 5，消除了多重共线性，但是外资银行占银行业总资产比重、GDP 与净资产收益率的关系依旧未通过显著性检验。外资银行占银行业总资产比重与银行业净资产收益率不存在显著相关的关系。这说明外资银行进入中国市场后，由于资产比重过低，业务范围在一定时间内受到一定限制，尚未对中国银行业产生直接显著的影响。GDP 增长率与银行业净资产收益率相关性不够显著，说明银行业的周期性没有充分显现出来。主要原因是中国银行业受政府的影响依然较大，政府剥离不良贷款的行为显著影响商业银行的净资产收益率。在经济运行过程中，各级政府对银行的显性的和隐性的影响也限制了银行业的表现。

从表 10－6 中发现，净资产收益率与资产负债率、资产周转率和不良贷款率通过了显著性检验。净资产收益率与资产负债率的相关系数为 0.081，资产负债率提高，银行可以经营的资产提高，可以通过增加贷款、投资，获取更高的利润。净资产收益率与资产周转率相关系数为 3.77，资产周转率的提高可以提高资产利用效率，提高净资产收益率。净资产收益率与不良贷款率的相关系数为 －0.1368，表明不良贷款率提高后，一方面银行不仅利息无法收回，有可能本金也无法保全，由于银行业重要的利润来源就是利息收入，一旦利息不能收回，就会直接影响利润；另一方面，银行要从利润中计提不良贷款准备金，本金无法收回，不良贷款准备金增加，利润减少。

表 10－6　　　　　　　　　调整后利用权重最小二乘法的检验结果

	系数估计值	T 检验值
CS	0.0811***	3.8193
TAT	3.7735***	6.5103
NPL	－0.1368**	－2.4057
R^2	0.6780	
Ad. R^2	0.6401	
DW	1.6972	

注：*、** 和 *** 的含义同上。

10.6　小　　结

以上考察了外资银行进入中国对中国银行业造成的影响，时间跨度为 2003～2013 年，共 20 年时间。研究结果发现外资银行进入中国后，外资银行无论对于中国银行业的稳定性还是收益都没有显著影响，即外资银行占中国银行业的比重与银行业的不良贷款率和净资产收益率都没有显著的相关性。与之相对应的是银行不良贷款率与银行净资产收益率、银行资本结构、银行资产周转率和 GDP 的相关性通过了显著性检验。净资产收益率与资产负债率、资产周转率和不良贷款率的相关性通过了显著性检验。

实证结果表明，目前外资银行的进入与中国银行系统的稳定性没有显著相关性。这一方面说明中国政府采取了较为谨慎的开放步骤，限制了外资银行对中国银行业的冲击；另一方面，说明外资银行资产占中国银行业总资产的比重长期处于偏低水平，限制了外资银行对于中国银行业的作用。

因此，应当在加强对外资银行的审慎风险监管的前提下，适度放宽外资银行的准入条件，适当提高外资银行占中国银行业的比重。这样既可以促进银行业的整体盈利水平的提高，又能降低银行业的脆弱性，提高银行业的抗风险能力。

第 *11* 章

新兴市场大国银行业
管制与开放案例

11.1 金砖国家外资银行管制情况

除拉美和中东欧地区的一些国家外，大多数新兴经济体由于经济发展水平较低、法律制度不完善、国内金融市场落后以及银行部门脆弱等原因，对外资银行进入实行较为严格的管制。作为新兴市场大国，金砖国家同样对外资银行存在不同程度的管制。

11.1.1 中国外资银行管制情况

在顺利结束加入世界贸易组织的过渡阶段之后，2007 年以来在中国注册的外资法人银行面对的是全面开放的人民币业务。在国民待遇的原则下，实行与中资银行统一的监管标准，对外资银行取消了一切非审慎性市场准入限制。同时，中国对外资银行实施"法人银行导向政策"，目前，外资银行分行可以对除中国境内公民以外的客户开展人民币业务，而对中国境内公民只限于吸收每笔不少于 100 万元人民币的定期存款，但如果改制成外资法人银行后就可以进一步对中国境内公民开展人民币零售业务。然而，外资银行分行不能从事银行卡业务。截至 2008 年 6 月末，中国银行业监督管理委员会（以下简称"中国银监会"）已经批准了 24 家外资银行将其在中国境内的分行改制为外资法人银行，非法人性质分行的比例从 2006 年底的 90% 降至 2007 年底的 45%。然而，在外资银行入股中资银行方面，仍然限定了较为严苛的入股资格和持股比例条件，其中，就要求单家外资银行投资入股中资银行的比例不允许超过 20%。① 随后，一些城市商业银行外资持股比例已经达到了这一上限，例如杭州银行和成都银行。2014 年 9 月 19 日，为了进一步统一中外资银行之间的市场准入标准，中国银监会发布了《外资银行行政许可事项实施办法》，取消了外资银行在一个城市一次只能申请设立 1 家支行的规定，与此同时，也取消了外资银行支行营运资金的最低限额要求，为外资银行能够与中资银行展开公平竞争并达成互利共赢的局面营造了较为良好的政策和制度环境。2015 年 1 月 1 日中国就开始施行修订后的《中华人民共和国外资银行管理条例》，条例中不仅取消了外资银行在中国设立分行必须其总行无偿拨给营运资金的最低限额，并且不再将已经在中国境内建立代表处作为外资银行在中国境内建立独资银行、中外合资银行以及初次建立分行的条件。与此同时，也将外资银行营业性机构提出申请经营人民币业务前需要在中国境内开业 3 年以上的要求降低成只需要 1 年以上，并且取消了外资银行营业性机构提出申请前需要 2 年连续盈利的要求。

11.1.2　印度外资银行管制情况

印度于 1995 年加入世界贸易组织，研究发现，印度政府对外资银行设置了相当数量的准入条件，对本国银行业的开放一直保持比较审慎的态度，因此单独列出进行分析。（1）股权比例限制。股权比例的限制与外资银行的进入方式有关，一般情况下，以合资银行方式进入的外资银行才面临股权比例限制的困扰。为了防止外资银行拥有大部分股权进而冲击本国金融安全的情况发生，印度政府要求外资银行的持股份额必须严格低于一定的比例。印度中央银行于 2013 年 2 月 22 日发布了《私营部门新银行牌照发放细则》，细则中允许私营、国有、非银行金融机构实体以非经营性金融控股独资公司的形式设立银行。但是对外资银行却要求自获得经营牌照 5 年内，外资在新设银行中持股比例不得超过 49%，而获得经营牌照 5 年后，根据现行的外商直接投资政策，持股比例的上限可以调高到 74%。然而，印度政府对国有商业银行中外资银行持股份额的限制在短期内还不存在松动的迹象。（2）额度限制。与其他金砖国家不同，印度政府还对外

---

① 这一比例限制来源于 2003 年中国颁布的《境外金融机构投资入股中资金融机构管理办法》。

资银行的准入实行严苛的配额制,规定在包括外资银行增设分行的情况下政府每年发放的许可证不超过 12 张,并且当外资银行表内外总资产在印度整个银行业表内外总资产中的比例达到15%时,印度政府有权停止发放准入许可证。然而,额度限制在规避对外资银行全面开放后印度银行业遭受巨大冲击的同时也限制了外资银行在印度的发展速度。(3) 经营指标限制。目前,印度政府对外资银行的一些经营指标都存在与东道国银行不同的要求,主要体现在外资银行的税率、资本充足率和信贷额度等方面,这些指标中有部分指标的要求是严于一般的印度本土商业银行。2013 年 11月 6 日,印度中央银行宣布了一些关于进一步扩大外资银行在印度开放经营的新政策。在新政策中,印度政府表示将通过给予外资银行接近东道国银行的待遇,鼓励外资银行在印度设立全资子银行,目的是提高印度整个银行业的竞争效率以及推动银行业金融服务和风险管理水平的改善。政策中还表明,只要是在 2010 年 8 月之后进入印度的外资银行都必须在一定过渡期内改制为全资子银行的形式进行经营活动,而在这之前进入印度的外资银行可以继续维持原有分行的经营模式。根据印度之前关于外资银行的规定,外资银行在印度经营仅允许采用分行的模式。目前,印度中央银行正致力于加快推动外资银行子公司化的进程。

11.1.3 其他金砖国家外资银行管制情况

研究发现,目前俄罗斯仍然对外资银行的进入实行比较严厉的管制。在 1991 年苏联解体后,俄罗斯政府在经济领域展开了大规模的私有化,然而在金融领域,俄罗斯政府却要求银行私有化的对象选择本土公民或企业,严格限制外资银行控股俄罗斯本土银行以及其他金融机构。在保证国家金融安全政策的指导下,俄罗斯政府对外国法定资本在整个银行业总法定资本中所占的比重制定了 25% 的上限 (1998 年金融危机前这一比例仅仅为 12%)。如果外资银行营业性机构的法定资本份额达到 25% 的上限,俄罗斯中央银行就会不再对新进入的外资银行发放银行业务许可证。在俄罗斯,法定资本份额一直是中央银行用来对外资银行进入程度进行调控的一个重要指标。同时,在保护国内市场政策的指导下,俄罗斯政府只批准外资银行以新建拥有注册资本的独立银行的方式进入,禁止外资银行以新建分支机构的方式进入俄罗斯。然而,研究发现,进入俄罗斯的外资银行只是在名义上是独立的,而实际上却只作为国外母行全球经营战略的分支机构来进行管理。此外，俄罗斯政府还限制外资银行在俄罗斯境内的银行业务范围。俄罗斯联邦委员会在 2006 年 12 月通过的《关于银行和银行业务联邦法》修订案中表明，当外资银行并购俄罗斯本土银行的股份比例超过 1% 时需要自动通知俄罗斯中央银行，而当外资银行并购俄罗斯本土银行的股份比例超过 10% 时必须事先征得俄罗斯中央银行的批准；在遇到紧急情况时，俄罗斯国家杜马（联邦会议下议院）可以授权给俄罗斯政府以限制一些国家和地区的外资银行在俄罗斯境内从事银行业务。俄罗斯针对外资银行制定的这一系列规定的目的在于如果一旦发生严重冲击俄罗斯金融、经济甚至军事安全的不利情况时，保证俄罗斯政府可以马上限制已获批准的外资银行在俄罗斯境内的业务经营活动，进而保证俄罗斯的国家利益不受损害。作为最后加入世界贸易组织的金砖国家，俄罗斯终于在 2012 年 8 月 23 日正式加入世界贸易组织。根据加入世界贸易组织的承诺，俄罗斯政府允许外资银行以投资成立银行或者收购现有俄罗斯本土银行的方式进入俄罗斯境内，但是禁止外资银行设立分行，并且承诺不为外资银行直接分支机构的市场准入提供任何过渡期；对单个银行等金融机构中外资资本的份额不设上限，但是俄罗斯整个银行业中外资资本的份额不得超过 50%。俄罗斯加入世界贸易组织的承诺显示出俄罗斯在放开外资银行进入的管制方面迈出了一大步，有利于加快外资银行在俄罗斯的发展速度。

20 世纪 90 年代以来，受国内金融体制改革不断深入的影响，巴西逐步放开了对外资银行的管制，因而外资银行的进入速度明显加快。然而，在外资银行不断进入的过程中，巴西遭遇了几次金融和货币领域的动荡和危机。因此，巴西在银行监管模式上选择了政府型监管和保护性监管相结合的这样一种模式。虽然外资银行的进入有利于提高银行业的竞争程度和维持金融体系的稳定，但是巴西银行业的对外开放却是在政府的管控下有序进行的。在国际金融危机期间，巴西加快了金融开放的步伐，放松了对外资银行的限制条件。从 2006 年到 2010 年的 5 年间，巴西新增银行的数目为 22 家，里面有 8 家是外资银行。而在这 8 家外资银行中，有 5 家来自欧洲，1 家源于墨西哥，另外 2 家分别来自中国及日本，这表明亚洲国家开始逐渐进入巴西金融市场。在 2007～2009 年国际金融危机期间，巴西每年新增 2 家外资银行。因此，巴西国内的本土银行仍占据主导地位，相比于其他拉丁美洲国家，外资银行的比重并不算高。近几年来，巴西政府对外资银行进入的态度由较为严格的管制逐渐转向为适度引导。研究发现，外资银行在巴西的经营管理和风险控制方面表现较为良好，而这会带动巴西银行业整体竞争能力的提高。为了进一步推动外资银行在业绩效率和技术创新等方面的发展，巴西政府通过完善法律环境、提高监管水平和优化市场结构等措施为外资银行提供一个良好的金融发展环境。目前，巴西国有银行资产的比重仍然较高，2011 年达到44%，然而巴西国内的私有银行较为活跃，巴西本土银行的竞争能力逐渐提高，外资银行的发展仍然面临巨大的挑战。

南非自2010 年12 月23 日起，成为金砖国家合作机制正式成员。南非的银行系统比起其他金砖国家更加发达，并且监管机制完善，但是对外资银行仍然存在一些管制。1994 年的南非银行法修正案允许外资银行在南非设立代表处、办事处和其他分支机构。然而，南非对外资银行的管制主要体现在以下几个方面：首先，在南非设立的外资银行分支机构不能依靠国外母行的资本，而且存在一个较高的最低资本金额限制；其次，在南非设立的外资银行分支机构，只有在雇用一定比例的本地居民的情况下才能获得银行营业执照；最后，外资银行的分支机构不得进入零售银行市场。此外，一些外汇管制和金融法规也在一定程度上阻碍了外资银行提供跨境服务。为了使南非的金融系统更加符合市场竞争机制和国际金融惯例，南非从2000 年10 月1 日起开始实施新的银行法。新银行法取消了1994 年南非银行法修正案中对外资银行在存款、贷款和外汇兑换方面的管制。然而，由于南非法律中部分内容是对外资银行国外母行有利，因此，相比于设立拥有独立法律实体的子行，外资银行更愿意选择以设立分支机构的形式进入南非的金融市场。受一些国际因素的冲击，南非银行部门存在较大的波动性，但是良好的民主和法律环境仍然吸引了外资银行通过新建分行、代表处和收购东道国银行的方式进入南非境内。目前，全球主要的跨国银行几乎都在南非设有分支机构。

11.1.4 金砖国家外资银行管制情况比较分析

由表11－1 可见，除俄罗斯禁止外资银行以新建分行形式进入外，其他金砖国家都未对外资银行进入方式进行限制。在入股东道国银行比例上，巴西、俄罗斯和南非不设上限，而中国和印度分别规定最高不超过20%和74%。在巴西和中国，银行许可证发放需要花费较长时间。2006 ~ 2010 年，外资银行进入俄罗斯的步伐加快。

表 11 – 1　　　　　　　　金砖国家对外资银行的管制情况

项目		巴西	中国	印度	俄罗斯	南非
外资银行进入方式	收购	允许	允许	允许	允许	允许
	子行	允许	允许	允许	允许	允许
	分行	允许	允许	允许	禁止	允许
	合资银行	允许	允许	允许	允许	允许
允许外资银行持股的最大比例（%）		100	20	74	100	100
外资银行以收购方式进入的申请数目（2006～2010年）	接收	0	—	0	210	1
	拒绝	0	—	0	0	0
	撤回	0	—	0	47	0
	同意	0	—	0	163	1
外资银行以新建子行方式进入的申请数目（2006～2010年）	接收	15	—	0	21	0
	拒绝	0	—	0	0	0
	撤回	4	—	0	5	0
	同意	8	—	0	16	0
外资银行以新建分行方式进入的申请数目（2006～2010年）	接收	0	—	19	—	0
	拒绝	0	—	5	—	0
	撤回	0	—	2	—	0
	同意	0	—	12	—	0
外资银行进入申请拒绝的主要原因	资本数量和质量	不是	—	不是	不是	是
	银行业务技能	不是	—	是	不是	是
	银行名声	是	—	是	不是	是
	不完整的申请	是	—	不是	不是	是
	其他	不是	—	不是	是	不是
新银行许可证发放花费时间（月，从申请接收日起）		15	12	5	6	6

　　注：（1）表中部分数据未统计。（2）俄罗斯外资银行进入申请拒绝的其他原因包括：①创建者财务状况糟糕；②申请不符合法律规定；③额外许可证申请银行财务状况糟糕；④银行组织结构（包括内部控制部门）不符合银行业务和风险范围；⑤申请不符合贷款保险制度要求；⑥银行所有权结构不透明；⑦银行商业计划包含不可行、不充分和不一致的信息。

　　数据来源：The World Bank Group：Bank Regulation and Supervision Survey。

　　中国和印度设定股权比例限制主要基于以下两方面的考虑：一是政治考虑，防范本国金融业为外资控制或拥有，影响国家政局稳定；二是经济考虑，防范外资银行凭借经营优势将东道国银行驱逐出市场，威胁国家金融安全。以合资银行方式进入的外资银行既能吸收国外资金和先进管理技术和经验，又能避免以上两种情况的发生，目前是中、印两国比较偏好的外资银行进入方式。然而，合资银行中外资持股低于50%的不能算外资银行，因此，这也造成了中、印两国外资银行规模较小。

一些学者对各国金融业对外开放程度进行了量化，其中张金清和刘庆富（2007）对48个国家或地区的金融业参与者市场准入、经营和服务项目开放以及实现途径与方式三大指标进行测度后发现，"金砖四国"（俄罗斯不在样本之内）金融业的对外开放度均低于新兴市场国家或地区的平均水平，中国金融业对外开放水平的测度值为0.615，在金砖国家中排名最高，其次分别是印度、巴西和南非。与发达市场国家或地区金融业对外开放度均值0.861相比，金砖国家金融业对外开放水平相对较低的，仍有很大的提升空间。所选的"金砖四国"都已经加入世界贸易组织，并且中国也结束了"入世"过渡期，因此，这一测度结果具有一定的参考意义。

11.2 金砖国家外资银行机构设置情况

2013年，全球经济延续缓慢复苏的态势，主要发达经济体虽然出现复苏的迹象，但基础尚未稳固，新兴经济体的增长态势持续减弱，并且开始出现结构性下滑，经济风险上升。2013年，美国首先宣布退出量化宽松政策，这引发了国际资本流动的剧烈波动，资本从新兴经济体向发达经济体回流。国际大型银行在世界范围内机构铺设方面显示出较为保守的态度，这一现象在金砖国家也较为明显。

11.2.1 中国外资银行机构设置情况

截至2013年底，已经有51个国家和地区的跨国银行进入了中国，外资银行总行数目达到42家，另外还设有92家分行和187家代表处。绝大部分外资银行可以经营人民币业务，比例达到86%，在分行中这一比例也达到了62%。71%的外资银行和30%的分行可以从事金融衍生产品交易的业务。目前，能在中国发行人民币金融债和银行卡的外资银行的比例很小，分别仅为14%和7%。全国大部分省（市、区）都有外资银行机构的介入，但在城市的覆盖率还较低，2013年这一比例仅为10%。外资银行在全国的营业网点为947家，与中资银行相比，过少的营业网点是制约外资银行推动本土化进程、扩大业务范围和介入中小企业信贷市场的重要因素。

表 11 - 2　　　　　　　　　　2013 年中国外资银行机构设置情况　　　　　　　单位：家

机构/类型	外国银行	独资银行	合资银行	独资财务公司	合计
法人机构总行		39	2	1	42
法人机构分行		282	3		285
外国银行分行	92				92
支行	9	509	10		528
总计	101	830	15	1	947

数据来源：中国银监会年报。

近几年来，外资银行在中国的机构扩张势头逐渐趋缓，新进入中国境内的外资银行数目也在逐年减少，2012 年，只有 3 家外资银行机构进入中国，分别是 1 家独资银行、1 家合资银行和 1 家外国银行分行。在 2013 年，外资法人机构数没有增加，而外国银行分行的数目由 2012 年的 95 家减少为 2013 年的 92 家。截至 2016 年底，外资银行已在我国设立了 39 家法人机构（下设分行 135 家）、121 家总行直属分行和 166 家代表处，机构数量持续增加。营业性机构总数达到 1031 个，分布在 70 个城市。

11.2.2　俄罗斯外资银行机构设置情况

目前，在金砖国家中，俄罗斯是外资银行数目最多的国家，因此单独列出进行分析。俄罗斯外资银行的机构扩张在 1998 年金融危机前保持一个较高的速度，而在金融危机之后，虽然外资银行机构总数出现了减少，但是独资银行和外资控股超过 50% 的银行的数目仍然增加。随着俄罗斯经济形势的逐渐好转，从 2006 年 1 月起，外资银行重新加快了进入俄罗斯的步伐，外资银行的数目急剧增加，从 2006 年的 64 家增长到 2008 年的 101 家。2008 年以后，由于受国际金融危机的影响，外资银行在俄罗斯的机构铺设速度开始有所下降。2012 年，有 17 家外资控股的银行参与到俄罗斯最大的 50 家银行中。截至 2014 年 1 月 1 日，俄罗斯有 122 家外资控股信贷机构，其中 115 家外资控股银行，比 2012 年增加了 3 家（见表 11 - 3）。从资产比例看，2013 年，外资资产在俄罗斯银行业的比例达到 15.3%，比 2012 年降低了 2.5 个百分点。然而，与其他外资银行进入程度较高的中东欧国家相比，外资银行对俄罗斯经济发展起到的作用依然是有限的。俄罗斯中央银行的资料显示，外资银行积极参与了俄罗斯银行间市场，并占有了较高比例的市场份额，其中，在银行间贷款市场中的份额大体上是外资银行资产份额的 2 倍以上。

表 11 - 3　　　　2006~2013 年俄罗斯银行业机构设置情况　　　单位：家

银行类型	2006 年	2007 年	2008 年	2009 年	2010 年	2011 年	2012 年	2013 年
国有银行	31	24	17	15	27	26	25	26
外资银行	64	85	101	106	108	108	112	115
大型私营银行	152	147	136	139	131	132	128	127
莫斯科地区中小银行	422	382	361	335	317	301	291	279
其他地区中小银行	474	454	443	412	372	355	341	313
非银行信贷机构	46	44	50	51	57	56	59	64
总计	1189	1136	1108	1058	1012	978	956	923

数据来源：根据 The Central Bank of the Russian Federation：Banking Supervision Report 2013 数据整理。

11.2.3　其他金砖国家外资银行机构设置情况

在印度的银行体系中包括了商业银行、合作银行、地区农村银行和区域银行等。其中，商业银行是印度银行体系中最主要的组成部分，包括公共部门银行、私人部门银行和外资银行三大类。截至 2013 年 3 月底，印度共有 89 家商业银行，其中公共部门银行 26 家，私人部门银行 20 家，外资银行 43 家。此外，还有 1997 家合作银行、55 家地区农村银行和 4 家区域银行。2013 年，印度的外资银行的数目就比 2009 年增加了 12 家，并且负责经营 334 家分支机构，占印度整体商业银行分支机构网络的 3.6%。其中主要有：渣打银行 100 个分行，汇丰银行 50 个分行，花旗银行 43 个分行。2013 年，印度外资银行拥有雇员 25384 人（见表 11 - 4）。近年来，印度外资银行机构扩张速度一直低速平稳进行。

表 11 - 4   **2009 ~ 2013 年印度外资银行基本情况**

	2009 年	2010 年	2011 年	2012 年	2013 年
外资银行数目（家）	31	32	34	41	43
外资银行分支机构数目（家）	295	310	318	323	334
外资银行雇用人员数目（人）	29582	28012	28041	25907	25384
外资银行资产总额（百万卢比）	4451292	4353619	4911749	5881790	6378937

数据来源：根据 The Reserve Bank of India 数据整理。

    截至 2013 年 12 月，巴西总共有 155 家银行，其中有接近一半的是外资银行，达到 64 家，其中，58 家为外资控股的私人银行，6 家为外国银行分行，在巴西银行业总资产中的占比达到 16%。另外，还有 15 家外资参股比例在 10% ~ 50% 的银行（见表 11 - 5）。从进入巴西银行业的外资银行国别分布来看，在巴西设立外资银行数目排名中前三名分别是美国、荷兰和法国，其中美国是 12 家，荷兰是 9 家，法国是 8 家，而来自荷兰的外资银行资产就占巴西全部外资银行资产的 55.57%。从进入巴西银行业的外资银行地区分布来看，欧洲占据主导地位，有 8 个国家在巴西设立了 30 家外资银行，资产占全部外资银行资产的 81.13%；来自美洲地区的外资银行资产占比为 17.06%；亚洲地区在巴西设立的外资银行共有 10 家，资产占比仅为 1.81%，其中日本有 5 家，韩国有 3 家，中国有 2 家。2013 年，巴西外资银行机构设置出现缩减现象，外资控股银行比 2012 年减少了 1 家。

表 11 - 5   **2009 ~ 2013 年巴西外资银行业机构设置情况**   单位：家

	2009 年	2010 年	2011 年	2012 年	2013 年
国有银行	10	9	9	9	9
私人银行	148	148	151	151	146
本土银行	82	77	73	70	67
外资参股银行	6	11	16	16	15
外资控股银行	54	54	56	59	58
外资银行分行	6	6	6	6	6
总计	158	157	160	160	155

数据来源：根据 Banco Central do Brasil 数据整理。

    截至 2013 年 5 月，南非银行业包括 10 家本土银行、3 家互助银行、6

家外资银行和13家外资银行分行（见表11-6）。此外，39家跨国银行被批准在南非设立代表处。目前，南非的银行业仍然继续由南非标准银行、南非第一兰德银行、南非联合银行和南非莱利银行四大银行掌控，四大银行的资产占南非整体银行部门总资产的比例就达到了84%。由于新进入1家互助银行和1家外资银行分行，南非注册银行数目由2012年5月的30家增加到2013年5月的32家，而被批准设立代表处的跨国银行数目由43家减少到39家。截至2013年5月，外资银行资产总额在南非银行业资产总额中的比重达到27%。

表11-6 南非私人银行部门规模

	2009年	2010年	2011年	2012年	2013年
外资银行数目（家）	31	32	34	41	43
外资银行分支机构数目（家）	295	310	318	323	334
外资银行雇用人员数目（人）	29582	28012	28041	25907	25384
外资银行资产总额（百万卢比）	4451292	4353619	4911749	5881790	6378937

注：由于互助银行资产份额较小，故此处忽略为0。
数据来源：South African Reserve Bank Annual Economic Report 2013。

11.2.4 金砖国家外资银行机构设置情况比较分析

由图11-1可见，金砖国家中，俄罗斯外资银行数目最多，其次是巴西，中国和印度外资银行数目相差无几，而南非外资银行数目较少，一直稳定在6家左右。由于俄罗斯不允许外资银行开设分行，因此，外资银行机构扩张以投资新建独资或合资银行为主，而南非外资银行机构扩张情况恰恰相反，主要以设立分支机构为主。由于金砖国家对外资银行并购本土银行存在一定的管制，因此，以并购方式进入金砖国家的外资银行较少。2008年金融危机前，外资银行在俄罗斯和巴西的机构铺设速度较快，外资银行数量大幅度增加，俄罗斯外资银行由2006年的64家增加到2008年的101家，巴西外资银行由2006年的48家增加到2008年的56家，而金融危机后，外资银行在俄罗斯的机构铺设速度放缓，在巴西甚至出现了机构数目萎缩现象，随着全球经济开始复苏，俄罗斯外资银行机构扩张也开始逐渐恢复，但在巴西并不明显。在其他金砖国家，金融危机并未对外资银行机构扩张造成过大冲击，外资银行机构数目一直低速平稳增长。

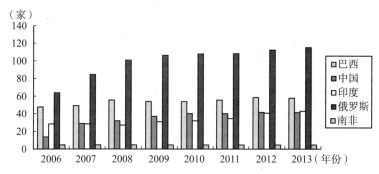

图 11 - 1　2006 ～ 2013 年金砖国家外资银行数目

数据来源：根据金砖国家各国央行网站数据整理获得。

11.3　金砖国家外资银行经营发展情况

一直以来，外资银行由于具有先进的管理经验和服务技术，使其在新兴经济体的经营状况良好。2007 年国际金融危机以后，金砖国家普遍出现国内宏观经济环境恶化的现象，银行业的经营受到了一定的冲击，资产和利润增长速度减缓，其中外资银行的经营状况进一步恶化，部分金砖国家的外资银行资产和利润甚至出现负增长。

11.3.1　中国外资银行经营发展情况

2013 年，中国外资银行的主要经营情况是资产增长速度继续减缓，资产份额进一步萎缩。截至 2013 年底，外资银行营业机构资产总额达到 2.56 万亿元，高于 2012 年的 2.38 万亿元，同比增长了 7.45%，但是增长速度远低于中国整体银行业的平均增长速度 13.3%，外资银行资产总额占中国整体银行业资产总额的比例进一步的下降，仅为 1.73%（见图 11 - 2）。2012 年标普按照银行资产排名选出了中国 50 大银行，其中就有四家外资银行第一次名列榜中，它们分别是排名第 26 位、资产总额达到 2690.15 亿元的汇丰银行；排名第 40 位、资产总额达到 1744.03 亿元的东亚银行；排名第 41 位、资产总额达到 1731.52 亿元渣打银行；排名第 48 位、资产总额达到 1273.89 亿元的花旗银行。截至 2013 年底，外资银行各项贷款达到 1.11 万亿元，同比增长了 6.47%，增长速度有所提高，不良贷款率达到 0.49%，远远低于全国整体银行业的平均不良贷款率 1.49%；各项存款达到 1.49 万亿元，同比增长了 4.72%，目前，中国外资银行的存款、贷款的增长速度仍然较为缓慢。2013 年，中国外资银行的流动性比例达到 72.42%，实现了 140.34 亿元的税后利润，但是相比于 2012 年稍微有所下降。数据显示，2013 年，中国的外资银行基本面还算比较健康，资产质量较为良好，资本比较充足，盈利情况比较稳定，流动性也比较充足，主要的经营指标都达到了中国政府的监管要求。

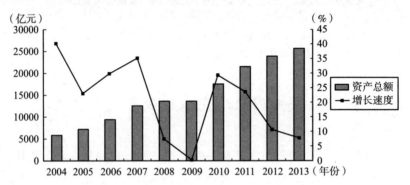

图 11−2　2004～2013 年中国外资银行资产总额和增长速度情况

数据来源：根据中国银监会数据整理。

11.3.2　俄罗斯外资银行经营发展情况

2006 年以来，在金砖国家中，俄罗斯外资银行的发展速度最快，因此单独列出进行分析（见表 11−7）。2013 年，俄罗斯银行业利润总额为 1 万亿卢布，比 2012 年略有降低，外资银行资产总额为 8.8 万亿卢布，比 2012 年减少了 3.1%，市场份额也进一步缩减为 15.3%，其对俄罗斯银行业财务业绩的贡献率也接近这一比例。俄罗斯外资银行资产中有较大比例来源于个人贷款，在俄罗斯各类型银行中，外资银行的逾期贷款率和坏账率最高，分别达到 4.1% 和 8.5%。2013 年，除外资银行外，俄罗斯其他类型银行的资本充足率都有所下降。俄罗斯外资银行对银行间市场的依赖度下降。2013 年俄罗斯遭受了资金外流、商业环境不断恶化以及卢布大幅度贬值等恶况，尽管俄罗斯本土银行依然占据市场主导地位，但是根据国际清算银行（BIS）的数据分析显示，在 2013 年底，外资银行对俄罗斯发放的贷款金额就已经达到了 2190 亿美元，其中就有 23% 是来自法国的跨国银行，金额接近 500 亿美元。截至 2014 年 1 月 1 日，外资银行从国际

市场上的贷款占负债的比例为 6.9%，而国有银行和大型私营银行分别为
3.6% 和 3.5%，中小银行几乎没有。

表 11-7　　　　　2013 年俄罗斯银行业经营发展情况　　　　单位：%

银行类型	资产份额	个人存款/负债	企业存款/负债	个人贷款/资产	资产收益率	净资产收益率	资本充足率
国有银行	51.4	33.6	17.1	22.9	2.2	18.3	12.8
外资银行	15.3	24.1	19.0	34.4	1.8	13.1	15.5
大型私营银行	28.8	24.4	23.3	23.0	1.5	12.5	12.8
莫斯科地区中小银行	2.3	30.8	11.5	17.5	1.6	9.8	17.4
其他地区中小银行	2.0	42.3	10.1	26.4	1.8	11.4	18.1

数据来源：根据 The Central Bank of the Russian Federation：Banking Supervision Report 2013 数据整理。

11.3.3　其他金砖国家外资银行经营发展情况

2011 年其他金砖国家外资银行经营发展情况如表 11-8 所示。

表 11-8　　　　2011 年金砖国家和主要发达经济体银行业结构情况

	发达经济体						金砖国家				
	丹麦	法国	德国	意大利	英国	美国	巴西	中国	印度	俄罗斯	南非
银行资产/GDP	245.0	368.0	124.0	204.0	607.0	84.0	105.0	189.0	80.0	75.0	130.0
国有银行资产占比	1.0	2.0	32.0	0.1	26.0	0.0	44.0	47.3	74.0	41.0	0.1
外资银行资产占比	21.0	12.0	12.0	18.0	18.0	—	18.0	1.93	7.0	18.0	28.0
市场集中度	81.9	62.7	78.1	63.1	57.6	35.4	62.6	50.8	28.9	31.7	77.7
净息差	1.1	1.0	0.8	1.4	1.5	3.6	5.0	2.9	3.1	4.0	2.8
贷存比	—	131.6	90.0	141.7	—	63.4	115.7	251.4	75.8	110.5	110.1
资本充足率	17.2	12.3	16.4	12.7	15.7	14.7	16.3	12.7	13.1	14.7	15.1

注：市场集中度指各国最大三家银行资产占总资产的比例。

数据来源：根据 World Bank、IMF 和 Bankscope Database 数据整理。

2013 ~ 2014 财年，印度银行业净利润出现负增长，这主要是由于过高的逾期贷款增长率造成的，印度外资银行的资产回报率和净资产回报率都低于私人部门银行而高于公共部门银行。

其中，金融衍生品业务在印度外资银行中占据重要地位。截至 2014 年 9 月，金融衍生品业务在外资银行表内资产的比例就达到了 34%。从 2012 年 3 月以来，之前在外资银行表内资产占据较高比例的银行间市场业务，尤其是同业贷款业务，呈现出了大幅度下降。

截至 2013 年 3 月底，印度外资银行资产总额达到 6.38 万亿卢比，同比增长了 8.45%，远低于 2012 年的 19.75%，外资银行资产总额占印度银行业资产总额的 6.65%。金砖国家中，印度银行业市场集中度较低，但是由公共部门银行掌控的局面抵消了在市场集中度的优势。不良资产是一直困扰印度商业银行的一个重要问题，印度外资银行的不良资产率低于公共部门银行而高于私人部门银行。金砖国家由于银行业市场竞争程度较低，普遍面临较高的净息差。

2007 年的国际金融危机爆发以来，巴西的银行业首次出现了资产萎缩的现象，而这主要是由于巴西私营银行的资产大幅度下降所造成。截至 2013 年 12 月，巴西银行业资产总额为 2.62 万亿美元，同比下降了 5.25%，外资银行资产总额连续两年下降，下降速度有所加快。截至 2013 年 12 月，外资银行资产总额为 0.43 万亿美元，在巴西银行业资产总额中的占比仅为 16.46%。巴西银行业贷款在 2012 年达到峰值 0.95 万亿美元后也出现了下降现象，下降速度高达 7.51%。

2012 年以来，受宏观经济环境恶化、银行大规模持有政府债券和过度依赖短期的大额存款等因素的影响，南非银行业的发展面临巨大的挑战。由于较高的失业率和贫困人口比例，无抵押贷款和抵押贷款成为南非银行业的一大威胁。2013 年 6 月，南非银行业的不良贷款占总贷款的比率就达到 4%，且零散贷款明显出现了恶化的现象。尽管如此，南非银行业仍然稳健发展。南非银行业外国资产从 2003 年的 1280 亿兰特增加到 2013 年的 5140 亿兰特，这主要是由 2005 ~ 2008 年几笔较大的外商直接投资造成。

例如，英国的巴克莱银行在 2005 年收购了南非联合银行超过了 50% 的股份，这是南非银行史上的第一大并购案，南非联合银行在 2014 年南非银行资产排名中位列第三；在 2008 年时，中国工商银行收购了南非标准银行 20% 的股份，收购价格为 54.6 亿美元，该银行成为南非标准银行的第一大股东，远远超过了 2005 年英国巴克莱银行的收购规模。目前，外资银行是南非银行业外国资产的最大组成部分，比例达到 32%，其次是非居民发行的衍生工具。截至 2013 年 5 月，南非外资银行资产总额为9990 亿兰特，同比增长了 6.1%，市场份额为 26.5%，外资银行主导了经纪行业市场，但却没有进入普通的零售市场。

11.3.4　金砖国家外资银行经营发展情况比较分析

2013 年，受美国退出量化宽松政策的影响，新兴经济体高债务和"双赤字"国家金融体系的脆弱性显现：一是资本外流压力加剧，2013 年新兴市场股市资金流出量达 152 亿美元；二是本币大幅贬值，印度卢比、巴西雷亚尔和南非兰特对美元年内贬值幅度分别达到 13.7%、15.6% 和23.3%，俄罗斯卢布贬值也超过 9%。金砖国家外资银行的经营发展情况进一步恶化，俄罗斯和巴西均出现了外资银行资产总额萎缩的现象，而其他金砖国家外资银行资产增长速度普遍放缓。俄罗斯和印度的外资银行在银行间市场占据重要地位，但也出现了下滑现象。金砖国家外资银行对整体银行业发展的贡献度大体与其在资产总额中的比例持平，因此，采用外资银行资产总额在银行业资产总额中的比例来比较分析金砖国家外资银行的发展情况。

由图 11 - 3 可见，外资银行在中国的发展速度一直非常缓慢，资产总额占比在 2% 左右徘徊，这主要由于两方面的原因：一是中国的外资银行并未实现本土化；二是中国的外资银行其网络渠道和网点的建设完全无法与中资银行相提并论。目前，金砖国家中外资银行资产占比最高的南非，2013 年这一比例达到 27%，其次是巴西和俄罗斯，不同的是俄罗斯外资银行发展速度较快，其资产占比呈现出逐步上升的趋势，而巴西却恰恰相反，这主要是由于巴西外资银行大多数来自美国和欧洲，更容易受到金融危机的冲击。印度外资银行发展较为平稳，资产占比一直维持在 7% 左右。受 2007 年国际金融危机的影响，金砖国家外资银行资产占比都有所下降。随着发达经济体经济的逐渐复苏，跨国银行可能加大在金砖国家的投资，截至 2014 年 3 月底，印度外资银行资产总额达到 7.37 万亿卢比，同比增长了近 1 万亿卢比，增长速度达到 15.7%。

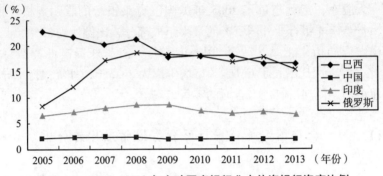

图 11-3　2005~2013 年金砖国家银行业中外资银行资产比例

注：由于南非外资银行资产比例数据不完全，本图的金砖国家中并未包含南非。
数据来源：根据金砖国家各国央行网站数据整理得到。

11.4　小　　结

通过对金砖国家外资银行管制、机构设置和经营发展情况进行分析，发现各国对外资银行都存在不同程度的管制：中国和印度主要体现在参股比例上，俄罗斯主要体现在进入方式上，而南非主要体现在业务范围上；后危机时代，发达经济体跨国银行的去杠杆化使得其对金砖国家的机构铺设持更加审慎的态度，俄罗斯和巴西外资银行的机构扩张速度明显放缓；金砖国家外资银行的经营状况都出现恶化的现象，资产增长速度减缓，俄罗斯和巴西的外资银行甚至出现了资产萎缩现象；金砖国家中，南非外资银行发展程度最高，其次是巴西和俄罗斯，印度外资银行发展程度较低，而外资银行在中国发展非常缓慢。

第 *12* 章

新兴市场国家银行业自由化路径

12.1 新兴市场国家银行业管制与自由化程度的动态优化

12.1.1 新兴市场银行业管制—管制失灵—再管制的恶性循环

银行体系内生的脆弱性、银行危机在国内和国际间的传染性以及银行业存在的信息不对称等特点决定了新兴市场国家对本国银行以及外资银行都进行严格的管制。新兴市场国家的政府管制是为了纠正市场失灵，但是在市场失灵的情况下对本国银行部门实施的包括市场准入限制方面的措施在保护了本国银行业垄断地位的同时，也使得银行效率处于较低的水平，这样，结果必然是政府管制失灵。

管制失灵除了带来银行的低效率以外，还有可能加剧银行体系的脆弱性。当银行体系脆弱性达到一定程度，就有可能发生银行业危机，银行业危机的产生又会产生连锁反应，导致一系列的经济问题甚至出现经济衰退。20 世纪 80 年代以来，新兴市场国家的银行业危机频繁发生，在导致危机的各种因素中，管制失灵是导致新兴市场国家银行业危机的最重要的因素之一。比如杰拉德等（Gerard Caprio Jr. et al., 1997）曾经详细研究了 1980～1995 年期间比较严重的银行危机，发现 29 次危机中竟然有 26 次危机与监管不当或者监管过度（Excessive Regulation）有关，该因素在各种导致危机的宏观和微观原因中出现频率最高。据此可推断，管制失灵确实是导致银行业危机的重要原因。①

综上所述，一方面，新兴市场国家的市场失灵迫使政府加强管制，而管制失灵又与银行业的低效和危机的多发有所关联；而另一方面，管制不当造成的危机却又会激励政府进行更加严格的管制。因此，这些国家陷入了"管制（Regulation）—管制失灵（Regulation Failure）—再管制（Re-regulation）"的恶性循环。

12.1.2　新兴市场国家银行业管制与自由化的动态均衡

为了走出上述恶性循环，许多新兴市场国家对整个银行体系进行了较大力度的改革，推进金融自由化。在威廉姆森和马哈尔（Williamson and Mahar, 1998）对金融自由化内容的概括中，有"消除信贷管制、利率市场化、机构准入自由、银行部门自律、民营化和资本流动自由化"。② 而以银行为代表的金融机构的对外开放，便是"机构准入自由"的重要内容。

但是，总结新兴市场国家金融自由化改革的经验可以发现，20 世纪 90 年代末开始发生的较大规模和影响的金融危机，又有相当大的比例是分布于不同程度地放开对外资银行进入限制的新兴市场国家。那么，是否存在一个适度的区间或者均衡点，能够使银行体系在管制和自由化的边界之间保持安全和高效呢？

1. 银行体系脆弱性边界

无论是过度管制还是过度的金融自由化，都无法实现银行体系的高效与稳定。在银行业管制和自由化程度之间，是否会存在某个临界点或者区域，使得银行体系在一个相对安全的边界之内？

如果存在一个新兴市场国家银行体系脆弱性的边界 BF（Banking Fragility Frontier，见图 12-1），该边界必然介于银行业管制和自由化程度之间，至于它的位置则应该由该国金融体系初始条件来决定。因为根据制度

① James R. Barth, Gerard Caprio Jr. 等学者（2002）对 107 个国家的研究也证实了 Gerard Caprio Jr. 等的推论。他们发现政府对银行经营活动的管制程度与银行业危机显著正相关；新兴市场国家对跨国银行进入以及拥有国内银行产权的限制与银行业危机也是显著正相关的。参见 James R. Barth & Gerard Caprio, Jr. & Ross Levine, 2002. "Bank Regulation and Supervision: What Works Best?" *NBER Working Papers* 9323, National Bureau of Economic Research, Inc. 。

② Williamson, John and Mahar, Molly., 1998, "A Survey of Financial Liberalization", Essays in International Finance, No. 211, Princeton University, New Jersey, Pagination: 1-65.

经济学在对转型国家改革绩效的比较分析，制度变迁对初始条件具有非常显著的敏感性依赖，有时即使是微小的初始条件的差异，也可能会导致大相径庭的结果。新兴市场国家金融自由化的绩效是这些初始条件的函数，如果忽视了金融体系初始条件这个重要解释变量，试图求解一个具有普适性的"最优开放度"是毫无意义的。

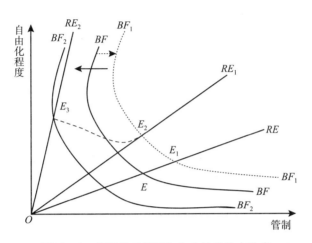

图 12 - 1　银行体系管制与自由化的动态均衡

这些初始条件主要包括宏观和微观两个维度：

宏观维度体现了东道国的国家异质性（Country Heterogeneity），主要包括该国"私人产权保护情况、缔约自由度、企业履约机制健全情况、会计标准、信息披露制度等"[①] 同时还要看该国金融结构是否合理、金融市场是否完善、资本形成机制是否健全等；微观方面体现了东道国银行的异质性，主要指的是银行自身的竞争能力，比如经营绩效和风险管理能力、对技术溢出的吸收能力以及对外扩张能力和与之相应的后续的逆向技术溢出能力等。

BF 线上所有的点都体现出在金融体系初始条件一定的前提下，该新兴市场国家金融政策（管制，自由化）所有可能的组合能达到的最优状态。由于银行业管制和自由化均为边际生产力递减，因此，BF 线是凸向原点的。同时，该曲线越接近原点，银行体系的脆弱性就越低，同理反

---

① 郑鸣（2007）专门针对金融脆弱性的研究主要考虑了国家层面的因素。参见郑鸣. 金融脆弱性论［M］. 北京：中国金融出版社，2007：66。

之。而资源禀赋曲线（Resource Endowment Curve，RE）则取决于该国历史、地理等客观条件以及政治体制、法制与民主程度等制度性因素。RE 斜率越大，说明该国银行业管制放松，自由化程度越高。BF 和 RE 的交点 E 即为该国银行体系管制与自由化的均衡点。

2. 银行体系管制与自由化的均衡点及其变化

值得注意的是，在推行金融自由化的过程中，随着东道国金融体系初始条件的不断改善或者恶化，BF 线也会相应发生移动。

从短期来看，尤其是在金融自由化之初，银行部门 FDI 的进入打破了东道国银行部门原有的格局，动摇了银行部门一直以来居于的垄断地位，减少了其因为机构准入限制措施而拥有的特许权价值，生存压力加大，部分在竞争中处在劣势地位的实力弱小的银行还可能被迫出局；同时，当某银行处于资不抵债的境地的时候，特许权价值的降低将使得银行有更大激励形成风险较高的资产组合，这样又增加了银行的道德风险，从而导致整个银行体系风险程度加剧，脆弱性增加，甚至很有可能会引发金融危机。在此情况下，图 12-1 中银行体系脆弱性的边界右移：由 BF 到 BF_1，相应地，银行体系管制与自由化的均衡状态也随之发生变化：由 E 至 E_1 点；随着金融自由化程度的提高，会有越来越多的投资者参与市场，资源禀赋曲线会由 RE 向左上方偏转至 RE_1，这就打破了原有的银行体系脆弱性的均衡状态：由 E_1 移动至 E_2 点，而 E_2 点距离原点更远，这就说明银行体系脆弱性在短期变得更为严重。

从长期来看，一方面，金融自由化的正面效应开始显现，在竞争中没有被淘汰的银行有了更为稳定的市场环境，各方面投资者对金融自由化的信仰超过了对政府管制的信心，使得资源禀赋曲线进一步向左上方偏转，表现为图 12-1 中的资源禀赋曲线由 RE_1 转移至 RE_2。结果是，不断完善的金融体系逐渐超越了其初始条件，使得银行体系脆弱性的边界线向左移动至 BF_2，管制与自由化程度的均衡点也随之左移至 E_3，更加接近原点，银行体系脆弱性降低，而这种降低带来的收益甚至可足以抵消短期内的金融危机可能造成的损失。

另一方面，政府管制的方式也在发生变化，从开始时集中于对市场价格以及市场准入条件的管制，转变到提出了对银行的资本充足率、信息披露程度等方面的更有针对性的要求，这又进一步改善了该国金融体系的初始条件，自由化程度也更高。表现为图 12-1 中 BF_1 曲线向原点方向移动

至 BF_2，银行业管制与自由化程度的均衡点必然也会距离原点更近：由 E_2 至 E_3 点，这表示银行体系脆弱性的降低。

由此可见，新兴市场国家银行体系管制与自由化程度的均衡点是处于动态变化中的。这种动态变迁路径（Dynamic Transition Paths）反映出金融自由化的效应随着时间的变化而变化：初期会增加银行体系脆弱性，呈现出负面效应，但是长期会有正面效应。据此也可以得出金融自由化实施的时间与银行体系脆弱性之间是一种倒"U"型关系的推论。部分新兴市场国家和地区比如中国香港、新加坡、印度尼西亚、泰国等银行业的情况基本反映了这个过程和结果。

3. 新兴市场国家推进银行业自由化的关键点

由于金融体系初始条件决定着银行体系脆弱性的边界，那么，新兴市场国家推进银行业自由化的关键点就在于必须着力于改善本国金融体系的初始条件。早在 1993 年，麦金农在其《经济自由化的顺序》一书中就特别强调国内金融自由化改革一定要在对外金融自由化改革之前。但是，私人产权保护不够、企业履约机制不健全、信息披露制度执行不力、金融结构不合理、金融市场不完善等，恰恰是新兴市场国家的通病；银行效率低下、风险管理意识和技术不强、缺乏核心竞争能力、对外资银行技术溢出的吸收能力不高等，也是新兴市场国家的普遍现象。

因此，新兴市场国家要渐进式提高银行业自由化程度。一方面，加快银行体系建设和改革，优化金融生态环境，改善金融初始条件，强化私人产权保护、缔约自由、企业履约机制、会计标准和信息披露等制度的制定和实施；与此同时，逐渐取消进入壁垒，扩大市场开放程度，银行特许权价值要缓慢递减但不会骤然锐减，以提高东道国银行行为的理性，大幅度减少道德风险行为。另一方面，也要提高本国银行自身的核心竞争力。不仅被动应对，更要主动寻求新的市场，实现新的突破。东道国唯有从宏观和微观两个维度共同努力，才能使跨国银行对于东道国银行业发展带来正的效应：提高而不是降低东道国银行的绩效；促进而不是阻碍东道国金融发展；吸收、缓冲而不是放大金融风险。另外，在金融自由化过程中加强政府审慎监管，这样新兴市场国家银行体系脆弱性边界才会不断优化。

12.2　新兴市场国家银行业的海外扩张

新兴市场国家银行业不仅要应对跨国银行的进入，而且有条件的银行也要主动"走出去"，通过海外扩张获得规模经济和范围经济效应，以便从国内外两方面提高银行绩效，强化国际竞争力。

12.2.1　通过提高银行国际化程度改善银行绩效

如果以海外资产占总资产的比重（即 FA/TA, Foreign Asset/Total Asset）作为衡量银行国际化程度（Degree of Internationalization, DOI）的指标，那么关于银行 DOI 与其绩效的关系，从经验来看是互相促进的：一方面，银行只有首先具备了一定的垄断优势或比较优势以及较强的内部化能力，才能进行国际扩张，进而提高绩效；另一方面，DOI 越高，银行可以摊薄管理费用和研发（R&D）开支等固定成本，获得规模经济和范围经济等，反过来会促进银行绩效的改善。

另外，在银行国际化的不同阶段，DOI 与银行绩效的关系也是有所差异的。如图 12-2 所示，在第一阶段也即银行"走出去"的初期，银行对外投资需要克服在国外经营比东道国银行的劣势，即 LOF，突破东道国可能存在的各种壁垒，因此，银行绩效不但不会改善，甚至还会出现降低的情况；第二阶段，随着银行海外业务的扩展、海外资产占比和国际化程度的不断提高，内部化的优势不断显现，收益大于组织协调协调成本，绩效改善；但是到了第三阶段，随着银行国际化的程度越来越高，扩张的区域越来越大，这就又会涉及组织成本等导致的总成本的提高以及银行扩张的规模边界问题，继而导致收益下降。

中国银行业目前国际化程度较低，即使是国际业务相对较多的中国银行与国外很多银行相比也是差距很大。而根据邓宁的国际投资阶段论，中国的经济水平已经到达了净对外投资的阶段，但是中国依然处于吸引外资远远大于对外投资的状况，因此，需要积极推动银行业的对外投资，主动应对外来竞争。

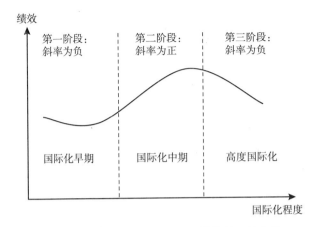

图 12 - 2　银行国际化程度及其绩效关系的变化

12.2.2　银行海外扩张的规模边界

管制的放松和技术的进步等因素促进了银行资产规模的扩大，而规模经济的存在也带来了银行兼并重组的浪潮。但学术界对于银行业是否存在规模经济问题也一直未能达成共识。以多数跨国银行母国所在的发达国家为例，1984 年至今，美国商业银行的数量已经下降了大约50%，而与此同时，美国银行的平均资产规模却上升了 5 倍以上。艾伦和刘（Allen and Liu，2007）对加拿大银行业的研究发现，在其他经济条件不变的条件下，如果银行成倍地扩大它们的资产规模，则这些银行的平均成本将至少下降6%以上。[①] 从国内研究看，齐树天（2008）采用 1994～2005 年的面板数据对中国 16 家全国性商业银行的规模效率情况进行了研究，发现所有商业银行的规模效率均呈现出总体趋好的演进轨迹。徐枫、范达强（2011）运用超越对数成本函数计算了四大国有商业银行在 2003～2009 年的规模经济值，证实我国商业银行的规模经济值是上升的。杨青坪等（2014）则研究了我国商业银行 2009～2012 年的规模经济现状，实证结果表明我国商业银行并未充分实现适度规模。因此，我国的商业银行"走出去"可以追求由规模经济带来的效率提升。

技术进步使得银行规模经济的边界逐步递增，更多的研究支持即使是

---

① 参见 Allen J，Liu Y，2007，"Efficiency and Economies of Scale of Large Canadian Banks"，*Canadian Journal of Economics*，40，225 - 244 的研究数据。

特大规模的银行仍然具有规模经济的观点。冯和塞雷特斯（Feng and Ser-letis，2010）采用贝叶斯方法替代了原来通用的成本函数方法来研究银行的规模经济问题，惠洛克和威尔逊（Wheelock and Wilson，2012）根据美国银行1984～2006年的数据使用非参数的局部多项式估计量，所得结论同样认为银行规模经济的边界在扩大。[①] 所以，银行规模经济的增加可以解释银行平均资产规模的增长问题，而且这种规模经济的递增趋势具有长期性，除非政府采用政策措施来进行干预。

另外，银行"大而不倒"（Too Big to Fail，TBTF）和"太重要而不能倒"（Too Important to Fail，TITF）的机制也激励银行扩大规模。"大而不倒"和"太重要而不能倒"不仅能够使得商业银行更倾向于从事高风险的项目，提高道德风险，而且也给了这些银行以不断扩张的内在冲动，客观上也导致商业银行的规模边界一再向外延展。

按照交易成本理论，银行扩张的规模边界取决于内部交易成本和市场交易成本的比较。只要内部化的收益超过因跨国经营而额外增加的组织管理成本，银行就拥有了跨国经营的内部化优势，而且银行的规模还会继续扩张，扩张的规模边界在于内部化的收益与成本相等之处。

12.3 小 结

以上从"引进来"角度研究了银行业对外开放的路径选择问题，探讨了新兴市场国家银行业管制与自由化的动态均衡；又从"走出去"角度，通过阐述银行国际化程度与其绩效的关系，提出新兴市场国家银行业在应对外资银行进入竞争的同时，也要积极主动开展国际化经营，这就给中国银行业的国际化提供了启示。

目前，中国银行业国际化程度偏低，远远低于其他行业尤其是实体经济企业"走出去"的水平，未能为其他行业的海外扩张提供全面高效的金融服务，未能紧密地"追随客户"。而按照邓宁的投资发展阶段论，中国现阶段的GNP水平已达到成为外资的净流出国的条件。所以，中国等新兴市场国家一方面要应对跨国银行进入的竞争；另一方面要寻求国际市场的发展机会。

---

① 详细研究参见 Wheelock D C, Wilson P W, 2012, "Do Large Banks Have Lower Costs? New Estimates of Returns to Scale for U. S. Banks", *Journal of Money*, *Credit and Banking*, 44, 171 - 199。

　　为此，初期建议加强对国际市场的调研，了解国内企业在境外的地理分布、经营状况、资金和服务需求等，以为实体经济的发展提供金融支持；中长期要做好全球化布局，采用合适的进入方式，进入那些市场空间大、能够发挥中国银行业比较优势的国家和地区经营；另外，尽管很多研究证实，在长期里是银行国际化程度的提高会促进银行的经营绩效的改善，但是从另一方面看，只有在国内市场具备了足够的竞争能力和核心优势的银行，到海外扩张才更可能成功，所以，商业银行必须"内外兼修"。

第 *13* 章

后危机时代银行业的国际监管合作

　　银行部门 FDI 涉及母国和东道国多个国家，加强对跨国银行的监管是保证这些国家银行体系稳定的关键。目前，以金融自由化、金融国际化、金融市场一体化、金融信息全球化等为特征的金融全球化进程与国别化、分散化的金融监管体系之间的矛盾日益突出，近年频繁发生的金融危机和金融监管套利行为也反映出高速发展的金融体系与传统的监管模式之间出现的严重偏差。

　　为此，巴塞尔委员会多次出台《巴塞尔协议》为全球范围内的银行监管提供参考标准；IMF、世界银行、BIS、G20 等也开始重点关注全球金融监管合作问题，并出台措施促进合作；各国也加强跨国金融监管合作，以应对复杂化和一体化的金融市场。新兴市场国家资本市场发展相对落后，间接金融在金融体系中占据主导地位，且银行体系中外资占比逐渐提高；同时，金融领域的制度框架相对薄弱，缺乏国际发展经验和国际话语权，这就决定了新兴市场国家在发达经济体主导建立的国际银行监管合作中处于相对劣势地位。

　　长期以来国际上对于监管合作还是监管竞争的观点和做法充满分歧。特别是 2007 年次贷危机发生后，以美国为代表的一些西方国家对《巴塞尔协议Ⅲ》的拖延执行使得国际银行业出现了监管竞争的倾向。由于金融资本和金融活动的全球化也使世界金融体系更加脆弱，金融危机的传染性增强。银行业危机的传导性和链条性，使国家间的监管合作存在内生动因，监管国际合作不仅是维持国际银行体系稳定的保障，也是挽救国际银行业危机的有效手段。

　　下面立足后危机时代国际银行业监管合作的现状，运用非合作博弈理论研究国际银行业监管的方向选择问题，并通过合作博弈理论对合作联盟的形成进行分析，以期向以中国为代表的新兴市场大国参与国际银行业监管合作提出政策建议。

13.1 基于非合作博弈的国际银行业监管选择

银行监管是金融监管的重要组成部分，尤其是在间接金融占主导地位的新兴市场国家，银行的脆弱性导致金融系统的脆弱性，因此，在后危机时代国际金融一体化背景下构建两国博弈模型，分析监管主体对监管竞争与监管合作的策略选择问题，对新兴市场国家的政策选择具有重要意义。

13.1.1 基本假设

假设1：国际金融体系中存在两个具有独立银行体系的国家，两个国家在完全信息条件下进行监管博弈，博弈双方均明确对方的策略集和对应的支付函数。

假设2：博弈的理论基础为非合作博弈理论。两个国家政府都是本国金融市场的监管主体，监管主体对在本国经营的当地银行和外资银行进行监管的目的是实现本国福利的最大化，而不会考虑国际整体福利的大小。

假设3：两国的银行业市场是完全自由和开放的，金融服务和金融资本可以在两个国家间自由流动。

13.1.2 一次博弈分析

博弈的两个参与者具有对称的策略集 N，该策略集中包含两个策略：监管合作（H）和监管竞争（C），即 $N_i = \{H, C\}$。对每个策略的含义进行定义：博弈参与方在选择监管合作策略时会维持《巴塞尔协议Ⅲ》所统一规定银行业监管标准；而选择监管竞争策略则会单方面降低监管标准，从而吸引被监管主体进入本国市场以提升国家福利。

1. 博弈双方均选择合作策略

国家 A 和国家 B 均选择监管合作策略，两国都维持《巴塞尔协议Ⅲ》提议的统一银行业监管标准，此时两国能够实现整体和个体利益的最大化且两个国家的支付函数对称，定义这种情况下的国家支付为1。

2. 博弈双方分别选择合作和竞争策略

假设国家 A 选择了监管竞争策略，在未经协商的条件下单方面降低本国的银行业监管标准，而国家 B 依旧选择监管合作策略，仍维持较高的国际统一标准。此时，国家 A 的支付大于两国均选择监管合作时的对称支付，而国家 B 的支付则会由于国家 A 的竞争行为而变为负值。定义此时国家 A 的支付为 $x(1 < x \leqslant 2)$，而国家 B 的支付为 $y(y \leqslant -1)$。

3. 博弈双方均选择竞争策略

国家 A 和国家 B 均选择监管竞争策略，此时两国都会降低本国的银行业监管标准，定义此时两国的支付为 -1。

根据上述定义，可以得出国家 A 与国家 B 的支付矩阵，如表 13 – 1 所示。

表 13 – 1   国际监管合作与竞争博弈矩阵

	监管合作（H）	监管竞争（C）
监管合作（H）	(1, 1)	(y, x)
监管竞争（C）	(x, y)	(−1, −1)

对博弈矩阵进行分析，当国家 A 选择监管合作时，由于 $1 < x \leqslant 2$，国家 B 会选择监管竞争策略，而当国家 A 选择监管竞争策略时，由于 $y \leqslant -1$ 国家 B 仍然会选择监管竞争策略，即监管合作是国家 B 的严格劣势策略。同样的分析也适用于国家 A，由此可以得到该博弈存在唯一的纳什均衡解（监管竞争，监管竞争）。

但从支付矩阵中可以看出，这一均衡并不是该博弈的最优解，若两国选择（H，H）这一策略组合，则能够实现整体和个体收益的帕累托优化，因此该博弈存在典型的"囚徒困境"问题。国际银行业监管问题也可以看作一项正和博弈，国家间针对监管竞争与监管合作的博弈符合"囚徒困境"模型的结论：合作能够实现集体和个体利益的帕累托优化。

13.1.3　无限次重复博弈分析

对完全信息框架下两国之间针对监管竞争与监管合作的单次博弈选择

进行的分析表明：通常情况下，博弈结果会陷入"囚徒困境"，均衡解为$(C，C)$。然而值得注意的是，国家间关于监管合作与竞争的博弈选择并非一次形成，而是一个循环往复的过程，一个国家当期的策略选择是对其他国家前期策略的最佳应对。众所周知，在"囚徒困境"问题中，多次重复博弈的结果与单次博弈的结果不同，当博弈在完美信息条件下无限次发生时，由于"投桃报李"或"以牙还牙"现象的存在，纳什均衡将逐渐趋近于帕累托最优。

在无限次重复博弈分析中，假设局中人国家 A 的初始策略为监管合作，由国家 A 首先触发合作策略，国家 B 有两种应对方式。第一种方式：国家 B 也选择监管合作，这种情况下国家 A 将在接下来的策略选择中继续选择合作，只要博弈双方均不违背合作策略，博弈将无限次循环下去，此时，国家 B 各期的支付函数贴现值可表示为：$\dfrac{(1+r^*)}{r^*}$；第二种方式：国家 B 选择监管竞争策略，根据"以牙还牙"原则，国家 A 将在之后的所有博弈循环中都选择监管竞争策略，这种情况下，国家 B 在第一期的收益为 x，之后各期的收益均为 -1，将国家 B 各期的支付函数贴现值表示为：$x-\dfrac{1}{r^*}$。

比较国家 B 在两种选择方式下的收益可得，国家 B 总会选择监管合作策略；而相同的决策过程也适用于国家 A。也就是说，在完美信息框架下的长期无限次循环博弈中，博弈双方的最佳策略均为监管合作，即$(H，H)$是重复博弈的子博弈精炼纳什均衡，该均衡解实现了国家间银行监管博弈的帕累托最优。

分别在完全信息和完美信息条件下进行国家间银行业监管合作与竞争问题的单次博弈分析和无限次重复博弈分析，结论表明：在短期内的单次博弈状况下，博弈双方都会选择监管竞争，博弈陷入"囚徒困境"问题；而在更符合现实情况的长期无限次重复博弈中，博弈均衡解得到了帕累托改进，博弈双方会选择监管合作策略，相对于单次博弈中$(C，C)$的纳什均衡，$(H，H)$这一均衡解可以实现整体和个体利益的帕累托优化。可以认为，监管主体在短期利益的驱使下会选择监管竞争行为，降低本国银行业监管标准，吸引更多监管资源进入，博弈陷入"囚徒困境"；而考虑到循环博弈下的长期利益时，监管主体会选择进行监管合作，维持国际统一的监管标准，以此来实现整体和个体长期收益的最大化。

13.2 基于合作博弈理论的国际监管联盟形成

如前所述，在长期基础上，两国间博弈的结果是进行监管合作。而在现实情况中，由于不对称性的存在，国家间的合作收益有时并不能达到最优的效果，国家的经济水平差距和国家间不对称的溢出效应都会对它们的监管合作收益产生影响。莫里森等（Morrison et al.，2003）的研究指出，只有国家差距不大，监管合作才成为最优选择，全球统一的监管标准才能使国际银行业监管达到最优状态，因此需要考虑怎样的合作联盟组合能够实现最优的收益。国家间的最优策略是进行监管合作，那么是否所有的国家都能够从监管合作中获利？怎样的合作组合会使得监管主体获得最大的收益？国家间的不对称性对合作联盟的形成会产生怎样的影响？这些问题是非合作博弈理论无法解答的，因此借鉴帕维尔（Pavel，2012）[①] 所构建的理论模型，引入合作博弈理论对国际银行业监管合作联盟的形成问题进行研究。

13.2.1 模型构建

世界由一个国家的集合组成 $G = \{1, 2, 3, \cdots, n\}$，监管在国家间是不能相互替代的，即国外的银行业监管不能够替代国内的银行业监管。但同时，每个国家的银行业危机都会对世界上其他国家产生影响，即一国的银行业危机会按照外部性矩阵溢出到其他国家。用 q_i 表示 i 国发生危机的可能性，s_i 表示 i 国所提供的监管水平，显而易见，概率 q_i 是监管水平 s_i 的减函数，即 $q_i' \leqslant 0$。

首先，一国发生银行业危机会对本国经济造成损失，危机造成的损失包含两个方面：一是由银行业危机及其可能引起的金融危机导致的该国GDP减少量或增速放缓量；二是该国在整顿此次银行业危机的过程中所支付的财政支出量。假设这两者均可用本国的 GDP 水平来表示，定义：

$$D_i = \alpha_i GDP_i \tag{13.1}$$

---

① 此处借鉴 Pavel（2012）构建的合作博弈模型，结合后危机时代国际银行业监管合作的现状，对监管联盟形成问题进行研究。参见 Pavel D, 2012, "Voluntary Cooperation in Terms of International Financial Supervision", *International Review of Finance*, (3): 283 – 304。

其中 D_i 代表 i 国发生金融危机给本国造成的经济损失；GDP_i 表示 i 国危机发生前的国民经济水平。

其次，在开放的银行业市场中，一国国内的银行业稳定性受到其他国家银行稳定性的影响，发生在某一国家的危机会按照外部性矩阵溢出到其他国家。定义两个国家之间银行业危机的溢出效应为 δ_{ij}，δ_{ij} 的大小与两国之间银行业的一体化程度有关，当 i 国与 j 国银行业市场之间一体化程度较高时，δ_{ij} 的值相对较高。值得注意的是，国家间银行业市场通常不存在完全的开放合作，即 $\delta_{ij} < 1$；且一般情况下，两国间的外部效应是不对称的，即 $\delta_{ij} \neq \delta_{ji}$。国家 j 对国家 i 的外部效应 δ_{ij} 可由矩阵 E 表示：

$$E = \begin{pmatrix} 1 & \delta_{12} & \cdots & \delta_{1n} \\ \delta_{21} & 1 & \cdots & \delta_{2n} \\ \cdot & & & \cdot \\ & \cdot & & \cdot \\ & & \cdot & \cdot \\ \delta_{n1} & \delta_{n2} & \cdots & 1 \end{pmatrix} \tag{13.2}$$

最后，一国监管当局提供 s_i 的监管水平所需要支付监管成本 c_i，监管成本 c_i 是监管水平 s_i 的增函数，即 $c_i' \geq 0$。

综合以上三个方面，可以得到某一国家的损失函数：

$$L_i = q_i D_i + \sum_{j=n/i} \delta_{ij} q_j D_j + c_i \tag{13.3}$$

定义 $p_i(p_i = 1 - q_i)$ 为 i 国避免危机发生的概率，p_i 是 i 国所提供的监管水平 s_i 的增函数，即 $p_i' \geq 0$。将各国的支付函数定义为金融稳定所带来的收益函数 B_i，则 B_i 的最大值即为 L_i 的最小值：

$$B_i = p_i D_i + \sum_{j=n/i} \delta_{ij} p_j D_j - c_i \tag{13.4}$$

从各国的支付函数可以看出，一个国家的收益由本国当局提供的监管水平 s_i、其他国家的监管水平 s_j 和两国之间的溢出效应 δ_{ij} 共同决定，在理性人假设基础上，国家监管当局的目标是追求本国利益的最大化，因此，国家之间就会在监管问题上产生某些形式的竞争与合作。

13.2.2 银行业监管领域的自发合作

建立一个能够准确体现现存国际银行业监管合作框架的博弈模型——

效用不可转移且存在联盟间外部性的合作博弈模型。对合作联盟形成的过程进行分析：假设参与者按照某一特定规则有序地排列在一个房间中，记为 ρ（例如按国家字母顺序排列）。首先，由排在第一位的成员提出一份要约名单，名单中包含该成员自己和该成员想与其组成合作联盟的其他成员，通常这份名单中包含的国家是全体参与者的一个子集（$T \subseteq N$）。之后，名单上的成员陆续对这一合作要约作出回应，此时可能出现两种情况：第一种情况，若 T 中所有成员均接受要约，则合作联盟 T 形成并离开房间，由余下的其他成员重复进行前述步骤；第二种情况，如果名单中的一位成员拒绝了合作要约，则联盟无法形成，且拒绝者要作为提议者提出一份要约名单，博弈进入新的循环。假设这种联盟形成过程不会无限持续下去，在最后，每个参与者都会属于一个联盟，所有联盟构成了一个包含全部参与者的联盟体系。

联盟体系形成后，联盟之间进行非合作博弈，对其他联盟的策略做出最佳应对。这种非合作博弈会对每个联盟产生支付，根据收益不可转移假设，联盟收益依据联盟的结构在成员间进行分配。

13.2.3 不同条件下联盟结构的均衡状态

从静态博弈角度对均衡解进行分析，即策略选择仅依赖于博弈的当前状况，而非博弈的整个历史。当特定联盟 T 形成时，联盟的博弈目标是令所有成员的共同收益最大化，即联盟支付最大化：

$$\max_{s_i \in T} \left\{ B_s = \sum_{i \in T} p_i D_i + \sum_{i \in T} \sum_{j = N/i} \delta_{ij} p_j D_j - \sum_{i \in T} s_i \right\} \tag{13.5}$$

上式一阶条件为：

$$p_i'(s_i) D_i \sum_{j \in T} \delta_{ij} = 1 \tag{13.6}$$

同时，为量化分析结论，定义成本函数和概率函数分别为：$c_i(s_i) = s_i$；$p(r) = 2r - r^2$。[①]

1. 国家经济规模与外部效应均对称

此处的对称是指所有国家具有相同的经济规模，在前期假设的条件

---

① 当 $r = 0$ 时，$P(r) = 1$，即银行业危机发生的可能性为 1；而当 $r = 1$ 时，即银行业危机发生的可能性为 0。从前述分析可以看出，这一定义对模型结果的性质不会产生影响，因此具有合理性。

下，可以引申为 $D_i = 1$；且对于所有国家来说，其外部效应均相等，即外部效应是对称的且对所有国家统一，进一步假设为 $\delta_{ij} = \delta$。

在各国完全对称的情况下，联盟体系的唯一区别是所形成联盟的规模，而非其构成。因此，联盟体系就可以通过将正整数 n 划分为一系列有序正整数 t 来表示：$t = (t_1, \cdots, t_m)$，此处 $\sum_{i=1}^{m} t_i = n$ 且 $t_i \leqslant t_{i+1}$。

由此可以得出一个 t 规模联盟的成员所能提供的金融监管量 $s(t)$：

$$s(t) = 1 - \frac{1}{2[1 + (t-1)\delta]} \qquad (13.7)$$

其中 t 表示联盟的规模。

反之，给出联盟的结构 $t = (t_1, \cdots, t_m)$，国家 i 的个体收益也可以被唯一确定：

$$B_i(t) = p[s(t_i)] + \delta\{(t_i - 1)p[s(t_i)] + \sum_{t_j \in t/t_i} t_j p[s(t_j)]\} - s(t_i)$$

$$(13.8)$$

当一个参与者提议形成一个联盟时，他就预先设定了这个联盟的整体结构，这个博弈可以通过归纳法来解决：如果仅有两个国家在某个空间内，则这两个国家仅有两种选择，两国都保持监管独立和进行监管合作形成一个两国合作联盟，按照此原则进行循环，多个国家参与博弈的情况可以在两个国家博弈情况的基础上进行分析。设定 δ 为固定值 0.4，[①] 由此可以估算联盟体系下申请人对应的支付函数和均衡解，如表 13-2 所示。

表 13-2　　　　　　　国家完全对称时的均衡联盟结构

n	联盟结构 1	联盟结构 2	均衡状态
2	(1, 1) 0.55	(2) 0.58	(2)
3	(1, 2) 0.95	(3) 0.94	(1, 2)

① 鉴于银行业市场相关性数据的可得性较差，此处外部效应定量值的设定参考了国家间贸易依存度状况。考虑到金融危机后中国等外向型程度高的国家外贸依存度下降，而美国、日本等发达国家的外贸依存度一直在 30% 上下，处于较低水平，印度等新兴市场大国也不例外。因此结合前期假设，设定国家间的外部效应值为 0.4，应该说更为切合实际，而 Pavel 等学者为了方便计算和分析，只是粗略地设定此值为中间状态，即 0.5。

n	联盟结构1	联盟结构2	均衡状态
4	(2, 2) 1.28	(4) 1.36	(4)
5	(1, 4) 1.77	(5) 1.69	(1, 4)
6	(2, 4) 2.10	(6) 2.08	(2, 4)
7	(1, 2, 4) 2.465	(7) 2.473	(7)
8	(1, 7) 3.98	(8) 2.87	(1, 7)
9	(2, 7) 3.32	(9) 3.26	(2, 7)
10	(1, 2, 7) 3.69	(10) 3.65	(1, 2, 7)

注：由于固定值 δ 为 0.40，而不是 0.5，因此以上计算结果也与 Pavel 等学者的结果有所不同。

如果仅存在两个国家（$n=2$），参与人会就保持独立监管时的支付与组成两国联盟时的支付进行比较，显然两国联盟所获得的收益更高，于是参与者会提议建立联盟，由于此处分析的是完全对称的情况，这一提议会被另一个参与者接受。因此均衡状态下的联盟结构为（2）。上述结果可以用于三国博弈（$n=3$）的分析中，如果提议者决定保持独立，就有充分的理由预期另外两个参与者会结成联盟，则提议者就会在保持独立与组成三人联盟之间进行选择，通过表 13－2 可以看出，对提议者最有利的选择是在另外两个参与者结盟时保持独立，此时的均衡结构为（1，2）；同样，对 $n=4$ 的情况，在前期分析已经排除单人联盟和三人联盟的基础上，提议者需要比较两两联盟与总联盟的支付函数，根据表 13－2，总联盟的收益高于两两联盟，因此提议者会选择建立四人联盟，且这一提议会被其他三人认同，四人联盟得以成立；$n=5$ 的情况也一样，提议人的最优选择是在其他四人组成联盟的基础上保持独立。这种分析循环进行下去，可以逐步了解不同参与者数量基础上的最优联盟方式；并且能够发现，完全联盟的情况在 $n=4$ 时出现后，在 $n=7$ 和 $n=13$ 时又重复出现，因此可以合理推断完全联盟会随着 n 的变化而重复出现。

从上述实例分析中可以得到几个基本结论：第一，对于任何均衡结构 t，$t = t_1$，$\cdots$，t_k（$K \geqslant 2$），都可得到 $t_i \neq t_j$。即任何均衡状态下的联盟体系中都不可能存在两个相等规模的联盟。假设 $t_i = t_j$，则联盟 t_i 和 t_j 可以看作博弈中两个对称的参与者，回顾 $n = 2$ 的情况可以证明，对这两个参与者来说最好的策略是组成联盟。第二，对任何联盟结构 t，$t = t_1$，$\cdots$，t_k（$K \geqslant 2$），都可得到 $t_k \geqslant \dfrac{n}{2}$。即均衡状态下的联盟体系内包含的最大联盟一定包含一半以上的参与者。假设存在联盟 $t_k < \dfrac{n}{2}$，则总体中就有一个子集 t_p，t_p 与 t_k 中包含的国家数量一致，同样回顾 $n = 2$ 的情况，t_p 与 t_k 就会结成联盟。第三，与非合作博弈中的纳什均衡一样的单人联盟不会是合作博弈的均衡点，完全联盟会在变量 n 取某些特定值时出现，换句话说，完全合作可以被视为谈判过程的自然吸引子，而且这一谈判过程会被"搭便车"这种基本激励所干扰。需要注意的是，这些结论都是在高度理想化假设条件下得出的，在现实生活中这种国家经济规模和外部效应的完全对称几乎不存在。

2. 经济规模不对称

在实际经济状况中，国家间不对称性一个非常重要的方面就是经济规模的不对称，接下来将讨论这种不对称会对合作的规模和联盟形成产生怎样的影响。

首先考虑仅有两个参与者的情况，假设这两个参与者中，A 国是经济规模相对较大的国家（$D_A = 10$），而 B 国是经济规模较小的国家（$D_B = 1$）；与前述分析保持一致，假设 $\delta = 0.4$。用（A，B）表示单人联盟，（AB）表示两个参与者组成一个联盟。分别求出两国在（A，B）联盟和（AB）联盟下所提供的最优监管量，并在此基础上求出两国的支付矩阵，如表 13 – 3 所示。

表 13 – 3　　　　　　　　　两国经济规模不对称时的支付[*]

	（A，B）	（AB）
国家 A	9.1	9.42
国家 B	4.24	3.72

注：[*] 与国外学者 Pavel 的计算结果进行对比，采用 0.4 这一均衡外部效应值，经济规模不对称因素对两国参与合作效率的性质不产生影响，即随着经济规模差异的增加，经济大国从合作中取得正的收益，而经济规模小的国家则相反，但相较于 0.5 的均衡外部效应值，在分别选择合作与不合作时，两国各自支付的差值明显增大。

　　由支付矩阵可以看出，经济规模较小的国家通常对经济规模较大的国家提供的监管存在"搭便车"（Free Ride）动机，经济规模大的国家倾向于建立合作联盟，但因为合作对经济规模较小的国家来说意味着负的收益，这一提议会被经济规模较小的国家拒绝，因此均衡状态下的联盟结构是单人联盟（A，B）。

　　但并非存在经济规模不对称就不可能出现监管合作，上述例子中两国经济规模差异较大，而当经济规模的不对称程度逐渐缩小时，监管合作将会重新成为最优选择。若用两个国家之间的相对经济规模 $\theta = \dfrac{D_A}{D_B}$ 来表示经济规模的不对称的程度，则此处可能存在一个临界值 $\hat{\theta}$，当经济规模的不对称程度低于这一临界值时，监管合作仍然会出现。

　　如图 13-1 所示，两个国家经济规模相等（$\theta = 1$）时，两个国家都能够从监管合作中获得正的收益，但随着 θ 的增加，国家 A 从合作中获得的收益缓慢增加但国家 B 的收益将迅速减少，当 $\theta > \bar{\theta}$ 时，国家 B 的收益变为负值，国家 B 将拒绝与国家 A 建立合作联盟。与两国完全对称的情况一致，从两参与者模型中得到的结论可用于分析 n 个参与者的情况。

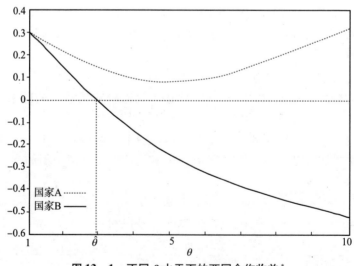

图 13-1　不同 θ 水平下的两国合作收益 *

　　注：* 分别根据 $\theta = 1$，5，10 三个数值计算出的两国合作的支付值，通过描点得出这一图像，其中小国参与合作的支付随着经济规模不对称性的提高而逐渐减小，这一点与学者 Pavel 的研究结论类似；而具有明显区别的是经济规模较大国家的曲线，在 0.4 的均衡外部效应假设下，其支付曲线类似于"U"型，即对经济规模较大的国家来讲，随着经济规模不对称性的增加，合作收益首先会出现逐步降低，在达到某一值时则会开始回升。

上述分析结果表明，由于小国对大国存在"搭便车"的动机，引入经济规模不均衡的条件会降低国家间的监管合作程度，在不对称程度超过临界值的情况下，完全无效纳什均衡产出可能会成为均衡状态，而在相对均衡的经济规模分配中，则可能会出现完全合作或部分合作的均衡状态。

3. 外部效应不对称

现实经济运行中，存在不对称的不仅是各个经济体的经济规模，还有国家间外部效应。前期假设由 δ_{ij} 表示的国家间外部效应是完全对称的，而现实情况无法达到这种理想状态，通常情况下外部效应与双方的银行业市场密切程度相关。下面在各国经济规模相同的假设下，分析这种外部效应的非对称性对金融监管合作产生的影响。

假设两个经济规模相同的国家的外部性矩阵可以表示为 $E_{AB} = \begin{pmatrix} 1 & 0.1 \\ 0.9 & 1 \end{pmatrix}$，即国家 B 带给国家 A 的外部效应为 0.1 而国家 A 带给国家 B 的为 0.9，即国家 A 为外部效应净输出国。与前述分析过程一致，求出两国在不同联盟形势下的支付矩阵，如表 13－4 所示。

表 13－4　　　　　　　　两国外部效应不对称时的支付

	(A, B)	(AB)
国家 A	0.33	0.27
国家 B	0.93	1.09

由支付矩阵可以看出，外部效应的净输出国会拒绝进行合作，此时的均衡状态为单人联盟。之前的分析中提到，在外部效应相等（$\delta_{AB} = \delta_{BA} = 0.4$）的情况下，建立合作联盟能为两国带来正的收益，此处同样可以设定一个临界值 $\hat{\sigma}$，该临界值表示外部效应从对称状态的背离，当两国外部效应的不对称性低于这一临界值时，两国依然能从合作中获得正的收益，因此两国会选择建立合作联盟；而当两国外部效应的不对称性超过这一临界值时，外部效应净输出国的收益就会变为负值，于是该国会拒绝形成合作联盟（见图 13－2）。

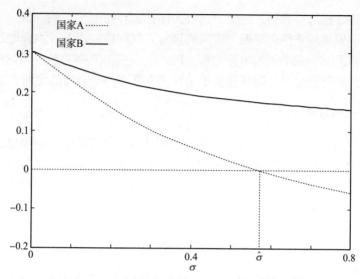

图 13 – 2　不同 σ 水平下的两国合作收益 *

注：＊保持经济规模对称下引入外部效应不对称因素，计算两国参与合作的支付并据此描点得出此图，结果显示，无论是外部效应净输出国还是净输入国，合作的收益均随着外部效应不对称性的增加而减少；同时，图中两国的支付线均为斜率递减的非线性曲线，而 Pavel 的结果是斜率为负的直线，相比而言，前者这一图像更符合现实状况。

4. 国家经济规模与外部效应均不对称

以上分别研究了国家间外部效应恒定时经济规模不对称和经济规模相等时外部效应不对称的情况对国际银行业监管合作的影响。一般来讲，经济规模较小或为外部效应净输出国的国家通常具有较低的合作意愿，当经济规模和外部效应的不对称性超过其各自的临界值时，一些国家会拒绝进行监管合作。然而在现实中，经济规模较小的开放经济体银行业市场中外资占比通常较高，小经济体的银行业发展在一定程度上依赖于规模较大的发达经济体，即小经济体通常为外部效应净输入国，这一状况会提升小经济体参与监管合作的动机。综上，如果经济规模与外部效应的不对称性都非常严重，并不意味着合作完全没有存在的可能，联盟能否形成取决于不对称性在国家间的分配状况。

在国家间经济规模与外部效应均不对称的情况下，用包含 θ 和 σ 的公式计算参与国家的收益。定义国家 i 通过金融监管合作得到的净收益为 F_i：

$$F_i(\theta, \sigma) = B_i(AB) - B_i(A, B) \qquad (13.9)$$

构建函数：

$$F_{\min} = \min\left[F_A(\theta, \sigma); F_B(\theta, \sigma) \right] \qquad (13.10)$$

当 $F_{\min} \geq 0$ 时，两国就可以形成合作联盟，若 $F_{\min} < 0$，则必然有一个国家会因为联盟的成立而获得负的收益，因此该国会拒绝进行合作，合作联盟无法成立。

通过分析可以得到，在保证合作的条件下，经济规模的不对称与外部效应的不对称相互抵消；也就是说，经济规模小的国家虽然因其经济规模而具有较低的合作动机，但却因为是外部效应的净输入国而增强合作的动机，国家是否会选择联盟合作取决于两种不对称性对联盟收益的综合影响。

13.3　金融危机对银行业监管合作的推动

每一次危机的发生，一定伴随着一次监管体系的变革，国际社会对监管竞争和监管合作的选择也在这个过程中得以强化。尤其是 2007 年次贷危机在美国爆发并迅速席卷全球，对世界主要发达经济体和新兴经济体都造成强烈冲击，全球金融经济体系遭受重创。次贷危机发生前，金融全球化与监管国别化已成为各界广泛关注的问题，一些国家间的双边和多边合作机制已经初步形成，国际合作组织也在监管合作方面发挥了积极作用，危机发生时各国政府迅速做出反应，积极开展国际合作，有效遏制危机的进一步蔓延和深化。

2007 年次贷危机发生后国际金融监管标准及合作政策也出现了一些新变化：首先，各国加强了对国内的金融监管，在危机前强调不过多干涉金融市场的国家危机发生后开始反思监管失效问题，并提出一系列补救方法，制定了严格的金融监管措施；其次，危机发生后各国主张建立更为紧密的国际监管合作，G20 峰会要求各国加强金融监管，并提出要建立具有一致性和系统性的跨国合作，并建立金融稳定委员会全面加强国际金融监管。至此，国际社会对监管合作的重视程度进一步加深，这次金融风暴掀起了国际社会对金融监管合作呼声的新高潮。

后危机时代背景下，作为监管合作代表的欧盟内部出现了一些新变化。首先，在金融监管体制和组织机构方面，欧盟理事会通过了关于建立欧洲金融监管系统（European System of Financial Supervisors）的决议，力图构建更具一致性的趋同规则来提高成员国监管水平。其次，欧盟内部更加注重以银行为主的金融机构风险管理，强化宏观审慎监管。最后，针对危机救助这一区域监管合作的薄弱环节，欧盟通过了跨国金融危机管理的九项原则，力图加强成员国应对危机的合作行为。

国际银行业监管合作方面，次贷危机发生后巴塞尔银行监管委员会出台《巴塞尔协议Ⅲ》进一步强化国际银行业监管合作。《巴塞尔协议Ⅲ》关注到宏观审慎监管问题，强调宏观审慎与微观审慎相结合，从资本监管、流动性监管和金融衍生品及金融系统重要性金融机构的监管三个方面对国际银行业监管标准加以强化。同时确立了跨国银行的"联合监管"和"以母国监管为主，东道国监管为辅"原则，并规定外资银行的偿债能力和流动性问题的监管责任主要由东道国承担；除了监管责任的划分外，《巴塞尔协议Ⅲ》也明确指出仅靠东道国监管当局或者母国监管当局中的一方很难较好地完成跨国银行的监管，因此需要双方的通力合作、互通信息、多做交流、增强互信以便能促进跨国银行监管的顺利高效进行。

13.4　对新兴市场国家参与国际监管合作的建议

以上通过构建两国博弈模型分别进行一次博弈和无限次重复博弈，结果表明：监管主体在短期利益的驱使下会选择监管竞争行为，单方面降低银行业监管标准，吸引监管资源进入为本国市场带来福利，博弈双方陷入"囚徒困境"；而考虑到循环博弈下的长期利益时，监管主体会选择进行监管合作，以此来实现整体和个体长期收益的最大化；在各国经济规模和外部效应完全对称的理想状态下，单人联盟这种完全无效的产出不会成为博弈的均衡解，而完全联盟则可能会在参与者数量为某些特定值时重复出现；维持外部效应对称并引入经济规模不对称因素后，小经济体的"搭便车"行为会导致国家间合作程度的降低，但只要这种不对称程度低于临界值 $\hat{\theta}$，则国家间仍然可能出现完全或部分合作；维持经济规模对称条件而引入外部效应不对称因素，外部效应的净输出国具备拒绝合作的动机，与维持外部效应对称条件并引入经济规模不对称后的情况一致，当外部效应的不对称未超过临界值 $\hat{\sigma}$ 时，国家间依然有合作的可能；在国家间经济规模与外部效应均不对称时，这两者对监管合作的影响可以相互抵消，最终能否形成合作联盟取决于两种不对称性在国家间的分配状况。

对于像中国这样的新兴市场国家，间接金融在国家金融体系中占据主导地位，资本市场发展相对落后，且金融体系中外资占比较高，同时，新兴市场国家金融领域的制度框架相对薄弱，较发达经济体而言缺乏国际发展经验和国际话语权，这些特点就决定了新兴市场国家在发达经济体主导建立的国际银行监管合作中处于相对劣势地位。近年来迅速崛起的新兴市场国家作为国际社会不可忽视的一个群体，应该采取怎样的态度定位自身在国际银行监管合作中的角色，才能在金融全球化和后危机时代的全球监管合作背景下抓住机遇发展本国银行业市场，同时有效避免危机对本国银行体系的威胁是新兴市场国家应予以重视的问题。

13.4.1　推进国内银行业监管与国际进一步接轨

当前国内银行业监管与国际仍存在较大差距：一方面，中国的金融监管仍然实行分业监管和机构监管方式，在监管模式和监管体制上都与国际主流的混业监管和功能性监管方式之间存在差异；另一方面，中国目前所采用的监管标准与国际标准之间存在偏差。相较于发达国家，新兴市场国家的金融市场发展较晚，银行业在金融体系中占据较大比重，金融体系的集中度较高。这种高金融集中度对银行业监管和系统性风险控制提出了挑战。因此，以中国为代表的新兴市场国家需要明确监管目标和原则，逐步改进监管体制和监管模式，参考国际标准并结合国家银行业发展的现实状况制定监管标准，逐步实现国内银行业监管与国际接轨，从而提升本国银行业监管水平。

13.4.2　积极开展双边跨国银行监管磋商

随着新兴市场国家逐步开放本国银行业市场，越来越多跨国银行进入新兴市场国家设立跨境分支机构开展业务经营，跨境资本流动不断增加。首先，根据危机在银行间的传导理论，外资银行的破产退出等会导致"多米诺效应"引发本国银行业危机；其次，外资银行经营存在跨国性，也可能将金融危机从母国带到东道国，因此，跨国银行的有效监管对新兴市场国家的金融稳定具有重要意义。但是，仅靠东道国监管当局或者母国监管当局一方很难较好地完成跨国银行的监管。截至 2014 年底，我国银行业监管委员会已与 60 个国家和地区的金融监管当局签署了双边监管合作谅解备忘录和监管合作协议。① 新兴市场国家监管主体应当从市场准入监管、市场运营监管和市场退出监管三个方面与母国监管当局进行监管磋商，互通信息、增强互信，完善东道国与母国的并表监管，建立跨国银行监管的双边合作机制共同完成对跨国银行的有效监管。

13.4.3　加强与经济规模对称国家间的多边银行业监管合作

从联盟形成博弈结论可以看出，国家间经济规模和外部效应的对称性会对监管合作的效率产生影响。双边银行业监管合作是国际银行业监管合作的有效实践，而区域性的多边监管合作是新兴市场国家参与国际监管合作的有效过渡，能够充分发挥新兴市场国家的主动性。通常情况下，相对于全球合作而言，区域内的国家经济发展状况相似且具有密切的经济金融往来，区域内国家间经济规模和外部效应的不对称性相对较低，更容易形成高效率的合作联盟。积极参与和组织区域银行业监管合作可以看作是由国家监管向全球监管合作的过渡形式，能够为新兴市场国家参与全球监管合作提供良好的经验和基础。

13.4.4　注重建立与发达经济体之间的层次性监管合作体系

根据联盟形成博弈结论，在允许合作的情况下，经济规模和外部效应的不对称性可相互抵消，因此，新兴市场国家在推动相似经济规模国家监管合作的同时，也应重视建立与发达国家间的银行业监管合作，充分利用发达经济体的监管溢出效应，积极吸收发达国家带来的银行业监管福利，同时承担起相应的监管责任，降低本国和全球银行体系的脆弱性。

13.4.5　深入参与国际银行业监管改革工作

当前国际银行业监管存在一个不可忽视的问题，即国际银行业监管规则的制定很大程度上由西方发达国家主导，监管政策更倾向于维护发达国家利益，而并未充分考虑发展中国家的现实状况。金融全球化给新兴市场国家带来金融发展福利的同时，也带来了一系列危机和挑战，倾斜的国际

---

① 数据来源：中国银行业监督管理委员会网站。

银行业监管政策更会导致新兴市场国家在日益激烈的国际竞争中处于劣势地位。因此，中国应联合其他新兴经济体，提升新兴市场国家在国际银行业监管规则制定过程中的集体话语权，积极反映广大发展中国家的利益诉求，推动国际银行业监管合作规则逐步向公平合理的方向发展。

第 *14* 章

结 束 语

14.1 主 要 结 论

通过对银行部门对外直接投资（FDI）理论分析框架的重塑以及跨国银行进入对新兴市场国家银行经营绩效、银行体系脆弱性等的双重影响的研究得出如下结论：

第一，尽管目前以中国为主要代表的新兴市场大国银行业国际化程度不高，但其巨大的市场容量对外资银行有很大的吸引力，未来极有可能出现外资银行大规模进入的状况。因此，加强对银行部门 FDI 问题的研究，具有很大的紧迫性和前瞻性，必须引起重视。

第二，研究新兴市场国家银行部门 FDI 问题，必须同时考虑供给方和需求方的双重动因，并将体现新兴市场国家的金融自由化改革和金融市场开放等因素纳入其中，这样才能搭建一个更为全面的理论分析框架。

第三，采用面板数据模型，分别从"一国对一国"和"一国对多国"的角度，基于 52 个和 43 个新兴市场国家数据对跨国银行的"追随客户假说"进行的实证检验显示，新兴市场国家的 GDP 水平、汇率变动幅度、实际利率水平以及国家风险等变量都对跨国银行在新兴市场国家的海外扩张具有显著影响；另外，跨国银行在邻近国家的投资对其在新兴市场国家的扩张具有显著的空间依赖效应，新兴市场国家宏观经济基本面的变化将会直接影响到跨国银行在其他新兴市场国家的借贷行为。这种空间依赖效应还可能成为银行危机的传染渠道，因此，新兴市场国家在引进银行部门 FDI 时，需要考虑到原属国的适度多元化。

第四，跨国银行扩张的三次浪潮之所以将拉美、中东欧和亚洲等主要新兴市场国家作为目的国，主要是由于这些国家的银行业在金融深化政策或者金融危机推动下，展露出广阔的市场空间；通过建立外资银行与东道国政府间的博弈——基于静态博弈的纳什均衡模型、外资银行与东道国银行间的博弈——基于动态博弈的子博弈精炼纳什均衡模型，对绿地投资和跨国并购两种进入方式上的博弈分析结果认为，东道国在跨国银行进入方式的政策选择方面要综合技术溢出和产品市场价格两方面对东道国福利状况进行考虑。

第五，外资股权通过改变商业银行公司内部治理和外部治理对其经营绩效产生显著的正面影响。在基于数据包络分析模型（DEA）对"金砖五国"50家拥有外资股权的主要银行2004～2013年10个年度的效率进行测量的基础上，对"金砖五国"外资股权与商业银行经营绩效关系进行的实证分析发现，商业银行的外资股权与其纯技术效率呈现倒"U"型的分布，其最高点出现在当外资股权比例为37.89%时，这就指出了新兴市场国家银行外资持股的最优比例。尽管由于研究样本、研究方法等多方面的原因，该数据可能存在一定偏颇，但是，这至少为新兴市场国家今后修订商业银行境外战略投资者的持股比例限制政策提供了参考。

第六，开放条件下金融危机可以通过银行资产负债表等渠道进行国际传染；引入外部竞争机制对新兴市场国家的银行体系脆弱性的短期效应和长期效应不同，市场准入政策越宽松、新建投资的进入方式、外资持股比例以及外资银行在东道国的市场占有率和地位越高，越有利于降低东道国银行体系脆弱性。

第七，基于信息内生视角对外资银行进入与中小企业信贷获取问题进行的博弈分析和基于43个新兴市场国家的实证分析结果显示，跨国银行进入有利于中东道国小企业信贷获取；基于OLS模型对银行部门FDI与中国银行业风险的关系进行的实证分析结果不显著，说明外资银行在中国银行业中资产占比长期不高，其效应没有充分表现出来。

第八，其他"金砖国家"的管制和开放过程可以为中国银行业的国际化进程提供一定借鉴；银行业国际化不仅包括"引进来"，而且还包括"走出去"：金融脆弱性边界曲线及其均衡点的动态变化是由金融体系初始条件及其变动决定的，因此，新兴市场国家推进银行业自由化、国际化的关键点就在于从宏观和微观两个层面优化本国金融体系的初始条件；另外，银行国际化程度与其绩效的关系是非线性的，中国等新兴市场国家商业银行在应对外来竞争的同时，要通过提高国际化程度来促进绩效改善，中国目前已经具备成为净对外投资国的条件；但是反过来，只有在国内市场具备足够的竞争优势的银行"走出去"才能取胜，因此，中国的商业银行要注重在日益国际化的国内市场竞争中培养优势。

第九，跨国银行与母国和东道国均有密切联系，在国际银行业的监管竞争与监管合作之间，新兴市场国家应该选择积极参与双边和多边以及各种层次的银行业国际监管合作，以确保本国银行体系的安全性。

14.2 进一步研究的方向

第一，进一步增加样本容量。在对外资银行进入对中国银行业风险的实证研究中，发现二者没有显著相关性。这主要是因为外资银行在中国银行业中资产占比长期不高，其效应没有充分表现出来，再加上以不良贷款率作为银行业风险的指标，而在样本的时间跨度 1993～2013 年期间，为了支持国有商业银行进行改革，提高资本充足率，降低不良贷款率，中国政府多次采用非市场化的方式进行参与，所以较难得出确定的结果，只能借鉴其他国家的经验。在今后的研究中，探索将研究样本扩充到多数新兴市场国家，以期得到更为令人信服的结论。

第二，区分不同的进入方式对跨国银行进入与银行绩效的关系进行研究。尽管中国外资银行资产占比较低，利率市场化程度不高，而近年来中国银行业又大量引入境外战略投资者，因此该部分内容以外资股权对银行绩效的影响为研究突破口，这是符合中国实际的，也是有现实意义的。但是，从研究的角度，今后也要结合克莱森斯等（Claessens et al.）的经典研究思路，对以新建投资方式进入的银行部门 FDI 对东道国商业银行的利差、非利息收入、管理效率等的影响进行实证研究。

第三，加强对我国商业银行对外直接投资问题的研究。由于新兴市场国家更多的是外资银行进入国，其商业银行要直接面对外来竞争，因此，研究吸引外资问题在相当长时间内都会更有实践价值。但是从前瞻性的角度讲，今后也要更多关注对新兴市场国家商业银行"走出去"问题的研究，尤其是对已经具备一定竞争力的新兴市场大国的银行进行海外扩张等一系列问题的探讨。

第四，加强对大数据时代银行业海内外经营和扩张模式及其效应的研究。本书中的理论和实证研究均认为，地理距离、文化差异等信息成本对跨国银行的海外扩张有显著影响，但是，随着互联网金融不断发展，尤其是在大数据时代，银行业的经营模式和经营业态会发生革命性的变化。

一方面，交易成本的结构发生了改变。离散化经济使得数据处理成本成为主要的交易成本，而空间交易成本显著下降，地理距离等已经不会成为很大的成本制约，银行决策将更依赖数据处理和分析结果；另一方面，随着金融科技的不断发展，信息不对称的表现形式也从信息本身的不对称转变为信息处理能力的不对称，并进而表现为数据处理成本的差异。因此，银行的市场结构、海外扩张模式和规模边界都将有所不同。

今后将尽快加强对大数据时代银行业海内外经营和扩张模式的研究，探讨银行部门 FDI 的新的进入方式及其对东道国和母国带来的影响，以期在理论和实践方面均有所创新。

附录 1 部分原始数据

国家	年份	私有部门对存款货币银行债权（现价本币单位）	GDP（现价本币单位）	银行对私有部门信贷占GDP的比重（%）	外资银行资产占总资产的比重（%）	M2/GDP（%）	信用信息深度指标*
阿根廷	2007	1.13E+05	8.12E+05	1.39E−01	14.454	30.8	6
巴林	2007	4340	6945.7	0.62485	207.8	80.9	3
孟加拉国	2007	1.75E+06	4.72E+06	3.70E−01	5.56	58.4	2
巴西	2007	1.12E+06	2.66E+06	4.21E−01	22.536	61.3	5
保加利亚	2007	37908	60185	0.62986	81.719	69.9	6
智利	2007	6.24E+07	9.04E+07	6.91E−01	47.194	80	5
中国	2007	2.86E+07	2.66E+07	1.0747	7.898	151.8	4
哥伦比亚	2007	1.31E+08	4.31E+08	3.04E−01	13.767	33.6	5
捷克	2007	1.72E+06	3.66E+06	4.71E−01	91.528	65	5
埃及	2007	3.39E+05	7.45E+05	4.55E−01	25.584	96.2	4
爱沙尼亚	2007	14843	16069	9.24E−01	137.63	56.5	5
匈牙利	2007	1.62E+07	2.50E+07	0.64717	104.11	57.6	5

续表

国家	年份	私有部门对存款货币银行债权（现价本币单位）	GDP（现价本币单位）	银行对私有部门信贷占GDP的比重（%）	外资银行资产占总资产的比重（%）	M2/GDP（%）	信用信息深度指标*
印度	2007	2.24E+07	4.99E+07	0.4482	17.607	71	5
印度尼西亚	2007	9.94E+08	3.95E+09	2.52E-01	15.519	41.8	3
以色列	2007	6.69E+05	6.87E+05	9.74E-01	8.621	99.9	5
约旦	2007	11098	12131	0.91485	15.283	129.6	2
科威特	2007	19411	32581	0.59578	18.228	58.2	4
拉脱维亚	2007	13179	14780	0.89168	108.25	42.7	4
立陶宛	2007	60030	98669	0.6084	80.782	44.9	6
马来西亚	2007	6.75E+05	6.65E+05	1.01E+00	59.026	125.2	6
毛里求斯	2007	1.83E+05	2.44E+05	7.50E-01	209.85	98.1	2
墨西哥	2007	2.05E+06	1.14E+07	1.80E-01	32.69	26.2	6
摩洛哥	2007	3.59E+05	6.16E+05	5.83E-01	23.856	106.9	1
尼日利亚	2007	5.15E+06	2.09E+07	0.24571	6.325	28	0
阿曼	2007	5749	16111	0.35684	20.692	37.9	2
巴基斯坦	2007	2.56E+06	9.24E+06	2.77E-01	10.082	47.4	4
秘鲁	2007	69834	3.36E+05	0.20763	23.62	30.7	6
菲律宾	2007	1.99E+06	6.89E+06	0.28864	20.767	60.5	3
波兰	2007	4.83E+05	1.18E+06	4.10E-01	58.012	47.8	5
卡塔尔	2007	1.21E+05	2.90E+05	4.17E-01	41.558	53.1	2
罗马尼亚	2007	1.45E+05	4.13E+05	0.35064	77.026	35.9	5

续表

国家	年份	私有部门对存款货币银行债权（现价本币单位）	GDP（现价本币单位）	银行对私有部门信贷占GDP的比重（%）	外资银行资产占总资产的比重（%）	M2/GDP（%）	信用信息深度指标*
俄罗斯	2007	1.26E+07	3.32E+07	0.37783	11	42.8	4
沙特	2007	5.78E+05	1.56E+06	0.37072	12.831	51	6
斯洛伐克	2007	24204	61450	3.94E-01	95.322	56.9	4
斯洛文尼亚	2007	27228	34562	0.7878	87.852	64.9	2
南非	2007	1.65E+06	2.02E+06	8.19E-01	41.91	82.7	6
斯里兰卡	2007	1.19E+06	3.58E+06	3.33E-01	14.584	39.3	3
泰国	2007	7.83E+06	8.53E+06	0.91801	22.243	106.4	5
突尼斯	2007	27495	49765	0.5525	18.555	56.5	3
土耳其	2007	2.49E+05	8.43E+05	2.95E-01	26.02	43.8	5
乌克兰	2007	4.19E+05	7.21E+05	5.81E-01	33.403	55	0
委内瑞拉	2007	1.13E+05	4.95E+05	2.28E-01	14.524	31.3	0
越南	2007	1.07E+09	1.25E+09	8.56E-01	21.533	100.6	3
阿根廷	2008	1.36E+05	1.03E+06	0.1316	10.86	26.2	6
巴林	2008	6207.7	8235.4	0.75378	174.24	81.7	3
孟加拉国	2008	2.13E+06	5.46E+06	0.38952	6.138	58.9	2
巴西	2008	1.46E+06	3.03E+06	0.48015	16.555	63.4	5
保加利亚	2008	49856	69295	0.71947	80.737	66.1	6
智利	2008	7.43E+07	9.38E+07	0.79124	46.972	77.3	5
中国	2008	3.26E+07	3.14E+07	1.0368	5.43	151.3	4

续表

国家	年份	私有部门对存款货币银行债权（现价本币单位）	GDP（现价本币单位）	银行对私有部门信贷占GDP的比重（%）	外资银行资产占总资产的比重（%）	M2/GDP（%）	信用信息深度指标*
哥伦比亚	2008	1.49E+08	4.80E+08	0.31082	10.332	35.7	5
捷克	2008	1.98E+06	3.85E+06	0.51349	73.422	70.2	5
埃及	2008	3.83E+05	8.96E+05	0.42797	24.357	88.4	5
爱沙尼亚	2008	16019	16235	0.9867	124.48	57	5
匈牙利	2008	1.93E+07	2.65E+07	0.72557	98.202	58.9	5
印度	2008	2.73E+07	5.63E+07	0.48539	16.913	75.8	5
印度尼西亚	2008	1.30E+09	4.95E+09	0.26296	13.038	38.3	4
以色列	2008	7.22E+05	7.24E+05	0.99784	7.229	104.7	5
约旦	2008	12593	15593	0.80761	14.701	122.1	2
科威特	2008	22688	39620	0.57264	12.56	55.4	4
拉脱维亚	2008	15832	16188	0.97801	99.028	37.3	4
立陶宛	2008	71178	1.11E+05	0.63848	73.092	39.6	6
马来西亚	2008	7.44E+05	7.70E+05	0.96605	46.571	119.6	6
毛里求斯	2008	2.32E+05	2.74E+05	0.84722	137.08	100	3
墨西哥	2008	2.09E+06	1.23E+07	0.17045	27.448	26.6	6
摩洛哥	2008	4.35E+05	6.89E+05	0.63147	28.602	107.9	2
尼日利亚	2008	8.30E+06	2.47E+07	0.33655	5.617	36.4	0
阿曼	2008	8221.7	23288	0.35304	17.112	32.3	2
巴基斯坦	2008	3.04E+06	1.06E+07	0.28601	7.315	43.5	4

续表

国家	年份	私有部门对存款货币银行债权（现价本币单位）	GDP（现价本币单位）	银行对私有部门信贷占GDP的比重（%）	外资银行资产占总资产的比重（%）	M2/GDP（%）	信用信息深度指标*
秘鲁	2008	92709	3.78E+05	0.2451	24.955	33.6	6
菲律宾	2008	2.24E+06	7.72E+06	0.29065	14.241	59.4	3
波兰	2008	6.51E+05	1.28E+06	0.51028	51.723	52.4	5
卡塔尔	2008	1.71E+05	4.19E+05	0.40889	39.297	43.9	2
罗马尼亚	2008	1.94E+05	5.15E+05	0.37669	60.528	33.8	5
俄罗斯	2008	1.72E+07	4.13E+07	0.41551	13	39.4	4
沙特	2008	7.35E+05	1.95E+06	0.37685	8.094	48.1	6
斯洛伐克	2008	33480	66842	0.50088	95.101	54.9	4
斯洛文尼亚	2008	31790	37280	0.85274	74.64	64.3	4
南非	2008	1.82E+06	2.26E+06	0.80514	36.428	84.8	6
斯里兰卡	2008	1.27E+06	4.41E+06	0.28696	13.238	34.6	5
泰国	2008	8.51E+06	9.08E+06	0.9375	20.483	109.1	5
突尼斯	2008	31638	55120	0.57398	17.538	58.5	5
土耳其	2008	3.10E+05	9.51E+05	0.32594	21.333	48.6	5
乌克兰	2008	7.00E+05	9.48E+05	0.73831	26.652	54.4	3
委内瑞拉	2008	1.41E+05	6.78E+05	0.20849	10.522	28.8	0
越南	2008	1.34E+09	1.62E+09	0.82877	16.575	93.7	4
阿根廷	2009	1.50E+05	1.15E+06	0.13072	11.288	27.6	6
巴林	2009	6161.3	7263.8	0.84822	173.37	98	3

续表

国家	年份	私有部门对存款货币银行债权（现价本币单位）	GDP（现价本币单位）	银行对私有部门信贷占GDP的比重（%）	外资银行资产占总资产的比重（%）	M2/GDP（%）	信用信息深度指标*
孟加拉国	2009	2.54E+06	6.15E+06	0.41269	5.928	62.9	2
巴西	2009	1.53E+06	3.24E+06	0.47317	24.156	69	5
保加利亚	2009	51762	68322	0.75762	89.988	69.9	6
智利	2009	7.36E+07	9.64E+07	0.76355	61.653	71.7	5
中国	2009	4.34E+07	3.41E+07	1.2718	6.093	179	4
哥伦比亚	2009	1.51E+08	5.05E+08	0.29844	11.525	36.7	5
捷克	2009	2.00E+06	3.76E+06	0.53099	92.945	72.1	5
埃及	2009	3.76E+05	1.04E+06	0.36093	21.784	83.1	6
爱沙尼亚	2009	15146	13970	1.0842	131.04	60.2	5
匈牙利	2009	1.86E+07	2.56E+07	0.72618	117.9	63	5
印度	2009	3.06E+07	6.48E+07	0.47297	17.001	77.7	5
印度尼西亚	2009	1.40E+09	5.61E+09	0.24896	14.112	38.2	4
以色列	2009	7.17E+05	7.66E+05	0.93549	8.32	104.5	5
约旦	2009	12755	16912	0.7542	16.541	139.9	2
科威特	2009	24114	30478	0.79119	20.251	81.7	4
拉脱维亚	2009	14271	13083	1.0908	119.78	44.9	5
立陶宛	2009	65482	91526	0.71545	92.219	48.6	6
马来西亚	2009	7.94E+05	7.13E+05	1.1145	55.124	139.2	6
毛里求斯	2009	2.34E+05	2.82E+05	0.82713	142.08	99.5	3

续表

国家	年份	私有部门对存款货币银行债权（现价本币单位）	GDP（现价本币单位）	银行对私有部门信贷占GDP的比重（%）	外资银行资产占总资产的比重（%）	M2/GDP（%）	信用信息深度指标*
墨西哥	2009	2.19E+06	1.21E+07	0.18147	35.893	30	6
摩洛哥	2009	4.73E+05	7.32E+05	0.64641	31.572	107.3	5
尼日利亚	2009	9.68E+06	2.52E+07	0.38349	4.638	40.8	0
阿曼	2009	8684.3	18020	0.48193	21.173	43.8	2
巴基斯坦	2009	2.99E+06	1.32E+07	0.2262	8.136	40.3	4
秘鲁	2009	93725	3.92E+05	0.23923	24.691	33.3	6
菲律宾	2009	2.34E+06	8.03E+06	0.29164	16.347	62.1	3
波兰	2009	7.10E+05	1.34E+06	0.52828	67.899	53.7	6
卡塔尔	2009	1.84E+05	3.55E+05	0.51847	51.389	60.6	2
罗马尼亚	2009	1.96E+05	5.01E+05	0.39207	72.562	37.9	5
俄罗斯	2009	1.76E+07	3.88E+07	0.45257	12	49.2	5
沙特	2009	7.34E+05	1.61E+06	0.4563	13.27	64.6	6
斯洛伐克	2009	30390	62795	0.48396	86.493	0	4
斯洛文尼亚	2009	32797	35311	0.9288	80.01	76.9	4
南非	2009	1.87E+06	2.41E+06	0.77734	42.721	80.9	6
斯里兰卡	2009	1.20E+06	4.84E+06	0.24714	12.183	37.4	5
泰国	2009	8.73E+06	9.04E+06	0.96506	25.154	117	5
突尼斯	2009	34774	58883	0.59056	18.715	61.6	5
土耳其	2009	3.48E+05	9.53E+05	0.36485	25.812	54.6	5

续表

国家	年份	私有部门对存款货币银行债权（现价本币单位）	GDP（现价本币单位）	银行对私有部门信贷占GDP的比重（%）	外资银行资产占总资产的比重（%）	M2/GDP（%）	信用信息深度指标*
乌克兰	2009	6.70E+05	9.13E+05	0.73389	31.337	53.4	3
委内瑞拉	2009	1.62E+05	7.07E+05	0.22948	7.487	35.6	0
越南	2009	1.87E+09	1.81E+09	1.0333	17.299	105.6	4
阿根廷	2010	2.04E+05	1.44E+06	0.1417	10.746	29.2	6
巴林	2010	6545.1	9668.2	0.67697	139.37	81.4	3
孟加拉国	2010	3.25E+06	6.94E+06	0.46829	6.303	67.4	2
巴西	2010	1.92E+06	3.77E+06	0.50943	23.651	68.7	5
保加利亚	2010	52500	70511	0.74456	82.675	72	6
智利	2010	7.54E+07	1.11E+08	0.67961	55.408	67.1	5
中国	2010	5.22E+07	4.02E+07	1.2992	8.267	180.8	4
哥伦比亚	2010	1.76E+08	5.45E+08	0.32273	12.203	37.9	5
捷克	2010	2.06E+06	3.79E+06	0.54306	94.042	72.8	5
埃及	2010	3.99E+05	1.21E+06	0.33072	22.389	80.7	6
爱沙尼亚	2010	14420	14371	1.0034	112.37	59.6	5
匈牙利	2010	1.94E+07	2.65E+07	0.73206	99.331	63.5	5
印度	2010	3.86E+07	7.80E+07	0.49512	17.784	76.1	5
印度尼西亚	2010	1.67E+09	6.45E+09	0.25933	14.16	38.3	4
以色列	2010	7.78E+05	8.66E+05	0.89778	10.734	82.3	5
约旦	2010	13708	18762	0.73063	15.027	137.8	2

续表

国家	年份	私有部门对存款货币银行债权（现价本币单位）	GDP（现价本币单位）	银行对私有部门信贷占GDP的比重（%）	外资银行资产占总资产的比重（%）	M2/GDP（%）	信用信息深度指标*
科威特	2010	24690	34369	0.71838	13.696	74.6	4
拉脱维亚	2010	13210	12736	1.0372	104.36	51.4	5
立陶宛	2010	62817	94625	0.66385	75.477	50.9	6
马来西亚	2010	8.79E+05	7.97E+05	1.1027	53.74	133.6	6
毛里求斯	2010	2.63E+05	2.99E+05	0.87783	178.58	100.4	3
墨西哥	2010	2.45E+06	1.32E+07	0.18523	34.462	30.9	6
摩洛哥	2010	5.24E+05	7.64E+05	0.68567	29.785	110.3	5
尼日利亚	2010	8.54E+06	3.45E+07	0.24749	3.879	32.8	3
阿曼	2010	9545.2	22614	0.42209	18.175	38.8	2
巴基斯坦	2010	3.17E+06	1.49E+07	0.21289	7.398	41.1	4
秘鲁	2010	1.07E+05	4.44E+05	0.24079	27.477	35.7	6
菲律宾	2010	2.66E+06	9.00E+06	0.29578	17.336	61.4	3
波兰	2010	7.75E+05	1.42E+06	0.54739	62.699	55.4	6
卡塔尔	2010	2.04E+05	4.55E+05	0.44696	49.734	58.1	2
罗马尼亚	2010	2.07E+05	5.23E+05	0.39597	70.009	38.8	5
俄罗斯	2010	1.98E+07	4.63E+07	0.42836	0	51.4	5
沙特	2010	7.76E+05	1.98E+06	0.39269	13.801	55.3	6
斯洛伐克	2010	31672	65743	0.48175	77.444	0	4
斯洛文尼亚	2010	33425	35416	0.94378	77.741	82.7	4

续表

国家	年份	私有部门对存款货币银行债权（现价本币单位）	GDP（现价本币单位）	银行对私有部门信贷占GDP的比重（%）	外资银行资产占总资产的比重（%）	M2/GDP（%）	信用信息深度指标*
南非	2010	1.93E+06	2.66E+06	0.72697	37.247	78.3	6
斯里兰卡	2010	1.49E+06	5.60E+06	0.26607	12.403	37.4	5
泰国	2010	9.80E+06	1.01E+07	0.96993	27.473	116.1	5
突尼斯	2010	41426	63522	0.65215	17.336	63.6	5
土耳其	2010	4.86E+05	1.10E+06	0.44207	24.672	56.1	5
乌克兰	2010	6.75E+05	1.08E+06	0.6238	29.943	55.2	4
委内瑞拉	2010	1.89E+05	1.02E+06	0.18587	5.475	31.6	3
越南	2010	2.48E+09	2.16E+09	1.1472	19.861	114.9	4
阿根廷	2011	2.95E+05	1.84E+06	0.16018	10.849	28.8	6
巴林	2011	7525.6	10921	0.68909	103.18	74.5	3
孟加拉国	2011	3.87E+06	7.97E+06	0.48578	6.235	68.7	2
巴西	2011	2.40E+06	4.14E+06	0.58014	21.77	74	5
保加利亚	2011	54553	75308	0.7244	70.619	75.6	6
智利	2011	9.12E+07	1.21E+08	0.75087	52.093	75.3	5
中国	2011	6.01E+07	4.73E+07	1.2695	8.917	180	4
哥伦比亚	2011	2.16E+08	6.22E+08	0.34785	12.796	39.5	5
捷克	2011	2.18E+06	3.82E+06	0.56962	86.85	74.2	5
埃及	2011	4.27E+05	1.37E+06	0.31155	16.698	75.8	6
爱沙尼亚	2011	13509	16216	0.83307	84.842	68.4	5

续表

国家	年份	私有部门对存款货币银行债权（现价本币单位）	GDP（现价本币单位）	银行对私有部门信贷占GDP的比重（%）	外资银行资产占总资产的比重（%）	M2/GDP（%）	信用信息深度指标*
匈牙利	2011	1.93E+07	2.76E+07	0.6977	77.324	64.9	4
印度	2011	4.51E+07	8.97E+07	0.50269	16.746	76.7	5
印度尼西亚	2011	2.11E+09	7.42E+09	0.2836	13.551	38.8	4
以色列	2011	8.27E+05	9.24E+05	0.89463	8.69	86.7	5
约旦	2011	15037	20477	0.73434	13.395	129.6	2
科威特	2011	25857	44409	0.58225	8.65	62.5	4
拉脱维亚	2011	12193	14275	0.85415	74.521	46.7	5
立陶宛	2011	60011	1.06E+05	0.56417	62.127	47.5	6
马来西亚	2011	9.88E+05	8.84E+05	1.1174	53.073	138	6
毛里求斯	2011	2.95E+05	3.23E+05	0.91383	125.01	98.9	3
墨西哥	2011	2.84E+06	1.44E+07	0.19714	30.536	31.2	6
摩洛哥	2011	5.72E+05	8.03E+05	0.71206	29.313	112.7	5
尼日利亚	2011	7.94E+06	3.80E+07	0.2089	3.944	33.7	3
阿曼	2011	10754	26904	0.39972	16.49	36.6	4
巴基斯坦	2011	3.30E+06	1.83E+07	0.18024	6.698	37.5	4
秘鲁	2011	1.30E+05	4.98E+05	0.26046	26.587	34.9	6
菲律宾	2011	3.09E+06	9.71E+06	0.31875	16.125	60	3
波兰	2011	8.88E+05	1.53E+06	0.58104	54.191	57.9	6
卡塔尔	2011	2.43E+05	6.24E+05	0.38892	39.508	49.7	4

续表

国家	年份	私有部门对存款货币银行债权（现价本币单位）	GDP（现价本币单位）	银行对私有部门信贷占GDP的比重（%）	外资银行资产占总资产的比重（%）	M2/GDP（%）	信用信息深度指标*
罗马尼亚	2011	2.20E+05	5.79E+05	0.37995	59.515	37.3	5
俄罗斯	2011	2.50E+07	5.58E+07	0.44882	0	51.5	5
沙特	2011	8.73E+05	2.51E+06	0.34758	12.566	49.3	6
斯洛伐克	2011	34324	68974	0.49764	72.679	0	4
斯洛文尼亚	2011	32550	36150	0.90041	72.25	80.7	4
南非	2011	2.04E+06	2.92E+06	0.70043	28.952	77.3	6
斯里兰卡	2011	2.00E+06	6.54E+06	0.30637	11.477	38.1	5
泰国	2011	1.14E+07	1.05E+07	1.0855	25.04	128.2	5
突尼斯	2011	46962	65370	0.7184	17.526	67.6	5
土耳其	2011	6.49E+05	1.30E+06	0.49976	26.785	54.7	5
乌克兰	2011	7.35E+05	1.30E+06	0.56465	20.716	52.6	4
委内瑞拉	2011	2.76E+05	1.36E+06	0.20358	9.546	36.6	3
越南	2011	2.83E+09	2.78E+09	1.018	20.849	99.8	4
阿根廷	2012	3.88E+05	2.16E+06	0.17906	12.345	33	6
巴林	2012	7994.2	11416	0.70026	122.35	74.1	3
孟加拉国	2012	4.51E+06	9.18E+06	0.49165	7.836	69.7	2
巴西	2012	3.01E+06	4.40E+06	0.68352	27.9	80.8	5
保加利亚	2012	55696	77582	0.7179	60.912	79.6	4
智利	2012	9.49E+07	1.31E+08	0.72666	47.809	77.3	5

续表

国家	年份	私有部门对存款货币银行债权（现价本币单位）	GDP（现价本币单位）	银行对私有部门信贷占GDP的比重（%）	外资银行资产占总资产的比重（%）	M2/GDP（%）	信用信息深度指标*
中国	2012	6.94E+07	5.19E+07	1.337	10.256	187.6	4
哥伦比亚	2012	2.51E+08	6.64E+08	0.37836	14.557	42.9	5
捷克	2012	2.18E+06	3.85E+06	0.5659	85.324	77.3	5
埃及	2012	4.59E+05	1.58E+06	0.29113	14.566	74.1	6
爱沙尼亚	2012	13605	17415	0.78122	76.892	67.4	5
匈牙利	2012	1.59E+07	2.80E+07	0.56746	55.345	60.9	4
印度	2012	5.16E+07	1.00E+08	0.5149	19.357	76.3	5
印度尼西亚	2012	2.57E+09	8.24E+09	0.312	16.51	40.1	4
以色列	2012	0	9.93E+05	0	9.34	0	5
约旦	2012	15992	21965	0.72807	11.321	118.4	2
科威特	2012	27073	42859	0.63168	11.58	0	4
拉脱维亚	2012	10496	15520	0.67629	62.323	44.1	5
立陶宛	2012	57978	1.14E+05	0.50979	58.921	47.4	6
马来西亚	2012	1.11E+06	9.41E+05	1.1769	58.761	141.2	6
毛里求斯	2012	3.46E+05	3.44E+05	1.0073	135.87	100.5	5
墨西哥	2012	3.16E+06	1.55E+07	0.20377	33.483	32	6
摩洛哥	2012	6.07E+05	8.28E+05	0.73278	32.543	113.9	5
尼日利亚	2012	8.56E+06	4.12E+07	0.20784	3.821	36.5	5
阿曼	2012	12370	30034	0.41187	18.321	36.3	5

续表

国家	年份	私有部门对存款货币银行债权（现价本币单位）	GDP（现价本币单位）	银行对有部门信贷占GDP的比重（%）	外资银行资产占总资产的比重（%）	M2/GDP（%）	信用信息深度指标*
巴基斯坦	2012	3.38E+06	2.01E+07	0.16802	5.982	39.9	4
秘鲁	2012	1.44E+05	5.38E+05	0.26847	28.367	36.8	6
菲律宾	2012	3.53E+06	1.06E+07	0.33402	18.932	58.9	3
波兰	2012	8.58E+05	1.60E+06	0.53775	48.765	57.9	6
卡塔尔	2012	2.52E+05	7.00E+05	0.36049	35.247	54.4	4
罗马尼亚	2012	2.23E+05	5.88E+05	0.38024	64.741	37.8	5
俄罗斯	2012	2.99E+07	6.26E+07	0.47772	0	51.5	5
沙特	2012	1.00E+06	2.67E+06	0.37613	14.951	54.1	6
斯洛伐克	2012	36135	71096	0.50826	75.321	0	4
斯洛文尼亚	2012	31236	35318	0.88442	68.97	76.3	4
南非	2012	2.23E+06	3.16E+06	0.70782	31.965	75.2	6
斯里兰卡	2012	2.36E+06	7.58E+06	0.31072	13.456	38.6	5
泰国	2012	1.30E+07	1.14E+07	1.1446	29.02	131.1	5
突尼斯	2012	50946	71319	0.71434	16.877	66.7	5
土耳其	2012	7.71E+05	1.42E+06	0.54396	32.142	55.4	5
乌克兰	2012	7.56E+05	1.41E+06	0.53641	16.982	54.9	4
委内瑞拉	2012	4.11E+05	1.64E+06	0.25156	13.458	47.5	4
越南	2012	3.08E+09	3.25E+09	0.94833	17.891	106.5	4

注：* 信用信息深度指标（Credit Depth of InformationIndex）是衡量一国信用化程度的指标，由世界银行提供，取值区间为0～6，该值越高，表示该国信用环境好，信用共享程度高，信用观念深入人心。

	阿根廷	巴林	孟加拉国	巴西	保加利亚	智利	中国	哥伦比亚	捷克	埃及	爱沙尼亚	哥斯达黎加	印度	印度尼西亚	以色列	约旦	科威特	拉脱维亚	立陶宛	马来西亚	毛里求斯	摩洛哥	缅甸	尼日利亚	巴基斯坦	秘鲁	菲律宾	波兰	罗马尼亚	俄罗斯	沙特阿拉伯	新加坡	南非	斯里兰卡	泰国	突尼斯	土耳其	乌克兰	阿拉伯联合酋长国	越南
阿根廷	0	13305	16788	2353.3	11955	1128.3	19297	4706.3	11838	12926	11957	15818	15236	12342	12331	13226	12774	12731	15971	19928	7397.7	9348.9	13897	15022	13133.9	17682	12352	13337	12249	13505	12880	11880	11581	8145.1	14775	16990	10669	12502	13846	5114.3	17877
巴林	13305	0	4003.9	11617	3084	14383	17889	13255	4077	4269.4	6184.9	7032.4	5848.5	6391.6	6718.3	632.96	1572.9	7551.4	7462.2	4200.3	6391.6	6718.3	2614.9	404.45	2179.1	6260.6	7806	5363.8	3793.9	3450.9	857.01	5813.3	5931.5	3877.8	2347.2	3395.4	12142	5621.6		
孟加拉国	16788	4003.9	0	15591	6418.8	17889	3036.2	16506	7032.4	5848.5	6391.6	16506	2634.9	2634.9	4200.3	6718.3	2347.2	5628.8	7625.1	8441.2	834.05	2347.2	3195.4	15488	1622.2																
巴西	2353.3	11617	15591	0	9738.7	12756	17889	4269.4	9885.3	9886.3	10580	13488	14252	16320	10375	5381	10376	11429	16529	8447.2	1292	5628.8	5891.9	15488	1622.2																
保加利亚	11955	3084	6418.8	9738.7	0	12756	3017.9	10069	1572.9	1866.9	632.96	4269.4	2657.3	1631.4	1551.4	1631.4	2657.8	1290	7900.3	7629.2	834.05	13383	13566	9240																
智利	1128.3	14383	17889	12756	3017.9	0	19080	4269.4	13468	13218	13313	19080	1331.3	14274	13359	13590	13466	14153	7229.9	7823.4	7445.5	11465	6641.4	4922.4																
中国	19297	17889	3036.2	17889	3017.9	19080	0	14937	7462.2	7551.4	6372.1	7347.4	4274	7147	14274	6225.5	4290	13041	9226.3	13796	11475	6800.9	14603	2330.8																
哥伦比亚	4706.3	13255	16506	4269.4	10069	4269.4	14937	0	9885.8	9886.3	10348	12670	13218	13218	11429	13218	6225.5	14424	11675	17659	8646.6	6841.4	14603	17177																
捷克	11838	4077	7032.4	9885.3	1572.9	13468	7462.2	9885.8	0	2638	1227.5	13485	6372.1	7551.4	4405.1	1331.3	3132.2	13002	11572	11572	6216.7	9482.1	3303.9	8646.6	1114.8																
埃及	12926	4269.4	5848.5	9886.3	1866.9	13218	7551.4	9886.3	2638	0	3305.1	13485	7347.4	2305.8	4433.6	1377.8	2170.8	14153	8549.1	6216.7	9482.1	7444.5	5171.6	11192	8338.6																
爱沙尼亚	11957	6184.9	6391.6	10580	632.96	13313	6372.1	10348	1227.5	3305.1	0	13485	7551.4	1377.8	5209.9	3132.2	4969.4	14153	6216.7	6216.7	7444.5	7899.1	2919.7	10969	7434.8																
哥斯达黎加	15818	7032.4	16506	13488	4269.4	19080	7347.4	12670	13485	13485	13485	0	14937	10348	10835	10348	8708.1	14424	10562	9684	7899.1	7382.3	2316.5	10303	7516.6																
印度	15236	5848.5	2634.9	14252	2657.3	1331.3	4274	13218	6372.1	7347.4	7551.4	14937	0	3305.1	4432.6	4969.4	8598	4331.6	831.04	6372.1	7444.5	8256.3	2341.5	1066.1	7516.6																
印度尼西亚	12342	6391.6	2634.9	16320	1631.4	14274	7147	13218	7551.4	2305.8	1377.8	10348	3305.1	0	5209.9	3132.2	111.09	4331.6	1574.2	1645.6	2771.7	1390.9	2242.1	8077.7																
以色列	12331	6718.3	4200.3	10375	1551.4	13359	14274	11429	4405.1	4432.6	5209.9	10835	4432.6	5209.9	0	5360.8	4969.4	3773.8	4232	2905.4	2721.7	1390.9	4583.5	3906.8																
约旦	13226	632.96	6718.3	5381	1631.4	13590	6225.5	13218	1331.3	1377.8	3132.2	10348	4969.4	3132.2	5360.8	0	8708.1	4331.6	645.16	871.79	381.62	890.37	19180	3023.3																
科威特	12774	126.70	2347.2	10376	2657.8	13466	4290	6225.5	3132.2	2170.8	4969.4	8708.1	8598	111.09	4969.4	8708.1	0	4341.5	3525	4232	1345.7	8202.2	8390.9	7064																

续表

国家/城市	阿根廷 布宜诺斯艾利斯	巴林 麦纳麦	孟加拉 达卡	巴西 巴西利亚	保加利亚 索非亚	智利 圣地亚哥	中国 北京	哥伦比亚 比萨	埃及 开罗	英国 伦敦	希腊 雅典	印度 孟买	印度尼西亚 雅加达	已色列 耶路撒冷	日本 东京	阿拉伯 利雅得	拉脱维亚 里加	立陶宛 维尔纽斯	马来西亚 吉隆坡	毛里求斯 路易港	墨西哥 墨西哥城	尼日利亚 阿布贾	巴基斯坦 伊斯兰堡	秘鲁 利马	菲律宾 马尼拉	波兰 华沙	俄罗斯 莫斯科	西班牙 马德里	瑞典 斯德哥尔摩	泰国 曼谷	阿联酋 迪拜	南非 开普敦	韩国 首尔	土耳其 安卡拉
阿根廷 布宜诺斯艾利斯	12774	4019.2	10437	1590.7	13559	6533.6	3643.9	1105.9	5171.6	10146	2866.3	2927.4	3594.5	0	8974.4	10039	3455.8	3514.9	4635.3	11819	1847.85	1402	7314.3	9210.4	1378.6	4028.8	847.85	7915.8	2464.6	1997.6	8.39.85	9093.6	7375.9	
巴林 麦纳麦	12731	3783	6293.5	1345.5	13360	6507.3	4355	903.24	5037	10027	2623.5	7965.4	3355.5	263.49	8559.6	10256	3387.2	513.5	4499.5	11907	764.07	1144.1	7114.5	8954.3	1225.7	4028.8	764.07	7822.8	2295.9	1735.3	590.05	9201.3	7322.7	
孟加拉 达卡	19971	6015.2	10468K	998.58	13360	6567.7	4355	527.93	910.81	10258	2623.5	7554.1	8974.2	8859.6	5478.5	16641	11514	10458	4510	19028	1780.7	1144.1	2456.5	8522.6	918.51	9351.4	1780.7	1187.1	9939	7735.3	8424.2	9201.3	2040.9	
巴西 巴西利亚	10928	5213.6	16420	8832.4	16502	4355	9054.3	7960.7	9307.4	1174.2	7665.3	7554.1	8859.6	9131.4	5478.5	17591	10458	10458	6217	19023	8130.5	8629.7	2456.5	8522.6	9549.7	9351.4	8130.5	1187.1	9939	7997.9	8424.2	6979.5		
保加利亚 索非亚	7397.7	13999	10955	7623.4	11916	9621.3	146.74	8980.3	3842.4	5828.4	6299	7554.1	887N	9131.4	0	17591	9096.6	6405.3	4874.6	13897	8654	7864	3883.4	3057.4	8599.9	9351.4	8654	6031.7	9053.9	7161.6	8291.8	14002	14772	
智利 圣地亚哥	9348.9	19999	19939	10958	12467	4355	10375	9899.3	10375	146.74	12488	12578	10256	10039	16641	17591	9028	11359	14069	13897	10736	11039	17101	14615	10217	13896	10736	15761	10344	11765	10832	3595	18994	
保加利亚	9348.9	15725	6841.8	7046.7	12467	12467	3089	3601.4	10075	146.74	12488	13564	10039	10039	19026	17591	9028	11359	14069	13897	11039	11039	17101	14615	10217	13896	11039	15761	10344	11765	10832	3595	18994	
智利 圣地亚哥	9348.9	5531.5	7046.7	2783.6	10442	9951.1	7724.9	3601.4	2628.1	10375	3961.4	8971.6	3455.8	9028	18819	9028	3115.4	3115.4	4264.2	4264.2	10139	3042.6	17101	14615	2246.9	13806	10139	10702	1576.5	11765	1524.9	6610.9	1750	
尼日 利比亚	8446.6	4952	18832	4045.4	9471.7	10960	5658	3414.6	7782.6	7585.3	3818.6	9971.6	5514.9	9028	8876	9028	3115.4	6691.7	7180.8	96410	4156.5	4326.3	9285	7613.3	2537.4	3093.1	4156.5	10131	1536.5	3560.1	4264.3	10643	10341	
阿根 廷达	13897	857.01	12865	3873.4	19007	6947.7	3882.3	5783.3	7528.1	5290.6	3838.6	7900.3	5514.9	3115.4	5478.5	3115.4	6384.6	7231	7180.8	15189	4156.5	3747.6	8002.3	4504.7	4398.5	3093.1	1196.4	4531.9	3090.1	3524.9	5067.2	9845.7	4850.12	
缅甸 仰光	15622	2317.7	18036	4898.1	14695	6164	16666	4783.6	4409.8	6164.9	3818.6	7900.3	4634.5	6691.7	5478.5	14072	5691.7	15189	15189	16173	485.6	3747.6	2933.1	6395.1	4546.6	4531.9	1196.4	4531.9	4827.4	5067.2	3022.1	9845.7	13545	5309.5	
瑞典 斯德哥尔摩	3133.9	14354	13171.6	11769	2464.6	3882.3	16666	4325.5	4716.2	5671.6	2523.5	2413.7	1234.8	7231	16641	14069	7231	1801.4	15189	16173	3658.6	4174.5	8138.3	6395.1	4856.8	4659.1	3575.8	3542.8	5634.4	3625.6	3914.8	13545	2761.3	18994	
泰国 曼谷	17802	7367.5	18832	3222.3	13727	16666	2850.3	11841	11462	17961	3570.1	1466.4	1234.8	96410	13897	14089	9010.5	1801.4	16173	16173	12667	11999	10910	11102	5074.1	11528	834.4	19712	12570	12293	13545	17997	1750	
阿联酋 迪拜	12352	7365.3	6564.3	9531.1	13727	2850.3	6947.7	12385	11174	17961	3961.4	12770	14059	96410	13897	4284.2	12200	12264	18063	18063	12667	9281.5	10686	19078	9796.6	10072	7772.1	2210	10804	8821.5	8801.4	17997	1750	
波兰 华沙	13337	3812.5	136.01	19886	13802	14224	6164	8986.6	9691.1	2792.1	8808.5	8702.8	7995	12264	8802	14137	12290	96410	5244	18061	8257.3	9261.5	4567.2	9796.6	10072	9297.4	1196.4	8100	1912.5	1912.5	690.82	8407.4	7640.1	
罗马 尼亚	12249	2999.7	10024	3222.3	13041	6164	7068.5	831.66	546.81	2530.8	2505.5	2562.3	3376.6	7231	9096.6	10191	3003.5	5637	4998.3	11625	1196.4	949.9	7726.8	634.4	530.02	485.6	3575.8	4109.6	2386.1	2386.1	1330.1	12266	7602.4	
俄罗斯 莫斯科	13505	3450.9	11193	299.26	14155	3882.3	5795	4331.6	3773.8	5269.8	1802.5	2562.3	573.22	0	9028	10191	5637	5015	4955.1	14554	949.9	3128.3	7726.8	6202.9	3932.9	485.6	1504.2	1582.1	746.41	746.41	744.81	9434.6	6737.9	
俄罗斯 莫斯科	13505	425.21	11202	1765.9	19958	14153	5795	1672	645.16	4808.3	1694.6	1694.6	2557	3747.6	8729.7	10776	5042.6	741.95	949.9	11999	834.4	1504.2	7810.2	927.81	834.4	834.4	3590.5	2946.3	1796.5	763.41	9940.1	6029.9	6737.9	
西班牙 马德里	12880	3795.9	11302	2938.6	12573	12573	5795	1345.7	1574.2	4341.9	2052.5	2644	3091.5	8654	8654	13896	4156.5	2387.2	1196.4	12667	4156.5	1504.2	9113.3	1938	1632.6	3536.1	3598.5	2946.3	1796.5	2180.5	763.41	9980.1	6029.9	
瑞典 斯德哥尔摩	11880	6260.6	9583.9	776.85	12573	7422.4	6605.2	4232	3525	9302.7	1435.6	2323.5	535.4	8599	8599	10217	5246.6	2210.4	949.9	13978	3732.2	927.81	5951.5	3732.2	3732.2	3732.2	3951.1	3722.4	2180.5	2180.5	3191.1	8705.3	6199.9	
泰国 曼谷	11581	3877.8	10359	795.25	12388	7422.4	7995.2	1345.7	7340.1	7340.1	2323.5	2416	1361.2	4346	3057.4	10165	2346.9	4346.6	4346.6	11326	3732.2	7810.2	4895.2	9682.7	9682.7	4298.5	3722.4	1382.9	1382.9	998.22	8511.7	11037	5268.3	
南非 开普敦	8145.1	6260.6	7900.2	7629.2	9226.9	11675	5171.5	9482.1	10682	10484	2330.3	6471.8	1430.1	4394.5	2244.9	10165	7613.3	4389.5	5074.1	11102	9951.1	7810.2	4894.7	7438.5	8298.5	4298.5	5741.9	1087.6	7234.4	7323.7	8428	8705.3	5268.3	
新加坡	14775	3768	18629	6786.6	15796	17659	3303.9	7444.5	8573	8573	6472	5332	4167	4531.9	3883.4	14615	9285	9285	9074.1	10919	4038.7	7113	7573.8	7573.8	8298.5	9285	5741.9	7746.9	5942.8	6642.9	8407.4	15871	990.73	
新加坡	16880	5360.8	1538.6	6766.6	17659	3303.9	7068.5	17912	16970	10682	6472	2416	2316.5	4531.9	6031.7	15761	10707	10707	10919	19712	7067.9	7716.7	6658.5	8615.6	8391.7	8615.6	7142.5	9131	7746.9	7142.5	7429.7	16992	990.73	

续表

	阿根廷	巴林	孟加拉国	巴西	保加利亚	智利	中国	哥伦比亚	捷克	埃及	哥斯达黎加	印度	印度尼西亚	以色列	约旦	科威特	立陶宛	马来西亚	毛里求斯	摩洛哥	尼日利亚	巴基斯坦	秘鲁	波兰	卡塔尔	罗马尼亚	俄罗斯	沙特	南非	斯里兰卡	泰国	突尼斯	土耳其	乌克兰	委内瑞拉	赞比亚
委内瑞拉	10669	3980.4	7625.1	8447.2	1292	11465	6646.6	9288.2	1514.7	2086.7	2721.1	1980.9	6213.8	11007	2307.2	2415.7	3596.3	2464.6	2295.9	9939.9	8035.9	10344	1576.5	3693.1	4827.4	10581	1912.5	4109.6	1582.1	2946.3	3722.4	1382.9	1087.6	7214.4	7746.9	9131	0	1998.9	2212.7	8173.4	9111.9
土耳其	12982	2247.2	5626.8	10375	854.05	13383	6841.8	11192	1830.2	1109.2	2342.1	1980.2	4222.9	9102.8	890.15	930.44	1816.3	1997.6	1735.3	7997.9	7161.6	11765	3560.1	4264.2	3623.6	12570	1912.5	2386.1	746.41	1796.5	2440.5	1549	1637.4	7323.7	5942.8	7142.8	1998.9	0	1181.5	10082	7116.7
乌克兰	12846	3195.4	5891.9	10569	1022.6	13566	6460.8	10708	1141.6	2260.7	1066.1	896.37	4383.5	9581.4	2070.6	2103.7	2964.7	839.85	590.05	8424.2	8291.6	10832	3524.5	5067.2	3845.7	12293	690.82	3330.7	763.41	3991.1	998.22	1277.8	8478	6442.9	7429.7	2212.7	1181.5	0	9630.8	7205.9
委内瑞拉	5114.3	12142	15488	3696	9240	14483	14483	1114.8	8500.6	10203	9099.2	8650.3	14212	19180	10472	11769	9005.6	18055	14002	3595	6610.9	13545	2761.3	13997	8947.4	12266	9434.6	11843	8705.3	8511.7	10037	16992	8173.4	9630.8	0	16430
赞比亚	17877	5621.6	1622.2	17207	7859.7	18603	2330.8	17177	8338.6	7434.8	7516.8	8077.7	3006.8	3023.3	7064	6957.6	5845	7575.9	7322.7	2340.9	6970.5	14772	10643	1750	7840.5	5544.3	7602.4	6737.9	8199.3	8452.8	9662.5	990.7	9111.9	7116.7	7205.9	16430	0

附录 3 中资银行境外战略投资者股权比例

银行	年份	境外战略股东名称	持股比例（%）	合计（%）
中国银行	2014	三菱东京 UFJ 银行	0.19	0.19
	2013	三菱东京 UFJ 银行	0.19	0.19
	2012	三菱东京 UFJ 银行	0.19	0.19
	2011	三菱东京 UFJ 银行	0.19	0.3
		亚洲开发银行	0.11	
	2010	李嘉诚	1.01	1.38
		三菱东京 UFJ 银行	0.19	
		亚洲开发银行	0.18	
	2009	李嘉诚	1.21	1.6
		亚洲开发银行	0.2	
		三菱东京 UFJ 银行	0.19	
	2008	苏格兰皇家银行	8.25	13.7
		淡马锡	4.13	
		瑞士银行	0.93	
		亚洲开发银行	0.2	
		三菱东京 UFJ 银行	0.19	
	2007	苏格兰皇家银行	8.25	14.1
		淡马锡	4.13	
		瑞士银行	1.33	
		亚洲开发银行	0.2	
		三菱东京 UFJ 银行	0.19	
	2006	苏格兰皇家银行	8.25	14.1
		淡马锡	4.13	
		瑞士银行	1.33	
		亚洲开发银行	0.2	
		三菱东京 UFJ 银行	0.19	

续表

银行	年份	境外战略股东名称	持股比例（%）	合计（%）
中国工商银行	2014	淡马锡	1.99	5.49
		JP 摩根	1.86	
		贝莱德集团	1.64	
	2013	淡马锡	1.99	5.47
		JP 摩根	1.82	
		贝莱德集团	1.66	
	2012	淡马锡	1.50	4.84
		JP 摩根	1.82	
		贝莱德集团	1.52	
	2011	高盛	2.51	6.38
		日本村野控股	2.52	
		JP 摩根	1.35	
	2010	美国运通	0.2	6.97
		高盛	2.96	
		日本村野控股	2.52	
		JP 摩根	1.29	
	2009	高盛	3.9	4.1
		美国运通	0.2	
	2008	高盛	4.97	7.27
		安联集团	1.9	
		美国运通	0.4	
	2007	高盛	4.9	7.2
		安联集团	1.9	
		美国运通	0.4	
	2006	高盛	4.9	7.2
		安联集团	1.9	
		美国运通	0.4	
中国建设银行	2014	淡马锡	6.39	6.39
	2013	淡马锡	7.15	7.15
	2012	淡马锡	7.15	7.95
		美国银行	0.8	
	2011	淡马锡	9.06	9.86
		美国银行	0.8	

续表

银行	年份	境外战略股东名称	持股比例（%）	合计（%）
中国建设银行	2010	美国银行	10.23	15.88
		淡马锡	5.65	
	2009	美国银行	10.95	16.6
		淡马锡	5.65	
	2008	美国银行	19.13	24.78
		淡马锡	5.65	
	2007	美国银行	8.19	13.84
		淡马锡	5.65	
	2006	美国银行	8.52	14.4
		淡马锡	5.88	
交通银行	2014	汇丰银行	18.7	18.7
	2013	汇丰银行	18.7	18.7
	2012	汇丰银行	18.7	18.7
	2011	汇丰银行	18.63	18.63
	2010	汇丰银行	18.63	18.63
	2009	汇丰银行	18.60	18.60
	2008	汇丰银行	18.60	18.60
	2007	汇丰银行	18.60	18.60
	2006	汇丰银行	19.90	19.90
浦发银行	2014	—	—	0
	2013	—	—	0
	2012	—	—	0
	2011	花旗银行	2.714	2.714
	2010	花旗银行	2.714	2.714
	2009	花旗银行	3.392	3.392
	2008	花旗银行	3.779	3.779
	2007	花旗银行	3.779	3.779
	2006	花旗银行	3.779	3.779
光大银行	2014	—	—	0
	2013	—	—	0
	2012	—	—	0
	2011	—	—	0
	2010	—	—	0
	2009	—	—	0

续表

银行	年份	境外战略股东名称	持股比例（%）	合计（%）
光大银行	2008	—	—	0
	2007	—	—	0
	2006	亚洲开发银行	1.9	1.9
兴业银行	2014	恒生银行	10.87	12.86
		新加坡	1.3	
		国际金融公司	0.69	
	2013	恒生银行	10.87	
		新加坡	1.3	
		国际金融公司	0.69	
	2012	恒生银行	12.8	16.34
		新加坡	2.73	
		国际金融公司	0.81	
	2011	恒生银行	12.8	17.4
		新加坡	3.79	
		国际金融公司	0.81	
	2010	恒生银行	12.8	17.44
		新加坡	3.83	
		国际金融公司	0.81	
	2009	恒生银行	12.78	17.42
		新加坡	3.83	
		国际金融公司	0.81	
	2008	恒生银行	12.78	18.83
		新加坡	4.00	
		国际金融公司	2.05	
	2007	恒生银行	12.78	19.98
		新加坡	4.00	
		国际金融公司	3.2	
	2006	恒生银行	12.78	19.98
		新加坡	4.00	
		国际金融公司	3.2	

续表

银行	年份	境外战略股东名称	持股比例（%）	合计（%）
平安 （深发展）	2014	—	—	0
	2013	—	—	0
	2012	—	—	0
	2011	—	—	0
	2010	—	—	0
	2009	新桥控股	16.76	16.76
	2008	新桥控股	16.76	16.76
	2007	新桥控股	16.70	16.70
	2006	新桥控股	17.89	17.89
华夏银行	2014	德意志银行卢森堡	9.28	19.99
		德意志银行	8.21	
		萨尔·奥彭海姆	2.5	
	2013	德意志银行卢森堡	9.28	19.99
		德意志银行	8.21	
		萨尔·奥彭海姆	2.5	
	2012	德意志银行卢森堡	9.28	19.99
		德意志银行	8.21	
		萨尔·奥彭海姆	2.5	
	2011	德意志银行卢森堡	9.28	19.99
		德意志银行	8.21	
		萨尔·奥彭海姆	2.5	
	2010	德意志银行	11.27	17.12
		萨尔·奥彭海姆	3.43	
		德意志银行卢森堡	2.42	
	2009	德意志银行	11.27	17.12
		萨尔·奥彭海姆	3.43	
		德意志银行卢森堡	2.42	
	2008	德意志银行	11.27	17.12
		萨尔·奥彭海姆	3.43	
		德意志银行卢森堡	2.42	
	2007	德意志银行	7.02	13.98
		萨尔·奥彭海姆	4.08	
		德意志银行卢森堡	2.88	

续表

银行	年份	境外战略股东名称	持股比例（%）	合计（%）
华夏银行	2006	德意志银行	7.02	13.98
		萨尔·奥彭海姆	4.08	
		德意志银行卢森堡	2.88	
广发银行	2014	暂无数据	—	—
	2013	花旗银行	20	23.686
		IBM 信贷	3.686	
	2012	花旗银行	20	23.686
		IBM 信贷	3.686	
	2011	花旗银行	20	23.686
		IBM 信贷	3.686	
	2010	花旗银行	20	23.686
		IBM 信贷	3.686	
	2009	花旗银行	20	24.74
		IBM 信贷	4.74	
	2008	花旗银行	20	24.74
		IBM 信贷	4.74	
	2007	花旗银行	20	24.74
		IBM 信贷	4.74	
	2006	花旗银行	20	24.74
		IBM 信贷	4.74	
中信银行	2014	暂无数据	—	—
	2013	西班牙对外银行	9.9	10.08
		瑞穗实业银行（日本）	0.18	
	2012	西班牙对外银行	15	15.18
		瑞穗实业银行（日本）	0.18	
	2011	西班牙对外银行	15	15.18
		瑞穗实业银行（日本）	0.18	
	2010	西班牙对外银行	15	15.17
		瑞穗实业银行（日本）	0.17	
	2009	西班牙对外银行	10.07	10.24
		瑞穗实业银行（日本）	0.17	
	2008	西班牙对外银行	5.1	5.27
		瑞穗实业银行（日本）	0.17	
	2007	西班牙对外银行	4.83	5
		瑞穗实业银行（日本）	0.17	

续表

银行	年份	境外战略股东名称	持股比例（%）	合计（%）
渤海银行	2014	暂无数据	—	—
	2013	渣打银行	19.99	19.99
	2012	渣打银行	19.99	19.99
	2011	渣打银行	19.99	19.99
	2010	渣打银行	19.99	19.99
	2009	渣打银行	19.99	19.99
	2008	渣打银行	19.99	19.99
	2007	渣打银行	19.99	19.99
	2006	渣打银行	19.99	19.99
恒丰银行	2014	暂无数据	—	—
	2013	新加坡大华银行	14.26	14.26
	2012	新加坡大华银行	14.26	14.26
	2011	新加坡大华银行	14.26	14.26
	2010	新加坡大华银行	14.71	14.71
	2009	新加坡大华银行	8.33	8.33
	2008	新加坡大华银行	15.38	15.38
	2007	—	—	0
	2006	—	—	0

参 考 文 献

［1］爱德华·S·肖.经济发展中的金融深化中译本［M］.北京:中国社会科学出版社,1989.

［2］白钦先等.金融可持续发展理论研究导论［M］.北京:中国金融出版社,2001.

［3］陈彪如.当代国际资本市场［M］.上海:华东师范大学出版社,1992.

［4］陈岱孙,厉以宁.国际金融学说史［M］.北京:中国金融出版社,1991.

［5］陈奉先,涂万春.外资银行进入对东道国银行业效率的影响——东欧国家的经验与中国的实践［J］.世界经济研究,2008(1).

［6］陈刚,翁卫国.外资银行降低信贷融资成本的实证研究——基于中国工业企业的数据［J］.产业经济研究,2013(6).

［7］陈继勇,隋晓锋.FDI垄断优势、知识溢出与发展中国家经济增长［J］.世界经济研究,2011(9).

［8］陈静.后金融危机时代我国银行监管的博弈分析［J］.技术经济与管理研究,2011(10).

［9］陈启清.竞争还是合作:国际金融监管的博弈论分析［J］.金融研究,2008(10).

［10］陈伟光,肖晶.外资银行进入效应实证研究［J］.经济学家,2007(1).

［11］陈伟平,冯宗宪.战略引资会降低银行风险承担吗?——基于中国商业银行的实证研究［J］.财经论丛,2015(4).

［12］邓绮萌.外资银行在华本土化现状分析［J］.财经界(学术版),2013(20).

［13］杜琼.全球经济调整背景下跨国直接投资的发展特征及趋势［J］.外资经贸,2012(4).

［14］段继宁．外资银行迎来发展新机遇［J］．中国外资，2015（5）．

［15］崔晓蜂．银行产业组织理论与政策研究［M］．北京：机械工业出版社，2005．

［16］邓瑞林．跨国银行经营管理［M］．广州：广东经济出版社，1999．

［17］窦尔翔，乔奇兵．金融监管的国际化选择——跨国网链式监管［J］．经济学动态，2012（3）．

［18］方春阳，孙巍，王铮，王海蓉．国有商业银行的效率测度及其行为特征的实证检验［J］．数量经济技术经济研究，2004（7）．

［19］冯嗣全．金融发展金融脆弱与银行国际化［J］．财贸经济，2004（7）．

［20］冯嗣全．银行国际化的路径选择：跨国并购抑或新设投资［J］．当代财经，2003（12）．

［21］冯嗣全，欧阳令南．银行国际化与金融发展的实证研究［J］．国际金融研究，2003（12）．

［22］冯嗣全，欧阳令南．银行国际化：组织机构形式的选择［J］．财经科学，2003（5）．

［23］冯素玲．上市公司违规处罚信息市场反应研究［M］．济南：山东人民出版社，2014．

［24］高永进，葛兆强．外资银行进入效应分析与政策选择［J］．财贸经济，2008（4）．

［25］龚明华．当代金融发展理论：演进及前沿［J］．国际金融研究，2004（4）．

［26］郭金龙，于兆吉．论金融发展理论的演进——从传统比较金融观到金融资源论［J］．理论界，2006（3）．

［27］郭妍，张立光．外资银行进入对我国银行业影响效应的实证研究［J］．经济科学，2005（2）．

［28］国红阳．银行业开放与国家金融安全分析［J］．中国管理信息化，2015（8）．

［29］哈克，泽尼奥斯．金融机构的绩效：效率、创新和监管［M］．北京：中国金融出版社，2005．

［30］郝洁．推进金融服务业有序开放的若干思考［J］．国际贸易，2015（3）．

［31］何维达，于一．外资进入与中国商业银行的风险承担［J］．金融论坛，2011（1）.

［32］何国华．中国金融市场国际化程度的度量［J］．统计与决策 2008（7）.

［33］胡竹枝，黄怡聪，区凯瑶．基于 DEA 模型的我国村镇银行效率研究［J］．经济体制改革，2015（4）.

［34］黄海峰，白娟．境外战略投资者参与中国商业银行公司治理的有效性分析［J］．金融与经济，2008（5）.

［35］黄金老．金融自由化与金融脆弱性［M］．北京：中国城市出版社，2001.

［36］黄儒靖．从《巴塞尔协议》看国际银行业监管强化的新趋向——对银行监管博弈的思考［J］．经济问题探索，2010（12）.

［37］黄薇，洪俊杰，邹亚生．金融业效率分析研究与展望［J］．经济学动态，2013（4）.

［38］黄宪，赵征．开放条件下中国银行业的控制力与国家金融安全［M］．北京：中国金融出版社，2009.

［39］黄宪，熊福平．外资银行进入对中国银行业影响的实证研究［J］．国际金融研究，2006（5）.

［40］黄宪．国际银行业的转型［J］．金融研究，2001（10）.

［41］黄宪，熊福平．外资银行在中国发展的经营动机和经营策略分析［J］．金融研究，2005（2）.

［42］黄宪，牛慕鸿．商业银行竞争力研究的新框架——以 X 效率为核心的三层次分析［J］．国际金融研究，2008（7）.

［43］江春，龚立彩．金融市场 FDI 技术溢出与经济增长［J］．金融发展研究，2009（1）.

［44］赖建平．试析跨国银行理论［J］．南开经济研究，2000（3）.

［45］郎咸平．银行业绩与产权无关，改制是否有效［J］．农村金融研究，2004（7）.

［46］雷蒙德·W·戈德史密斯．金融结构与经济发展中译本［M］．上海：上海三联书店，1994.

［47］卢萨基斯．国际银行学［M］．上海：上海远东出版社，1992.

［48］罗纳德·麦金农．经济发展中的货币与资本［M］．上海：上海三联书店，1997.

[49] 李孟刚. 产业安全理论研究 [M]. 北京: 经济科学出版社, 2006.

[50] 李焱. 金融市场准入自由化与银行体系稳定 [J]. 浙江金融, 2009 (4).

[51] 李伟, 韩立岩. 外资银行进入对中国银行业市场竞争度的影响, 基于 Pansar – Rosse 的实证研究 [J] 金融研究, 2008 (5).

[52] 李维安, 曹廷求. 股权结构、治理机制与城市银行绩效 [J]. 经济研究, 2004 (12).

[53] 李伟杰, 胡剑. 商业银行跨国经营动机: 理论研究与实践回顾 [J]. 金融教学与研究, 2008 (3).

[54] 李文江. 对外资银行监管的法律审视和立法完善 [J]. 金融理论与实践, 2012 (12).

[55] 连明成. 中国金融体系脆弱性问题探究 [J]. 财税金融, 2014 (17).

[56] 廖岷. 中国银行业的外国直接投资: 意义及挑战 [J]. 国际金融研究, 2008 (1).

[57] 刘彬, 曾勇, 李强. 基于多期信贷竞争的外资银行进入模式研究 [J]. 管理科学学报, 2012 (15).

[58] 刘海云, 魏文军, 欧阳建新. 基于市场、股权和资本的中国银行业绩效研究 [J]. 国际金融研究, 2005 (5).

[59] 刘华, 卢孔标. 外资银行对新兴市场经济国家银行体系效率与稳定性的影响 [J]. 南方金融, 2006 (11).

[60] 刘逖. 跨国银行与金融深化 [M]. 上海: 上海远东出版社, 1998.

[61] 刘星, 薛宇. 股权结构对公司外部治理的影响分析 [J]. 重庆大学学报, 2004, 27 (11).

[62] 刘兴凯. 金融服务业 FDI 对发展中东道国经济影响的研究 [M]. 北京: 人民出版社, 2012.

[63] 刘艳丽, 莫志宏. 外资银行准入对私营中小企业贷款的影响 [J]. 中国经贸导刊, 2012 (5).

[64] 卢嘉圆, 孔爱国. 境外战略投资者对我国商业银行的影响: 2002 ~ 2007 [J]. 上海金融, 2009 (9).

[65] 罗纳德·L·麦金农著, 李若谷、吴红卫译. 经济自由化的顺

序——向市场经济过渡中的金融控制 [M]. 北京：中国金融出版社，1992.

[66] 鲁志勇，于良春. 基于 DEA 的中国国有商业银行效率变化实证研究 [J]. 开发研究，2006（1）.

[67] 鲁明易. 母国流动性危机与外资银行的贷款供给——基于新兴市场国家的实证研究 [J]. 国际金融研究，2011（9）.

[68] 路妍. 跨国银行国际竞争力研究 [M]. 北京：中国社会科学出版社，2007.

[69] 毛泽盛. 跨国银行的进入、绩效及其管制——以发展中国家为研究视角 [M]. 北京：人民出版社，2005.

[70] 毛泽盛. 跨国银行发展浪潮的国际政治经济学分析 [J]. 国际金融研究，2005（2）.

[71] 毛泽盛，吴洁，刘敏楼. 外资银行对中国信贷供给影响的实证研究 [J]. 金融研究，2010（1）.

[72] 迈克尔·波特著，陈小悦译. 竞争优势 [M]. 北京：华夏出版社，1997.

[73] 潘敏. 商业银行公司治理：一个基于银行业特征的理论分析 [J]. 金融研究，2006（3）.

[74] 潘敏，董乐. 商业银行管理层股票期权激励特征及其影响因素——基于美国银行业的实证研究 [J]. 国际金融研究，2008（5）.

[75] 彭文平. 金融发展二阶段论 [M]. 北京：经济科学出版社，2004.

[76] 漆丹. 我国银行业竞争推进制度研究 [J]. 法学评论，2015（5）.

[77] 齐天翔，杨大强. 商业银行效率研究的理论综述（上）[J]. 财经科学，2008（8）.

[78] 乔时，张杨. 外资银行信贷风险管理现状研究 [J]. 武汉金融，2013（8）.

[79] 荣增基，张宗益. 中国上市公司董事会治理与公司绩效实证分析 [J]. 重庆大学学报，2003（12）.

[80] 单豪杰. 银行体系的脆弱性、传染性与银行危机 [J]. 金融纵横，2004（2）.

[81] 沈铭辉. 亚洲新兴经济体开放型经济的增长路径 [J]. 亚太经济，2014（6）.

[82] 沈悦. 金融自由化与金融开放 [M]. 北京：经济科学出版社，2004.

[83] 施华强. 国有商业银行账面不良贷款、调整程度和严重程度：1994～2004 [J]. 金融研究，2005 (12).

[84] 史建平. 外资入股中资银行：问题与对策 [J]. 中国金融，2005 (6).

[85] 史卫，梁少群. 我国国有商业银行引入战略投资者的效果及实证检验 [J]. 教学与研究，2010 (10).

[86] 孙永祥，黄祖耀. 上市公司的股权结构与绩效 [J]. 经济研究，1999 (12).

[87] 索有. 我国上市银行不良贷款影响因素研究——基于动态面板数据模型 [J]. 社会科学辑刊，2015 (3).

[88] 谭鹏万. 外资银行更有效率吗？——对中东欧国家银行业的实证研究 [J]. 世界经济研究，2005 (7).

[89] 谈儒勇，丁桂菊. 外资银行进入效应研究述评 [J]. 外国经济与管理，2005 (5).

[90] 田素华. 外资银行在东道国的信贷偏好——兼论中国商业银行的跨国发展战略 [M]. 上海：复旦大学出版社，2010.

[91] 田素华，徐明东. 外资银行进入对中国不同类型企业资源获取影响差异的经验证据——以上海为例 [J]. 世界经济研究，2010 (12).

[92] 王爱民，张红军. 跨国银行进入模式影响因素分析——中国市场的实证 [J]. 管理评论，2010 (12).

[93] 汪建，吴英蕴. 银行国际化的效应分析 [J]. 投资研究，2000 (10).

[94] 汪建，吴英蕴. 当代银行国际化经营的理论动机 [J]. 上海经济研究，2000 (7).

[95] 王博，刘澜飚. 外资银行进入对发展中国家银行信贷可得性的影响研究 [J]. 当代经济科学，2008 (30).

[96] 王宁. 李植，数据包络分析法 DEA 在中国商业银行效率研究中的运用 [J]. 当代经济管理，2006 (1).

[97] 王曙光. 金融发展理论 [M]. 北京：中国发展出版社，2010.

[98] 王维安. 银行业开放与国家金融安全 [J]. 财经研究，2003 (12).

［99］王晞. 跨国银行进入中国决定因素的实证研究 ［J］. 金融研究，2005（8）.

［100］王圆. 中小企业融资问题之银行信贷渠道分析 ［J］. 中国商贸，2012（25）.

［101］王志军. 当代美国银行业市场中的外资银行发展分析 ［J］. 国际金融研究，2006（4）.

［102］伍海华. 国际银行论 ［M］. 北京：经济科学出版社，1996.

［103］武锐，黄方亮. 跨境进入的模式选择：跨国并购、绿地投资还是合资公司 ［J］. 江苏社会科学，2010（6）.

［104］吴玉立. 境外投资者对中国银行业影响的实证分析 ［J］. 经济评论，2009（1）.

［105］邢乐成. 金融结构与中小企业融资 ［M］. 济南：山东人民出版社，2015.

［106］徐伟. 国有控股公司控股方行为及其治理绩效实证研究 ［M］. 北京：经济科学出版社，2016.

［107］吴秋实，江春. 银行竞争与银行业稳定研究述评 ［J］. 国际金融研究，2006（7）.

［108］吴淑琨. 股权结构与公司绩效的 U 型关系研究 ［J］. 中国工业经济，2002（1）.

［109］项卫星. 王达. 东亚地区新兴市场经济体金融部门 FDI 的增长及其发展趋势 ［J］. 东北亚论坛，2008（4）.

［110］项卫星，王达. 拉丁美洲、中东欧及东亚新兴市场国家金融部门外国直接投资研究 ［J］. 国际金融研究，2008（4）.

［111］项卫星. 王达. 新兴市场国家金融部门外国直接投资问题研究 ［J］. 世界经济研究，2007（5）.

［112］谢朝华，段军山. 基于 DEA 方法的中国商业银行 X—效率研究 ［J］. 中国管理科学，2005（4）.

［113］徐枫，范达强. 外资银行对中国银行业的溢出效应 ［J］. 金融论坛，2011（4）.

［114］薛求知. 朱吉庆. 中国对外直接投资发展阶段的实证研究 ［J］. 世界经济研究，2007（2）.

［115］薛誉华. 金融扩张论 ［M］. 北京：社会科学文献出版社，2005.

［116］约翰·G·格利，爱德华·S·肖. 经济理论中的货币中译本

[M]. 上海：上海三联书店，1994.

[117] 闫瑞华. 我国金融监管的博弈分析——基于对美国次贷危机的反思 [J]. 中国证券期货，2012 (4).

[118] 杨建清. 银行海外扩张方式选择的博弈分析 [J]. 财经问题研究，2012 (12).

[119] 杨文，孙蚌珠，程相宾. 中国国有商业银行利润效率及影响因素——基于所有权结构变化视角 [J]. 经济学 (季刊)，2015 (4).

[120] 叶斌，秦超. 我国农村商业银行规模效率的实证研究——基于非参数前沿效率的 DEA 模型分析 [J]. 金融教学与研究，2015 (1).

[121] 叶初升. 国际资本形成与经济发展 [M]. 北京：人民出版社，2004.

[122] 叶欣，冯宗宪. 外资银行进入对本国银行体系稳定性的影响 [J]. 世界经济，2004 (1).

[123] 叶欣，冯宗宪. 外资银行进入对本国银行体系稳定性影响的实证研究 [J]. 经济科学，2003 (2).

[124] 尹继红. 外资入股对中国城市商业银行经营绩效的影响 [J]. 中国金融，2006 (13).

[125] 尹应凯. 论我国银行业市场进入的"适度开放"——基于博弈论视角的分析 [J]. 对外经济贸易大学学报，2008 (5).

[126] 于维生，张志远. 国际金融监管的博弈解析与中国政策选择 [J]. 国际金融研究，2013 (1).

[127] 于东智. 股权结构、治理效率与公司绩效 [J]. 中国工业经济，2001 (5).

[128] 虞群娥. 商业银行国有股权边界的海外实践与借鉴 [J]. 财经论丛，2005 (1).

[129] 约翰·A·戈达德，菲利普·莫利纽克斯，约翰·O·S·威尔逊. 欧洲银行业：效率、技术与增长 [M]. 北京：中国人民大学出版社，2006.

[130] 曾庆斌. 银行业海外扩张的寡占反应动机 [J]. 海南金融，2005 (11).

[131] 曾庆斌，李恒义. 澳大利亚银行业国际化及其启示 [J]. 金融理论与实践，2005 (11).

[132] 张超，顾锋，邸强. 国外银行效率测度及其影响因素研究综述

[J]. 外国经济与管理, 2005 (4).

[133] 张帆. 美国跨国银行与国际金融 [M]. 上海: 中信出版社, 1989.

[134] 张鹤, 黄琨, 姚远. 我国商业银行 X 效率的实证研究与改革策略 [J]. 经济学动态, 2011 (2).

[135] 张健华. 我国商业银行效率研究的 DEA 方法及 1997~2001 年效率的实证分析 [J]. 金融研究, 2003 (3).

[136] 张健华, 王鹏. 银行效率及其影响因素研究——基于中外银行业的跨国比较 [J]. 金融研究, 2011 (5).

[137] 张金清, 吴有红. 外资银行进入水平影响商业银行效率的"阈值效应"分析——来自中国商业银行的经验证据 [J]. 金融研究, 2010 (6).

[138] 张礼卿. 新兴市场经济体的银行业开放及其影响 [J]. 国际金融研究, 2007 (3).

[139] 张荔, 张蓉. 外资银行进入与东道国银行体系的效率改进——新兴市场国家的截面数据分析 [J]. 南开经济研究, 2006 (1).

[140] 张翔, 毛育新, 杨金同. 评析跨国银行海外扩张的内部化理论与国际生产折衷理论 [J]. 山西财经大学学报, 1999 (8).

[141] 张翔睿, 裴志伟. 外资银行进入对国内银行的竞争效应研究——基于 2000~2013 我国银行业的实证检验 [J]. 中国物价, 2015 (1).

[142] 张宇婷, 王增涛. 在华外资银行面临外来者劣势的实证研究 [J]. 国际商务, 2015 (1).

[143] 赵雪梅.21 世纪以来拉美国家利用外国直接投资的比较分析 [J]. 拉丁美洲研究, 2014 (1).

[144] 赵征, 黄宪. 跨国银行在新兴市场风险环境中的行为选择与综合影响 [J]. 世界经济研究, 2009 (5).

[145] 周逢民, 张会元, 周海, 孙佰清. 基于两阶段关联模型的我国商业银行效率评价 [J]. 金融研究, 2010 (11).

[146] 周小川. 推动金融市场准入的对内对外平等开放 [J]. 商场现代化, 2014 (11).

[147] 周阳, 原雪梅. 跨国银行进入追随客户与中小企业信贷困境——基于中国在内的 43 个新兴市场国家的实证研究 [J]. 经济学家, 2014 (11).

[148] 周文, 林跃勤. 新兴经济体蓝皮书: 金砖国家发展报告 (2014) [M]. 北京: 社会科学文献出版社, 2014.

［149］钟熙维，Alejandro Dabat. 外资银行的进入对发展中国家的影响 ［J］. 拉丁美洲研究，2006（5）.

［150］郑录军，曹廷求. 中国商业银行效率及其影响因素的实证分析 ［J］. 金融研究，2005（1）.

［151］朱超. 中国银行业效率动态变化的 Malmquist 指数研究：2000～2004 ［J］. 经济科学，2006（5）.

［152］朱华. 投资发展周期理论与中国 FDI 发展阶段定位研究 ［J］. 经济学动态，2012（5）.

［153］庄乾志. 银行发展：市场化与国际化 ［M］. 北京：北京大学出版社，2004.

［154］邹娟. 基于微观视角的我国商业银行脆弱性研究 ［D］. 厦门大学学位论文，2014.

［155］尊声，海闻. 跨国经营概论 ［M］. 上海：上海人民出版社，1995.

［156］Adrian E. Tschoegl, 2002, "FDI and Internationalization: Evidence from U. S", *Subsidiaries of Foreign Banks*, 33（4）, 805–815.

［157］Agénor, P. R., Alper, K., Pereira da Silva, L., 2012, "Sudden Floods, Macroprudential Regulation and Stability in an Open Economy", *Working paper* Number 166, Centre for Growth and Business Cycle Research, Economic Studies, University of Manchester, Manchester, M13 9PL, UK.

［158］Ahmed, Shaghil, Coulibaly, Brahima, Zlate, Andrei, 2017, "International Financial Spillovers to Emerging Market Economies: How Important Are Economic Fundamentals?", *Journal of International Money & Finance*, 76（9）, 133–152.

［159］Ahmet Sensoy, Kevser Ozturk, Erk Hacihasanoglu, 2014, "Constructing a Financial Fragility Index for Emerging Countries", *Finance Research Letters*, 11.

［160］Ali Awdeh, Chawki El Moussawi, 2009, "Bank Efficiency and Foreign Ownership in the Lebanese Banking Sector", *Review of Middle East Economics and Finance*, 5（2）, 1161.

［161］Aliber, R. Z., 1976, "Towards a Theory of International Banking", Economic Review, *Federal Reserve Bank of San Francisco*, 5–8.

［162］Aliber, R. Z., 1984, "International Banking: a Survey", *Jour-*

nal of Money, *Credit and Banking*, 16 (4), 661 – 678.

[163] Alin Marius Andrieş, Bogdan Căpraru, 2014, "The Nexus between Competition and Efficiency: The European Banking Industries Experience", *International Business Review*, 23 (3), 566 – 579.

[164] Alan M Rugman, 1981 (reissued by Palgrave 2006), "Inside the Multinationals", *Columbia University Press*, 14 – 17.

[165] Alexander Popov, Gregory F. Udell, 2012, "Cross-border Banking, Credit Access, and the Financial Crisis", *Journal of International Economics*, 87 (1), 147 – 161.

[166] Alexander Peter Groh, Matthias Wich., 2012, "Emerging Economies' Attraction of Foreign Direct Investment", *Emerging Markets Review*, 13 (2), 210 – 229.

[167] Allen N Berger, Qinglei Dai, Steven Ongena and David C. Smith, 2003, "To What Extent Will the Banking Industry be Globalized? A Study of Bank Nationality and Reach in 20 European Nations", *Journal of Banking & Finance*, 27, 383 – 415.

[168] Allen N Berger and Robert DeYoung, 2001, "The Effects of Geographic Expansion on Bank Efficiency", Finance and Economics Discussion Series, Board of Governors of the Federal Reserve System, U. S.

[169] André F and Thierry W, 2001, "Tax Harmonization Versus Tax Competition in Europe: A Game Theoretical Approach", *Center for Research on Economic Fluctuations and Employment Working Paper*: 135 – 143.

[170] Aneta Hryckiewicz, Oskar Kowalewskic, 2010, "Economic Determinates, Financial Crisis and Entry modes of Foreign Banks into Emerging Markets", *Emerging Markets Review*, 11 (3), 205 – 228.

[171] Annavarijula, M. and S. Beldona, 2000, "Multinationality Performance Relationship: A Review and Reconceptualization," *The International Journal of Organizational Analysis*, 8 (1), 48 – 67.

[172] Anita Pennathur, Sharmila Vishwasrao, 2014, "The Financial Crisis and Bank-client Relationships: Foreign Ownership, Transparency, and Portfolio Selection", *Journal of Banking and Finance*, 42 (Complete), 232 – 246.

[173] Arturo, G. , Alejandro, I. , Liliana, R. , 2010, "Financial In-

tegration and Foreign Banks in Latin America: How Do They Impact the Transmission of External Financial Shocks?", *IDB Working Paper Series*, No. IDB – WP – 116.

[174] Ball, C. A. and A. E. Tschoegl, 1982, "The Decision to Establish a Foreign Branch of Subsidiary: An Allocation of Binary Classification Procedures", *Journal of Financial and Quantitative Analysis*, 17 (3), 411 – 424.

[175] Bank for International Settlements, BIS, 2009, "International Banking and Financial Market Developments", *BIS Quarterly Review*.

[176] Barry, 1997, "Positive Theory of Multinational Banking: Eclectic Theory Versus Internalization Theory", *Journal of Economic Surveys*, 11, 71 – 101.

[177] Barth, J. R. , Caprio, G. Jr. , Levine, R. , 2001, "The Regulation and Supervision of Banks Around the World: A New Database," in R. E. Litan and R. Herring, eds. , Integrating Emerging Market Countries into the Global Financial System.

[178] Barba – Navaretti, Giorgio, Giacomom Calzolari, Alberto Franco Pozzolo, and Micol Levi, 2010, "Multinational Banking in Europe: Financial Stability and Regulatory Implications Lessons from the Financial Crisis", *Economic Policy*, 25, 703 – 53.

[179] Benston, 1972, "Economics of Scale of Financial Institutions", Journal of Money, *Credit and Banking*, 4 (5), 312 – 341.

[180] Berger, A. N. and Humphrey, D. B. , 1997, "Efficiency of Financial Institutions: International Survey and Directions for Future Research", *European Journal of Operational Research*, 98, 175 – 212.

[181] Berger, A. N. and Mester, L. J. , 1997a, "Inside the Black Box: What Explains Differences in the Efficiencies of Financial Institutions?", *Finance and Economics Discussion Series* 10, *Federal Reserve Board*.

[182] B. Gerard Dages, Linda S Goldberg and Daniel Kinney, 2000, "Foreign and Domestic Bank Participation in Emerging Markets: Lessons from Mexico and Argentina", *NBER Working Papers* No. 7714.

[183] Birindelli G, Prete S D. , 2010, "The Internationalization of Italian Banks: Direction and Organizational Reshaping", *Journal of Money, Investment and Banking*, 18, 105 – 127.

[184] Blonigen B A, Davies R B, Waddell G R, Naughton H T., 2007, "FDI in Space: Spatial Autoregressive Relationships in Foreign Direct Investment", *European Economic Review*, 51, 1303 – 1325.

[185] Blundell R, Bond S., 1998, "Initial Conditions and Moment Restrictions in Dynamic Panel Data Models", *Journal of Econometrics*, 87, 115 – 143.

[186] Boustanifar H., 2014, "Information Acquisition, Foreign Bank Entry, and Credit Allocation", *The Quarterly Review of Economics and Finance*, 54 (3), 324 – 336.

[187] Brimmer, A. and Dahl, F., 1975, "Growth of American International Banking: Implications for Public Policy", *Journal of Finance*, 30, 341 – 363.

[188] Brookings – Wharton Papers on Financial Services, Brookings Institute Press. Montgomery, H., 2003. The Role of Foreign Banks in Post-crisis Asia: the Importance of Method of Entry. MPRA Paper No. 33031.

[189] Buch C M, Lipponer A., 2007, "FDI Versus Exports: Evidence from German Banks", *Journal of Banking and Finance*, 31, 805 – 826.

[190] Buch, Claudia M., Golder, Stefan M., 2001, "Foreign Versus Domestic Banks in Germany and the US: A Tale of Two Markets?", *Journal of Multinational Financial Management*, *Elsevier*, 11 (4 – 5), 341 – 361.

[191] Boustanifar H., 2014, "Information Acquisition, Foreign Bank Entry, and Credit Allocation", *The Quarterly Review of Economics and Finance*, 54 (3), 324 – 336.

[192] Calomiris, Charles and Andrew Powell, 2001, "Can Emerging Market Bank Regulators Establish Credible Discipline? The Case of Argentina, 1992 – 1999", In Prudential Supervision: What Works and What Doesn't, edited by Frederic Mishkin, NBER and University of Chicago Press.

[193] Casson, M., 1979, Alternatives to the Multinational Enterprise, London, UK: Macmillan, 12.

[194] Casson, M., 1985, Multinational Monopolies and International Cartels, In P. Buckley and M. Casson (eds.), IBID, 60 – 97.

[195] Casson, M., 1987, The Firm and the Market: Studies in Multinational Enterprises and the Scope of The Firm, Cambridge, Mass: MIT

Press, 31 – 49.

[196] Casson, M. , 1990, Evolution of Multinational Banks: A Theoretical Perspective, in Jones, G. (ed.), Banks as Multinationals, New York: Routledge, 14 – 29.

[197] Caves, R. E. , 1977, Discussion, "Key Issues in International Banking", *Proceedings of a Conference*, *Federal Reserve Bank of Boston*, 87 – 90.

[198] Céline Meslier, Ruth Tacneng, Amine Tarazi, 2014, "Is Bank Income Diversification Beneficial? Evidence from an Emerging Economy", *Journal of International Financial Markets*, *Institutions & Money*, 31 (Complete), 97 – 126.

[199] Cetorelli, Nicola and Goldberg, Linda S. , 2009, "Globalized Banks: Lending to Emerging Markets in the Crisis", FRB of New York Staff Report No. 377.

[200] Chien Chiang Lee, Meng Fen Hsieh, Hua Wei Dai. , 2012, "How Does Foreign Bank Ownership in the Banking Sector Affect Domestic Bank Behaviour? A Dynamic Panel Data Analysis", *Bulletin of Economic Research*, 64 (1), 86 – 108.

[201] Christa Hainz, Laurent Weill, Christophe Godlewski, 2014, "Bank Competition and Collateral: Theory and Evidence", *Journal of Financial Services Research*, 44 (2), 131 – 148.

[202] Casu, B. and Girardone, C. , 2006, "Bank Competition, Concentration and Efficiency in the Single European Market", *the Manchester School*, 74 (4), 441 – 468.

[203] Chrysovalantis Gaganis, Fotios Pasiouras. , 2013, "Financial Supervision Regimes and Bank Efficiency: International Evidence", *Journal of Banking and Finance*, 37 (12), 5463 – 5475.

[204] Chong Terence Tai – Leung, Lu Liping, Ongena S. , 2013, "Does Banking Competition Alleviate or Worsen Credit Constraints Faced by Small-and Medium-sized Enterprises? Evidence from China", *Journal of Banking & Finance*, 37 (9), 3412 – 3424.

[205] Chung Huashen, Chin Hwalu, Meng Wenwu, 2009, "Impact of Foreign Bank Entry on the Performance of Chinese Banks", *China and World*

Economy, 3.

[206] Claessens, S. , Horen, N. V. , 2011, "Foreign Banks: Trends, Impact and Financial Stability", *DNB Working Paper*, No. 330.

[207] Claessens, Stijn, and Neeltje Van Horen, 2012, "Being a Foreigner among Domestic Banks: Asset or Liability?" *Journal of Banking and Finance*, 36, 1276 – 1290.

[208] Claessens, Stijn, and Neeltje Van Horen, 2013, "Impact of Foreign Banks", *Journal of Financial Perspectives*, 1, 1 – 18.

[209] Claessens, Stijn, and Neeltje Van Horen. , 2014, "Foreign Banks: Trends and Impact", *Journal of Money, Credit and Banking*, 46 (S1), 295 – 326.

[210] Claessens, S. and Glaessner, T. , 1998, "The Internationalization of Financial Services in Asia", *World Bank Policy Research Working Paper*, No. 1911.

[211] Claessens S. , Demirgüç – Kunt, A. , and Huizinga, H. , 2001, "How Does Foreign Entry Affect the Domestic Banking Markets?", *Journal of Banking and Finance*, 25, 891 – 911.

[212] Claessens S. & Luc Laeven. , 2003, "Financial Development, Property Rights, and Growth", *Journal of Finance*, 58 (6), 2401 – 2436.

[213] Claessens S, van Horen N. , 2012, "Foreign Banks: Trends, Impact and Financial Stability", *IMF Working Paper*, No. 12/10.

[214] Claeys S, Hainz C. , 2014, "Modes of Foreign bank Entry and Effects on Lending Rates: Theory and Evidence", *Journal of Comparative Economics*, 42 (1), 160 – 177.

[215] Clarke, G. , Cull, R. , Martínez Pería, M. S. , 2006, "Foreign Bank Participation and Access to Credit across Firms in Developing Countries", *Journal of Comparative Economics*, 34, 774 – 795.

[216] Cole, Shawn A. , 2009, "Financial Development, Bank Ownership, and Growth: or, Does Quantity Imply Quality?" *Review of Economics and Statistics*, 91, 33 – 51.

[217] Committee on the Global Financial System, 2004, "Foreign Direct Investment in the Financial Sector of Emerging Market Economies", *Bank for International Settlements*.

[218] Crystal, J. S. , G. B. Dages, and L. S. Goldberg, 2002, "Has Foreign Bank Entry Led to Sounder Banks in Latin America?", Current Issues in Economics and Finance, Federal Reserve Bank of New York, 8, 1 – 6.

[219] Cull, Robert, Martinez Peria, and Maria Soledad, 2007, "Foreign Bank Participation and Crises in Developing Countries", Policy Research Working Paper Series 4128, World Bank, Washington, D. C.

[220] Cull R, Martinez Peria M S. , 2010, "Foreign Bank Participation in Developing Countries", The World Bank Policy Research Working Paper, 1 – 30.

[221] Cull, Robert, and Maria Soledad Martinez Peria, 2013, "Foreign Bank Participation in Developing Countries: What Do We Know about the Drivers and Consequences of this Phenomenon?" In Encyclopedia of Financial Globalization, edited by Gerard Caprio, pp. 213 – 222. Amsterdam: Elsevier.

[222] Cull R, Martínez Pería M S. , 2013, "Bank Ownership and Lending Patterns during the 2008 – 2009 Financial Crisis: Evidence from Latin America and Eastern Europe", Journal of Banking & Finance, 37 (12), 4861 – 4878.

[223] Degryse H, Havrylchyk O, Jurzyk E, Kozak S. , 2012, "Foreign Bank Entry, Credit Allocation and Lending Rates in Emerging Markets: Empirical Evidence from Poland", Journal of Banking & Finance, 36 (11), 2949 – 2959.

[224] De Haas, R. T. A. , and I. P. P. Van Lelyveld, 2006a, "Foreign Banks and Credit Stability in Central and Eastern Europe. A Panel Data Analysis", Journal of Banking Finance, 30, 1927 – 1952.

[225] De Haas, Ralph, and ImanVan Lelyveld, 2014, "Multinational Banks and the Global Financial Crisis: Weathering the Perfect Storm?", Journal of Money, Credit and Banking, 46 (S1), 333 – 364.

[226] De la Torre A, Pera, M S M, Schmukler S L. , 2010, "Bank involvement with SMEs: Beyond relationship lending", Journal of Banking & Finance, 34 (9), 2280 – 2293.

[227] Degryse H, Havrylchyk O, Jurzyk E, Kozak S. , 2012, "Foreign Bank Entry, Credit Allocation and Lending Rates in Emerging Markets: Empirical Evidence from Poland", Journal of Banking & Finance, 36 (11),

2949 - 2959.

[228] Demirgüç - Kunt, A. , and E. Detragiache, 1997, "The Determinants of Banking Crises: Evidence from Developing and Developed Countries", *IMF Working Paper* 106.

[229] Demirgüç - Kunt, A. , and E. Detragiache, 1998, "Financial Liberalization and Financial Fragility", *IMF Working Paper* 83.

[230] Denise McEachern and Joseph Paradi, 2007, "Intra-and inter-country Bank Branch Assessment Using DEA", *Journal of Productivity Analysis*, 27, 123 - 136.

[231] Detragiache E, Tressel T, Gupta P. , 2008, "Foreign Banks in Poor Countries: Theory and Evidence", *Journal of Finance*, 63, 2123 - 2160.

[232] Dietrich Domansk, 2005, "Foreign Banks in Emerging Market Economies: Changing Players, Changing Issues", *BIS Quarterly Review*, Bank for International Settlements.

[233] Dubravko Mihaljek, 2004, "Privatisation, Consolidation and the Increased Role of Foreign Banks", BIS Papers No. 28.

[234] Dunning, J. H. , 1977, "Trade, Location of Economic Activity and MNE: a Search of an Eclectic Approach", in B. Ohlini, ed. , *The International Allocation of Economic Activity*, *Holmes and Meier*, 395 - 418.

[235] Dunning, J. H. , 1981, International Production and the Multinational Enterprise, London: Allen and Unwin.

[236] Dunning, J. H. , 1988, "The Eclectic Paradigm of International Production: a Restatement and Some Possible Extensions", *Journal of International Business Studies*, 19, 1 - 32.

[237] Dunning, J. H. , 1989, "Multinational Enterprises and the Growth of Services: Some Conceptual and Theoretical Issues", *The Service Industries Journal*, 9 (1), 5 - 39.

[238] Eduardo Levy Yeyati, Alejandro Micco, 2007, "Concentration and Foreign Penetration in Latin American Banking Sectors: Impact on Competition and Risk", *RES Working Papers*, No. 4353.

[239] Elena Cubillas, 2014, "Financial Liberalization and Bank Risk-taking: International Evidence", *Journal of Financial Stablilty*, 4, 32 - 48.

[240] Elhorst J P. , 2014, "Spatial Econometrics: From Cross – Sectional Data to Spatial Panels", *Springer Press*.

[241] Elisabetta Fiorentino, Alexander Karmann, Michael Koetter, 2006, "The Cost Efficiency of German Banks: a Comparison of SFA and DEA", *Discussion Paper Series* 2: *Banking and Financial Studies No* 10.

[242] Elsadig Musa Ahmed, 2012, "Are the FDI Inflow Spillover Effects on Malaysia's Economic Growth Input Driven", *Economic Modelling*, 29, 1498 – 1504.

[243] Engin Erdogan, Ruya Atakli, 2012, "Investment Incentives and FDI in Turkey: The Incentives Package after the 2008 Global Crisis", *Social and Behavioral Sciences*, 1183 – 1192.

[244] Enrique Schroth, Gustavo A, Suarez, Lucian A, Taylor, 2014, "Dynamic Debt Runs and Financial Fragility: Evidence from the 2007 ABCP Crisis", *Journal of Financial Economics*, 112.

[245] Esperanca, J. P. , and Gulambussen, M. A. , 2001, "Testing the 'Following the Customer' Hypothesis in Multinational Bank Expansion", *Journal of Multinational Financial Management*, 11, 281 – 293.

[246] Fabio C. Bagliano, Claudio Morana, 2014, "Determinants of US Financial Fragility Conditions", *Research in International Business and Finance*, 30, 377 – 392.

[247] Faik Bilgili, Nadide Sevil Halici Tuluce, Ibrahim Dogan, 2012, "The Determinants of FDI in Turkey: A Markov Regime – Switching Approach", *Economic Modelling*, 29, 1161 – 1169.

[248] Farrell, M. J. 1957, "The Measurement of Productive Efficiency", *Journal of the Royal Statistical Society*, Series A, General, 120, 253 – 278.

[249] F. Contractor, S. K. Kundu and C. Hsu, 2003, " A Three-stage Theory of International Expansion: the Link between Multinationality and Performance in the Service Sector", *Journal of International Business Studies*, 34, 5 – 18.

[250] Focarelli D, Pozzolo A F. , 2005, "Where do Banks Expand Abroad? An Empirical Analysis", *Journal of Business*, 78, 2435 – 2463.

[251] Fotopoulos G, Louri H. , 2011, "On the Geography of International Banking: the Role of Third – Country Effects", *Working Paper of Bank of*

Greece, 1 – 42.

[252] Frederick T. Knickerbocker, 1973, "Oligopolistic Reaction and Multinational Enterprise", *Boston*: *The Harvard Business School Press*.

[253] FSA, 2009, "The Turner Review: A Regulatory Response to the Global Banking Crisis", Financial Services Authority, the United Kingdom.

[254] Fungáčová Z, Herrala R, Weill L., 2013, "The Influence of Bank Ownership on Credit Supply: Evidence from the Recent Financial Crisis", *Emerging Markets Review*, 15, 136 – 147.

[255] Gehrig, T., 1998, "Screening, Cross-border Banking and the Allocation of Credit", Centre for Economic Policy Research, CEPR Discussion Paper 1973, London.

[256] George Joseph Stigler, 1971, "The Theory of Economic Regulation", *Bell Journal of Economics and Management*, 2, 3 – 21.

[257] George R. G. Clarke, Robert Cull, María Soledad Martínez Pería, 2006, "Foreign Bank Participation and Access to Credit across Firms in Developing Countries", *Journal of Comparative Economics*, 34, 774 – 795.

[258] Giannetti M, Ongena S., 2012, "Lending by Example: Direct and Indirect Effects of Foreign Banks in Emerging Markets", *Journal of International Economics*, 86 (1), 167 – 180.

[259] Goldberg, L. G. and A. Saunders, 1980, "The Causes of U. S. Bank Expansion Overseas: The Case of Great Britain", *Journal of Money, Credit, and Banking*, 12 (4), 630 – 643.

[260] Goldberg, L. G. and A. Saunders, 1981, "The Determinants of Foreign Banking Activity in the United States", *Journal of Banking and Finance*, 5, 17 – 32.

[261] Goldberg, L. G. and D. Johnson, 1990, "The Determinants of U. S. Banking Activity aboard", *Journal of International Money and Finance*, 9 (2), 123 – 137.

[262] Goldberg, L. G., Dages and D. Kinney, 2000, "Foreign and Domestic Bank Participation in Emerging Markets: Lessons from Mexico and Argentina", Economic Policy Review 6 (3), Federal Reserve Bank of New York.

[263] Gormley T A., 2014, "Costly Information, Foreign Entry, and

Credit Access", *Journal of Economic Theory*, 154 (11), 633 – 667.

［264］ Gormley T A. , 2010, "The Impact of Foreign Bank Entry in Emerging Markets: Evidence from India", *Journal of Financial Intermediation*, 19 (1), 26 – 51.

［265］ Gormley T A. , 2014, "Costly Information, Foreign Entry, and Credit Access", *Journal of Economic Theory*, 154 (11), 633 – 667.

［266］ Gray, Jean M. & H. Peter Gray. , 1981, "The Multinational Bank: A Financial MNG?", *Journal of Banking and Finance*, 5, 33 – 63.

［267］ Grosse, R. and Goldberg, L. G. , 1991, "Foreign Bank Activity in the United States: An Analysis by Country of Origin", *Journal of Banking and Finance*, 15 (6), 1092 – 1112.

［268］ Grubel, H. , 1977, "A Theory of Multinational Banking", Banca Nazionale del Lavoro, *Quarterly Review*, *December*, 349 – 363.

［269］ Guiso L, Sapienza P, Zingales L. , 2009, "Does Local Financial Development Matter?" ［G］// Siliop D B. The Banks and the Italian Economy. Dordrecht and New York: Springer Press, 31 – 66.

［270］ Hans Degryse, Olena Havrylchyk, 2009, "Foreign Bank Entry and Credit Allocation in Emerging Markets", *IMF Working Paper* WP09/270.

［271］ Hasan I. , Marton K. , 2003, "Development and Efficiency of the Banking Sector in a Transitional Economy: Hungarian Experience", *Journal of Banking and Finance*, 27, 2249 – 2271.

［272］ Haselmann R, Wachtel P. , 2011, "Foreign Banks in Syndicated Loan Markets", *Journal of Banking & Finance*, 35 (10), 2679 – 2689.

［273］ Hamid Boustanifar, 2014, "Information Acquisition, Foreign Bank Entry, and Credit Allocation", *Quarterly Review of Economics and Finance*, 54 (3), 324 – 336.

［274］ Havrylchyk O. , 2012, "The Effect of Foreign Bank Presence on Firm Entry and Exit in Transition Economies", *Journal of Banking & Finance*, 36 (6), 1710 – 1721.

［275］ Hendrik S. Houthakker, 1984, "Comment on International Banking: A Survey," *Money, Credit, and Banking*, 16 (4), 684 – 689.

［276］ Hermes and Lensink. , 2003, "How Does Foreign Entry Affect Domestic Banking Markets", *Journal of Banking and Finance*, 25, 591 –

712.

[277] Holderness C. G. and D. P. Sheehan, 1998, "The Role of Majority Shareholders in Publicly Held Corporation: An Exploratory Analysis", *Journal of Financial Economics*, 317 – 346.

[278] Houda Arouri, 2014, "Effect of Board and Ownership Structure on Corporate Performance: Evidence from GCC Countries", *Journal of Accounting in Emerging Economies*, 4 (1), 117 – 130.

[279] Hotelling H. , 1929, "Stability in Competition", *Economic Journal*, 39, 41 – 57.

[280] Hryckiewicz, Aneta, Kowalewski, Oskar, 2010, "The Determinants of the Exit Decisions of Foreign Banks", *Banking & Finance Review*, 2 (2), 53 – 72.

[281] Hyman P. Minsky, 1982, "The Financial Instability Hypothesis: Capitalistic Processes and the Behavior of the Economy," *Cambridge University Press*.

[282] Hyman P. Minsky, 1992, "The Financial Instability Hypothesis", *the Jerome Levy Economics Institute of Bard College Working Paper* No. 74.

[283] Hymer, S. H. , 1976, "The International Operations of National Firms: a Study of Direct Foreign Investment", *Cambridge, Mass: MIT Press*, 85 – 86.

[284] Hyun Euy Kim, 2005, "Domestic Financial Liberalization, Stabilizing Effects of Foreign Bank Entry, and Challenges to Bank Supervision: The Korean Experience", The Bank of Korea.

[285] IMF, 2009, "Global Financial Stability Report: Responding to the Financial Crisis and Measuring Systemic Risks" .

[286] IMF, 2014, "From Stabilization to Sustainable Growth", The IMF Annual Report.

[287] Institute of International Finance, 2009, "Capital Flows to Emerging Markets" .

[288] Izah Mohd Tahir, Sudin Haron, 2008, "Technical Efficiency of the Malaysian Commercial Banks: a Stochastic Frontier Approach", *Banks and Bank Systems*, 3 (4), 65 – 72.

[289] Jaap W. B. Bos and James W. Kolari, 2005, "Large Bank Effi-

ciency in Europe and the United States: Are There Economic Motivations for Geographic Expansion in Financial Services?", *Journal of Business*, 78 (4), 1555 – 1583.

[290] James R. Barth & Gerard Caprio, Jr. & Ross Levine, 2002, "Bank Regulation and Supervision: What Works Best?", *NBER Working Papers* 9323, National Bureau of Economic Research, Inc.

[291] Janek Uiboupin, 2004, "Effects of Foreign Banks Entry on Bank Performance in the CEE Countries", *University of Tartu – Faculty of Economics and Business Administration Working Paper Series*, No. 33.

[292] Jens Muller, 2008, "Efficiency Vectors, Efficiency and Performance Measures: New Methods for Ranking Efficient Organizational Units", *Journal of Productivity Analysis*, 30, 99 – 106.

[293] Jensen and Meckling, 1976, "Theory of the firm: Managerial Behavior, Agency Costs and Ownership Structure", *Journal of Financial Economics*, 83 – 105.

[294] Jeon B N, Olivero M P, Wu J., 2013, "Multinational Banking and the International Transmission of Financial Shocks: Evidence from Foreign Bank Subsidiaries", *Journal of Banking & Finance*, 37, 952 – 972.

[295] Ji Wu, Luca A C, Jeon B N., 2011, "Foreign Bank Penetration and the Lending Channel in Emerging Economies: Evidence from Bank-level Panel Data", *Journal of International Money and Finance*, 30 (6), 1128 – 1156.

[296] John D. Murray, 1984, "Comment on International Banking: A Survey", *Money, Credit, and Banking*, 16 (4), 690 – 695.

[297] Kamil, H., Rail, K., 2010, "The Global Credit Crunch and Foreign Banks' Lending to Emerging Markets: Why Did Latin America Fare Better?" *IMF Working Paper WP/10/102*.

[298] Kazuhiko Yokota. Kung – Ming Chen, 2012, "R&D Spillovers and Foreign Market Entry: Acquisition versus Greenfield Investment", *International Economic Journal*, 2, 265 – 280.

[299] Kenneth P. Brevoort and John D. Wolken, 2008, "Does Distance Matter in Banking?" Finance and Economics Discussion Series, Divisions of Research & Statistics and Monetary Affairs, Federal Reserve Board, Washing-

ton, D. C. , U. S.

[300] Kindleberger, C. P. , 1983, "International Banks as Leaders or Followers of International Business", *Journal of Banking and Finance*, 7, 583 – 595.

[301] Kumar, Sunil Gulati, Rachita, 2014, "Deregulation and Efficiency of Indian Banks", *India Studies in Business and Economics*.

[302] Laura Alfaro and Xiaoyang Chen, 2012, "Surviving the Global Financial Crisis: Foreign Ownership and Establishment Performance", *American Economic Journal: Economic Policy*, 4 (3), 30 – 55.

[303] Laurenceson J. And Qin F. , 2008, "Has Minority Foreign Investment in China's Bank Improved Their Cost Efficiency?", *China and World Economy*, 16, 57 – 74.

[304] Larry H. P. Lang and Raymond W. S. , 2002, "Bank Ownership Structure and Economic Performance", *Journal of Banking and Finance*.

[305] La Porta, Rafael, Florenicio Lopez – de – Silanes, and Andrei Shleifer, 2002, "Government Ownership of Banks", *Journal of Finance*, 57, 265 – 301.

[306] Jeon B, N, Olivero M P, Wu Ji. , 2011, "Do Foreign Banks increase Competition? Evidence from Emerging Asian and Latin American Banking Markets", *Journal of Banking & Finance*, 35 (4), 856 – 875.

[307] Jorge E. Galán, Helena Veiga, Michael P. Wiper, 2015, "Dynamic Effects in Inefficiency: Evidence from the Colombian Banking Sector", *European Journal of Operational Research*, 240 (2), 562 – 571.

[308] Lee F L, Yu J. , 2010, "Estimation of Spatial Autoregressive Panel Data Models with Fixed Effects", *Journal of Econometrics*, 154, 165 – 185.

[309] Lei Li, 2008, "Multinationality and Technical Efficiency: a Neglected Perspective", *Management International Review*, 48 (1), 39 – 63.

[310] Lewis, M. and Davis, K. , 1987, Domestic and International Banking, Oxford: Philip A Allan.

[311] Liangliang Jiang, Yi Zhu, 2014, "Effects of Foreign Institutional Ownership on Foreign Bank Lending: Some Evidence for Emerging Markets", *International Review of Finance*, 14 (2), 263 – 293.

[312] Liebenstein, H., 1966, "Allocative Efficiency Versus X – efficiency", *American Economic Review*, 56, 392 – 415.

[313] Linda S. Goldberg, 2007, "Financial Sector FDI and Host Countries: New and Old Lessons", *FRBNY Economic Policy Review*, 3, 1 – 18.

[314] Lin Huidan, 2011, "Foreign bank entry and firms' access to bank credit: Evidence from China", *Journal of Banking & Finance*, 35 (4), 1000 – 1010.

[315] Manlagñit M C V., 2011, "The Economic Effects of Foreign Bank Presence: Evidence from the Philippines", *Journal of International Money and Finance*, 30 (6), 1180 – 1194.

[316] Marc von der Ruhr, Michael Ryan, 2005, " 'Following' or 'Attracting' the Customer? " Japanese Banking FDI in Europe", *Atlantic Economic Journal*, 33 (4), 405 – 422.

[317] Mckinnon R I., 1973, "Money and Capital in Economic Development", Washington D. C. The Brookings Institution.

[318] Manijeh Sabi, 1988, "An Alication of the Theory of Foreign Direct Investment to Multinational Banking in LDCs", *Journal of International Business Studies*, 433 – 447.

[319] Manuel R. Agosin, Franklin Huaita, 2012, "Overreaction in Capital Flows to Emerging Markets: Booms and Sudden Stops", *Journal of International Money and Finance*, 31 (5), 1140 – 1155.

[320] Maria Lehner a, Monika Schnitzer, 2008, "Entry of Foreign Banks and Their Impact on Host Countries", *Journal of Comparative Economics*, 36, 430 – 452.

[321] Mariassunta Giannetti, Steven Ongena, 2012, " 'Lending by Example': Direct and Indirect Effects of Foreign Banks in Emerging Markets", *Journal of International Economics*, 86 (1), 167 – 180.

[322] Markowitz, H., 1952, "Portfolio Selection", *Journal of Finance*, 3, 77 – 91.

[323] Martin Schmitz, 2010, "Financial Reforms and Capital Flows to Emerging Europe", *Empirica*, 38, 600.

[324] Merton, R. C., 1995, "A Functional Perspective of Financial Intermediation", *Financial Management*, 24 (2), 23 – 41.

［325］ Mester, L. J. , 1996, "A Study of Bank Efficiency Taking into Account Risk Preferences", *Journal of Banking and Finance*, 20, 1025 - 1045.

［326］ Mian, A. , 2006, "Distance Constraints: The Limits of Foreign Lending in Poor Economies", The Limits of Foreign Lending in Poor Economies. *The Journal of Finance*, 61, 1465 - 1505.

［327］ Morgan H M. , 2013, "Foreign Banks and the Export Performance of Emerging Market Firms: Evidence from India", *Research in International Business and Finance*, 29, 52 - 60.

［328］ Miller, S. R. , and Parkhe, A. , 1998, "Patterns in the Expansion of U. S. Banks' Foreign Operations", *Journal of International Business Studies*, 29 (2), 359 - 390.

［329］ Molyneux P, Nguyen H, Xie R. , 2013, "Foreign Bank Entry in South East Asia", *International Review of Financial Analysis*, 30, 26 - 35.

［330］ Montinola, Gabriella and Ramon Moreno, 2001, "The Political Economy of Foreign Bank Entry and Its Impact: Theory and a Case Study", *Pacific Basin Working Paper*, No. PB01 - 11.

［331］ Morc, Shleifer and Vishny, 1988, "Management Ownership and Market Valuation: An Empirical Analysis", *Journal of Financial Economics*.

［332］ My Nguyen, Michael Skully, Shrimal Perera, 2012, "Market Power, Revenue Diversification and Bank Stability: Evidence from Selected South Asian Countries", *Journal of International Financial Markets, Institutions & Money*, 22 (4), 897 - 912.

［333］ Nadia Doytch, Merih Uctum, 2011, "Does the Worldwide Shift of FDI from Manufacturing to Services Accelerate Economic Growth? A GMM Estimation Study", *Journal of International Money and Finance*, 30, 410.

［334］ Nicola, C. , Linda S. G. , 2012, "Follow the Money: Quantifying Domestic Effects of Foreign Bank Shocks in the Great Recession", *Staff Report, Federal Reserve Bank of New York*, No. 545.

［335］ Neugebauer K. , 2011, "Banks in Space: does Distance Really Affect Cross - Border Banking?" *IAM Discussion Paper*, 1 - 30.

［336］ Park, Y. C. , 2002, "Financial Liberalization and Economic Integration in East Asia", mimeo, Asian Development Bank Institute. Park,

Y. C. 2002, "Financial liberalization and Economic Integration in East Asia", mimeo, Asian Development Bank Institute.

[337] Parkhe, A. and S. R. Miller, 1999, "Is There a Liability of Foreignness in Global Banking? An Empirical Test of U. S. Banks' X – Efficiency", *Michigan State University*, *Mimeo*.

[338] Paula, Luiz Fernando de; Alves Jr. , Antonio José, 2007, "The Determinants and Effects of Foreign Bank Entry in Argentina and Brazil: A Comparative Analysis", *Investigación Económica*, LXVI, 259.

[339] Pavel D, 2012, "Voluntary Cooperation in Terms of International Financial Supervision", *International Review of Finance*, 3, 283 – 304.

[340] Peek, J. , and Eric S. Rosengren. , 2000, "Implications of the Globalization of the Banking Sector: The Latin American Experience", *New England Economic Review*, September/October.

[341] Penelope B. Prime, Vijaya Subrahmanyam, Chen Miao Lin, 2012, "Competitiveness in India and China: the FDI Puzzle", *Asia Pacific Business Review*, 7, 303 – 333.

[342] Pennathur A K, Vishwasrao S. , 2014, "The Financial Crisis and Bank-client Relationships: Foreign Ownership, Transparency, and Portfolio Selection", *Journal of Banking & Finance*, 42 (5), 232 – 246.

[343] Popov, Alexander, and George Udell, 2012, "Cross – Border Banking, Credit Access and the Financial Crisis", *Journal of International Economics*, 87, 147 – 161.

[344] Qiang Li. Yong Zeng. Bin Liu, 2014, "Asymmetric Information, Foreign Entry and Multi-period Credit Competition in Banking Industry", *The Quarterly Review of Economics and Finance*, 54, 216 – 229.

[345] Ralph De Haas, 2012, "Running for the Exit? International Bank Lending During a Financial Crisis", *The Review of Financial Studies*, 26 (1), 244 – 285.

[346] Ralph de Haasa, Iman van Lelyveld, 2006, "Foreign Banks and Credit Stability in Central and Eastern Europe. A panel Data Analysis", *Journal of Banking & Finance*, 30 (7), 1927 – 1952.

[347] Ralph De Haas, Iman van Lelyveld, 2009, "Internal Capital Markets and Lending by Multinational Bank Subsidiaries", European Bank for

Reconstruction and Development, Bank of England, De Nederlandsche Bank.

[348] Ralph De Haas, ImanVan Lelyvel, 2014, "Multinational Banks and the Global Financial Crisis: Weathering the Perfect Storm?" *Journal of Money, Credit and Banking*, 46 (S1), 333 – 364.

[349] Rasyad A. Parinduri, Yohanes E. Riyanto, 2014, "Bank Ownership and Efficiency in the Aftermath of Financial Crises: Evidence from Indonesia", *Review of Development Economics*, 18 (1), 93 – 106.

[350] R. de Haas, I. van Lelyveld. , 2006, "Internal Capital Markets and Lending by Multinational Bank Subsidiaries", *Journal of Banking & Finance*, 30, 1927 – 1952.

[351] Roberta B. Staub, Geraldo da Silva e Souza, Benjamin M. Tabak. , 2010, "Evolution of bank efficiency in Brazil: A DEA approach", *European Journal of Operational Research*, 202 (1), 204 – 213.

[352] R. Lensink, A. Meesters, I. Naaborg. , 2008, "Bank efficiency and foreign ownership: Do good institutions matter?" *Journal of Banking and Finance*, 32 (5), 834 – 844.

[353] Robert Cull, María Soledad Martínez Pería. , 2007, "Foreign Bank Participation and Crises in Developing Countries", *World Bank Policy Research Working Paper* 4128.

[354] Robert Lensink, Aljar Meesters, Ilko Naaborg, 2008, "Bank Efficiency and Foreign Ownership: Do Good Institutions Matter?" *Journal of Banking & Finance*, 32, 834 – 844.

[355] Robert Lensink and Ilko Naaborg, 2007, "Does Foreign Ownership Foster Bank Performance?" *Applied Financial Economics*, 17, 881 – 885.

[356] Robert Cull, María Soledad Martínez Pería, 2013, "Bank Ownership and Lending Patterns during the 2008 – 2009 Financial Crisis: Evidence from Latin America and Eastern Europe", *Journal of Banking & Finance*, 37 (12), 4861 – 4878.

[357] Robert McCauley, Patrick McGuire, Goetz von Peter. , 2012, "After the Global Financial Crisis: From International to Multinational Banking?" *Journal of Economics and Business*, 64, 7 – 23.

[358] Roseline Nyakerario Misati, Esman Morekwa Nyamongo, 2012, "Financial Liberalization, Financial Fragility and Economic Growth in Sub –

Saharan Africa", *Journal of Financial Stability*, 8.

[359] Rubén Hernández – Murillo, 2007, "Experiments in Financial Liberalization: The Mexican Banking Sector", *Federal Reserve Bank of St. Louis Review*, 89 (5), 415 – 432.

[360] Rustam, Adeelal Rashid, Kashif, 2015, "A Comparative Study of the Performance of Local and Foreign Banks in Pakistan: Some ANOVA Evidence", Journal of Bank Management, 14 (1), 7 – 20.

[361] Sengupta R., 2007, "Foreign Entry and Bank Competition", *Journal of Financial Economics*, 84 (2), 502 – 528.

[362] Seth, R., D. E. Nolle, and S. K. Mohanty, 1998, "Do Banks Follow Their Customers Abroad?" *Financial Markets, Institutions, and Instruments*, 7 (4), 1 – 25.

[363] Seth R, Nolle D E, Mohanty S K., 1998, "Do Banks Follow Their Customers Abroad?" *Financial Markets, Institutions and Instruments*, 7, 1 – 25.

[364] Schoenmaker., D., Wagner, W., 2011, "The Impact of Cross – Border Banking on Financial Stability", Tinbergen Institute Discussion Paper, No. 11 – 054/2/DSF18.

[365] Sheng – Hung Chen, Chien – Chang Liao, 2011, "Are Foreign Banks More Profitable than Domestic Banks? Home-and Host-country Effects of Banking Market Structure, Governance, and Supervision", *Journal of Banking & Finance*, 35, 819 – 839.

[366] Shih – Fen S Chen, 2004, "Extending Internalization Theory: a New Perspective on International Technology Transfer and Its Generalization", *Journal of International Business Studies*, 9, 1 – 15.

[367] Sharma, Vijay Kumar, Kumar, Anuj, "Performance of Foreign Banks in India: an Evaluation", *International Journal of Research in Commerce & Management*, 4 (2), 120 – 130.

[368] Shleifer and Vishny, 1994, "A Survey of Corporate Governance", *Journal of Finance*, 52, 737 – 783.

[369] Sophie Claeys. Christa Hainz, 2014, "Modes of Foreign Bank Entry and Effects on Lending Rates: Theory and Evidence", *Journal of Comparative Economics*, 42, 160 – 177.

［370］Sophocles N. Brissimis, Matthaios D. Delis and Efthymios G. Tsionas, 2006, "Technical and Allocative Efficiency in European Banking", *Bank of Greece Working Paper*, Economic Research Department – Special Studies Division, No. 46.

［371］Stefanie Kleimeier, Harald Sander, Sylvia Heuchemer, 2013, "Financial Crises and Cross-border Banking: New Evidence", *Journal of International Money and Finance*, 32, 884 – 915.

［372］Stijn Claessens and Tom Glaessner, 1998, "Internationalization of Financial Services in Asia", Paper Presented at the Conference: Investment Liberalization and Financial Reform in the Asia – Pacific Region, August 29 – 31, Sydney, Australia.

［373］Stijn Claessens and Marion Jansen, 2000, "The Internationalization of Financial Services: Issues and Lessons for Developing Countries", WTO – World Bank, Kluwer Academic Press, September.

［374］Sullivan, Daniel, 1994, "Measuring the Degree of Internationalization of a Firm", *Journal of International Business Studies*, 25 (2), 325 – 342.

［375］Taboada A G. , 2011, "The Impact of Changes in Bank Ownership Structure on the Allocation of Capital: International Evidence", *Journal of Banking & Finance*, 35 (10), 2528 – 2543.

［376］Tai – Hsin Huang and Mei – Hui Wang, 2001, "Measuring Scale and Scope Economies in Multiproduct Banking? A Stochastic Frontier Cost Function Approach", *Applied Economics Letters*, 8, 159 – 162.

［377］The World Bank, 2009, "Global Development Finance Charting a Global Recovery".

［378］Thorsten Beck and Maria Soledad Martinez Peria, 2008, "Foreign Bank Participation and Outreach: Evidence from Mexico", The World Bank Development Research Group, Finance and Private Sector Team.

［379］Tianshu Zhao, Barbara Casu, Alessandra Ferrari, 2010, "The Impact of Regulatory Reforms on Cost Structure, Ownership and Competition in Indian Banking", *Journal of Banking and Finance*, 34 (1), 246 – 254.

［380］Todd A. Gormley, 2010, "The Impact of Foreign Bank Entry in Emerging Markets: Evidence from India", *Journal of Financial Intermediation*,

19（1），26 – 51.

［381］Tri Mulyaningsih, Anne Daly, Riyana Miranti, 2015, "Foreign Participation and Banking Competition: Evidence from the Indonesian Banking Industry", *Journal of Financial Stability*, Available online 20 February: 1 – 13.

［382］Tschoegl, A. E., 1982, "Foreign Direct Investment in Banking in Japan and California", in Rugman, Alan, eds., New Perspectives on the Multinational Enterprise: Theory and Allocations, London: Croom Helm Ltd.

［383］United Nations, 2014, "World Investment Report 2014: Investing in the SDGs – An Action Plan", *Conference on Trade and Development*.

［384］Ursula, V., Adalbert, W., 2010, "Foreign Banks and Financial Stability in Emerging Markets: Evidence from the Global Financial Crisis", *Frankfurt School of Finance & Management, Working Paper*.

［385］VanHoose, David D., 2010, "The Industrial Organization of Banking: Bank Behavior, Market Structure, and Regulation".

［386］Voinea L, Mihaescu F., 2006, "The Determinants of Foreign Banking Activity in South East Europe: do FDI, Bilateral Trade and EU Policies Matter?" *Wiiw Balkan Observatory Working Paper*, 1 – 27.

［387］Wagner and Hardy, 2003, "Internationalization and Performance: an Organizational Learning Perspective", *Management International Review*, 43 （1），63 – 83.

［388］Wagner, H., 2004, "Internationalization Speed and Cost Efficiency: Evidence from Germany", *International Business Review*, 13, 447 – 463.

［389］Walid Hejazi and EricSantor, 2005, "Degree of Internationalization and Performance: an Analysis of Canadian Bank, Bank of Canada", *Working Paper* 2005 – 32.

［390］Weller, C. E., 2000, "Financial Liberalization, Multinational Banks and Credit Suly: The Case of Poland", *International Review of Applied Economics*, 14（2），193 – 211.

［391］Williams, B., 1997, "Positive Theories of Multinational Banking: Eclectic Theory versus Internalization Theory", *Journal of Economic Surveys*, 11（1），71 – 100.

［392］Williams, B., 2003, "Domestic and International Determinants of Bank Profits: Foreign Banks in Australia", *Journal of Banking and Finance*, 27, 1185 – 1210.

[393] Williams B. , 2002, "The Defensive Expansion Approach to Multinational Banking: Evidence to Date", *Financial Markets, Institutions and Instruments*, 11, 127 – 203.

[394] Williams B. , 1997, "Theories of Multinational Banking: Eclectic Theory versus Internalization Theory", *Journal of Economic Surveys*, 11, 71 – 100.

[395] Willianson, John and Mahar, Molly, 1998, "A Survey of Financial Liberalization", *Essays in International Finance*, No. 211, Princeton University, New Jersey, Pagination: 1 – 65.

[396] Wu H. L. , Chen C. H. and Lin M. H. , 2007, "The Effect of Foreign Bank Entry on the Operational Performance of Commercial Banks in the Chinese Transitional Economy". *Post – Communist Economies*, 19 (3), 343 – 357.

[397] Ziliang Deng, Honglin Guo, Guilan Kong, 2011, "Efficiency Spillovers of Foreign Direct Investment in the Chinese Banking System", *Global Economic Review*, 40 (2), 179 – 191.

[398] Ziliang Deng, Rod Falvey, Adam Blake, 2013, "Quantifying Foreign Direct Investment Productivity Spillovers in China: A Computable General Equilibrium Model", *Asian Economic Journal*, 27 (4), 369 – 389.

后　　记

　　本书是对新兴市场国家金融自由化过程中银行部门 FDI 进入对东道国银行体系效率与金融脆弱性关系的研究，也是对新兴市场国家参与银行业国际监管合作的初步讨论。在书稿修改过程中，一方面感到刚刚对一个关注和研琢了多年的问题有了日渐清晰的认识，但另一方面也越发意识到，国际金融局势风云变幻，本研究仅是一隅之见，我们依然走在求索之路上。

　　定稿之时，恰逢党的十九大胜利闭幕，十九大报告明确提出要"推动形成全面开放新格局"。与此同时，我国放宽了境外金融机构的市场准入限制，并屡次强调要坚守住不发生系统性金融风险的底线，这就越发反映出进一步探讨金融开放与金融风险关系的必要性和紧迫性，本课题值得我们继续为其驻足，给予长期关注和研判。而随着新兴市场国家的崛起，包括中国在内的新兴市场国家金融脆弱性程度及其在全球金融治理中的地位都在上升，各种不确定性也不断增加，鉴于此，我们会在国家社科基金项目《新兴经济体金融脆弱性测度及协同治理研究》中进行详细探究。

　　本书的写作得到了多方面的支持与帮助。感谢武汉大学经济与管理学院何国华教授与黄宪教授的悉心指点，感谢国家社科基金项目结题评审的匿名专家，他们的建议使我受益匪浅；感谢我的同事周阳博士、汉桂民博士等团队成员的精诚合作；感谢我的研究生曹琳、张中正、李朝君、郝帅等的团结努力，让我因他们的全面成长而倍感欣慰；感谢商学院董新兴教授和经济科学出版社编辑为本书出版倾注的心力；感谢包心鉴教授和卢新德研究员对我的鼓励和鞭策；感谢济南大学出版基金的鼎力资助；感谢李光红副校长和社科处的真诚相助和热情服务；感谢商学院的领导、同事们为我提供了良好的工作环境；感谢我的家人对我一如既往的理解关爱……

　　所有的一切都弥足珍贵，值得我永远铭记。

原雪梅

2017 年 12 月于泉城济南